WAGNER BORGES & SAMUEL SOUZA DE PAULA

NA LUZ DOS XAMÃS

TOQUES ESPIRITUAIS DA SABEDORIA XAMÂNICA

ALFABETO

WAGNER BORGES & SAMUEL SOUZA DE PAULA

NA LUZ DOS XAMÃS

TOQUES ESPIRITUAIS DA SABEDORIA XAMÂNICA

ALFABETO

Direção Editorial: Edmilson Duran
Produção Editorial: Rackel Accetti
Ilustração de capa: Leonardo Dolfini
Revisão: Tatiana Müller e Inês Polegato
Capa e diagramação: Bella Diagramação

DADOS INTERNACIONAIS DE CATALOGAÇÃO NA PUBLICAÇÃO (CIP)

Borges, Wagner

Na luz dos xamãs: toques espirituais da sabedoria xamânica / Wagner Borges, Samuel Souza de Paula. São Bernardo do Campo, SP: Alfabeto, 2025. 384 p.

Bibliografia
ISBN: 978-65-5149-002-6

1. Xamanismo 2. Espiritualidade I. Título II.

25-2565 CDD 299.5

ALFABETO
www.editoraalfabeto.com.br

EDITORA ALFABETO
Rua Ângela Tomé, 109 - Rudge Ramos | CEP: 09624-070
São Bernardo do Campo/SP | Tel: (11)2351.4168
editorial@editoraalfabeto.com.br

ABERTURA

MENSAGEM DE UM GUARDIÃO EXTRAFÍSICO

Eu sou um dos guardiões do livro e quero que você e seu amigo saibam de uma coisa: vocês dois são os escritores, mas a inspiração vem do Grande Espírito!

Sintam-se honrados por participarem da obra d'Ele!

Lá, dos Campos Espirituais, os guardiões das trilhas xamânicas estão cuidando desta empreitada de luz.

Eles sabem que os textos enxugarão muitas lágrimas e iluminarão muitos corações!

Eles ensinam que o Grande Espírito está no Grande Céu e, também, nas coisas minúsculas — e em cada coração, onde os justos se encontram na mesma trilha do amor.

Você só me viu porque assim Ele permitiu.

Portanto, que você e seu amigo cumpram esta tarefa com alegria e honra.

Que sua visão seja expandida pelo Grande Céu e que seus passos sejam sempre luminosos, pois assim quer o Grande Espírito.

Saibam que os guardiões das trilhas sagradas estarão sempre orando por vocês!

(Recebido espiritualmente por Wagner Borges)

DEDICATÓRIA

Dedicamos este livro a este Poder Misterioso que Gera a Vida.

À Mãe Terra.

Às estrelas, nossas irmãs.

A todos os estudantes e trabalhadores espirituais, de diferentes caminhos e lugares, que perseveram na senda espiritual com honra e respeito.

Aos curadores de todas as áreas e linhas que, com sua presença, seus chacras e mãos, irradiam luz e generosidade a todos os seres da Terra e do espaço.

A todos os leitores de mente aberta, que buscam semear a luz dentro e fora de si mesmos.

E aos amigos espirituais que nos inspiram a seguir neste compromisso e trabalho, com dedicação, sabedoria e amor.

Que as palavras aqui compartilhadas sejam sementes espirituais da sabedoria xamânica, reverberando luz e consciência a cada leitor.

Wagner Borges & Samuel Souza de Paula

São Paulo, verão de 2025.

AGRADECIMENTOS

A criação de um livro espiritualista, como ***Na Luz dos Xamãs***, transcende o esforço individual e se manifesta como um trabalho coletivo, unindo energias e intenções de diversas consciências, encarnadas e desencarnadas, tanto no plano físico quanto no espiritual.

Expressamos nossa profunda gratidão a todos aqueles que, de maneira direta ou indireta, contribuíram para a concretização deste projeto.

Em especial, somos imensamente gratos à colaboração inestimável das seguintes pessoas, consciências maravilhosas, cujas habilidades, conhecimentos e apoio foram essenciais em diferentes etapas do processo:

Giuliana Aggiunti

Inês Polegato

Leonardo Dolfini

Edmilson Duran

Rackel Accetti

Léo Artese

Wagner Frota

Claudiney Prieto e

Iago Mihael Aguillar

Que o Grande Espírito ilumine os seus caminhos!

PREFÁCIO

No coração pulsante da Mãe Terra e sob o olhar atento do Grande Espírito, a obra *Na Luz dos Xamãs: Toques Espirituais da Sabedoria Xamânica*, de Wagner Borges e Samuel Souza de Paula, convida-nos a uma jornada em busca de mistérios antigos, onde os ventos carregam mensagens dos espíritos.

A obra é uma tapeçaria que entrelaça antigas tradições espirituais com interpretações contemporâneas, revelando a universalidade e a persistência do xamanismo através das eras e culturas. Seja nos ensinamentos sobre os devas, espíritos da natureza, ou nas lições transmitidas pelos animais de poder, os autores tecem um mundo onde o espiritual e o terreno se encontram.

A narrativa nos transporta para círculos sagrados em que animais de poder falam através de símbolos e ações, cada um oferecendo lições essenciais sobre lealdade, coragem, amor e sacrifício. Histórias como a de Rama, o Yorkshire Terrier, iluminam estas páginas com exemplos de amor incondicional e amizade pura, lembrando-nos das singelas alegrias que os companheiros de quatro patas trazem à nossa vida.

Este livro é um chamado para levantar o véu que separa o conhecido do desconhecido, o material do espiritual. E para reconhecer que somos mais do que nosso corpo, mais do que as preocupações cotidianas: somos seres espirituais em uma jornada humana, cada um com uma missão sagrada a cumprir.

Na Luz dos Xamãs é, sobretudo, um convite — um convite para dialogar com tradições e visões de mundo que podem ser novas ou até mesmo desafiadoras para muitos. Ele nos pede para escutar com o coração aberto e para responder com a mente curiosa, explorando como as narrativas xamânicas se conectam com nossas próprias experiências de vida e espiritualidade.

Ao fechar este livro, não é apenas o fim de uma leitura, mas o incentivo, a motivação para o início de uma nova percepção.

Wagner Borges e Samuel Souza de Paula nos inspiram a um lugar onde cada estrela no céu noturno, cada folha que cai ao vento e cada passo que damos na terra sagrada é parte de uma dança maior — uma dança com o divino.

Como leitor e narrador deste prefácio, reconheço e respeito a profundidade de pesquisa e a paixão que os autores dedicaram à criação desta obra. Cada página reflete seu compromisso em compartilhar conhecimentos e perspectivas que são, sem dúvida, pensados para iluminar e inspirar.

Deixo aqui uma inspiração a todos os leitores:

> "Embarquem em sua própria jornada de autoconhecimento e conexão espiritual, explorando a rica tapeçaria de diversidades, simbolismos e respeito pelas tradições oferecida pela dimensão xamânica. Que cada passo nesta senda seja guiado pela luz da sabedoria ancestral e pelo pulsar da terra sob nossos pés."

POR TODAS AS NOSSAS RELAÇÕES!

Léo Artese

ESTUDIOSO DE XAMANISMO

Autor dos livros:

O voo da águia: uma iniciação aos mistérios e à magia do xamanismo

O espírito animal: descubra seu animal guardião

Idealizador do site: www.xamanismo.com.br

SUMÁRIO

APRESENTAÇÃO

O forte "tchiu, tchiu, tchiu" do persistente maracá parecia me empurrar para uma espécie de crise, desintegrando minha realidade cotidiana em uma pilha de fragmentos. A tensão aumentava, eu tinha dificuldade para respirar e sentia um suor frio molhar as palmas das minhas mãos. A energia parecia deixar meu corpo através de alguma ferida invisível, e comecei a tremer involuntariamente, preocupado que meu coração estivesse prestes a parar. Talvez eu estivesse morrendo. "É o fim", pensei, sentindo um pânico crescente, enquanto uma voz sinistra na minha cabeça sugeria persistentemente que o monótono maracá era parte de uma conspiração cósmica para me destruir.

Então, de repente, senti que, atraído pela gravidade, eu estava começando a cair em um poço, numa espécie de redemoinho, sugado por uma energia incrível. Ele parecia flutuar em um rio de luz líquida, que entrava em uma enorme caverna no centro de um monte de terra avermelhada, em algum deserto meridional. Então cheguei a uma cachoeira, pela qual desci de cabeça através de um túnel escuro, em cujas paredes brilhavam cristais roxos e cor de terra.

Depois da cachoeira, nadei até uma funda piscina natural e comecei a flutuar, arrastado pela correnteza de um rio subterrâneo, acompanhado por uma serpente gigantesca, com um focinho enorme e inúmeras fileiras de dentes afiados, uma enorme fera marrom-esverdeada, cuja pelagem parecia com esmeraldas brilhantes...

Assim começou o relato da primeira viagem de um aprendiz de xamã à realidade não ordinária, ao mundo dos espíritos, durante uma cerimônia realizada em um penhasco à beira-mar em Finisterra, na província de La Coruña, na Espanha, em 1989.

E assim continuei descrevendo aventuras incríveis, entre elas o encontro e a domesticação de uma serpente muito perigosa no mundo profundo; uma visita a uma cidade de estranhos seres elementais; o encontro com um sábio eremita em uma montanha sagrada; a descoberta de um túnel no centro da montanha que levava ao mundo acima; a jornada ao mundo superior, montado em um dragão vermelho voador, para finalmente alcançar o reino do deus Sol, tendo sido desmembrado e incinerado no forno solar; a experiência aterrorizante da morte e a profunda experiência do renascimento; e, finalmente, o retorno ao mundo intermediário, da realidade ordinária na Terra, quando o som do maracá cessou.

Esse relato do meu Diário Estelar não foi a nota de campo em um rito de iniciação de alguma tribo indígena, mas um registro após percorrer mais de 800 quilômetros do Caminho de Santiago, de Saint Jean Pied de Port, na França, até Finisterra, na Espanha, com um xamã basco. A partir dali passei a enveredar pela via xamânica e descobri, em meus estudos, que o xamanismo é uma forma disciplinada de obter conhecimento e assistência, baseada na premissa de que devemos nos limitar a trabalhar em uma realidade, uma dimensão, quando precisamos de auxílio. Existe outra dimensão que pode nos ajudar em nossa vida; uma realidade cheia de beleza e harmonia, pronta para suprir-nos com o mesmo tipo de sabedoria que lemos nas obras dos grandes místicos e profetas, herança de toda a humanidade. Precisamos apenas manter a mente aberta e nos esforçar para trilhar a jornada do xamã.

Senti-me honrado com o convite do Samuel e do Wagner para escrever a apresentação desta obra. Trata-se de uma leitura que deve ser feita a partir de uma perspectiva ampla — muito similar àqueles momentos da vida quando olhamos para um ponto, mas, ao mesmo tempo, nossa referência e nosso pensamento devem ser mantidos em algo além daquilo que está diante de nós.

Os autores de **Na Luz dos Xamãs** sempre caminharam e estiveram em busca de conhecimentos espirituais oriundos de diferentes culturas e com características humanas diversificadas. Ao longo dos anos, tive a satisfação de acompanhar o trabalho de cada um e suas respectivas jornadas espirituais, assim como as investigações em áreas do conhecimento humano que, até o final do século passado, foram pouco exploradas. Dedicam-se, neste livro, ao estudo e à prática xamânica e apresentam o xamanismo a partir de sua disciplina específica e da área de interesse que lhes é característica.

Assim, esta obra é dirigida a diferentes leitores, abrangendo tanto os que se inclinam aos interesses práticos no "coração" do xamanismo quanto os que buscam no caminho xamânico um instrumento de cura e crescimento pessoal.

Na Luz dos Xamãs demonstra claramente que o xamanismo está vivo e ativo na sociedade contemporânea. De fato, não é exagero dizer que (poderíamos denominar assim) um renascimento neoxamânico está ocorrendo em nossa cultura ocidental nos dias de hoje. As páginas deste livro documentam as origens e ramificações desse renascimento xamânico em nossa cultura e apontam elementos de referência que auxiliam o leitor a investigar com profundidade o fenômeno. Para uma leitura exitosa deste livro, tenha em mente que os autores vêm dedicando sua vida à incessante e inesgotável busca daquilo que tem sido objeto do maior anseio da condição humana: a compreensão dos "mistérios" que nos cercam.

Wagner Frota

XAMANISTA

Autor dos livros:

Xamanismo: o caminho do coração

Xamanismo nos Andes: cosmologia, mitos e ritos

Xamanismo visceral: o despertar do guerreiro

Curador do site: www.xamanismo.com

PARTE I

SABEDORIA XAMÂNICA

Wagner Borges

A CANÇÃO QUE O PAI DAS ESTRELAS ENSINOU

O Pai das estrelas nos ensinou a canção dos elementos: a canção das águas, a canção dos ventos, a canção do fogo e a canção da terra.

Ele nos falou do respeito por todos os seres da natureza, pois o Seu Amor está em todas as coisas e seres.

Na canção das águas correntes, Ele nos ensinou a passagem do tempo, o valor das experiências que passam e a fluência das emoções.

Na canção do vento, Ele nos falou de renovação e do movimento do Invisível que viaja e canta.

Na canção do fogo, Ele nos falou do calor do coração e da incineração das dores do passado.

Na canção da terra, Ele nos ensinou a firmeza necessária para a realização dos objetivos firmados.

O Pai das estrelas ensinou a canção dos elementos da natureza para o povo antigo. Eles aprenderam as lições das canções e cantaram com o coração.

Os ecos de Suas palavras inspiradas ainda ecoam pelos sítios extrafísicos na presença dos espíritos guardiões.

E eles cantam e repassam aos homens de hoje a presença espiritual e os objetivos firmados na espiritualidade.

Para o Eterno, todos nós, encarnados e desencarnados, somos crianças.

Por isso, Ele ensinou as canções.

Que os homens cantem, com todo coração, a alegria das estrelas nos elementos da Criação e respeitem a Mãe Terra.

P.S.:

Enquanto eu digitava esses escritos, fui inspirado espiritualmente por um xamã extrafísico a escrever o seguinte:

"Que o som do chocalho possa dissolver as dores do passado e aliviar o coração.

Que o som dos tambores relembre aos homens a pulsação do coração da Mãe Terra, nossa amiga e protetora.

Que o som da flauta siga com o vento e eleve os espíritos para a morada celestial.

Que o som das águas correntes relembre aos homens que tudo passa e que o destino de todos é a Casa do Pai Celestial, no mar das estrelas, onde desembocam todos os espíritos após a corrida da vida.

Que o calor do amor aqueça os corações e inspire as canções que libertam os espíritos das noites trevosas de seus medos.

Que o Amor do Pai das estrelas brilhe em nossas canções de cura e apaziguamento emocional."

O GRANDE ESPÍRITO

Amigo, ouça: o Grande Espírito está em tudo!

Tudo é sagrado!

Os sons da natureza têm muito a ensinar aos homens.

O som do chocalho libera as tensões e desarma as energias escuras. Ele deixa a pessoa com a graciosidade e a flexibilidade de um felino.

O Grande Espírito não se importa que O chamem de Mãe Divina, de Pai do Céu ou de A Grande Luz. Ele não é branco ou vermelho!

A Luz é a origem das cores. A Grande Luz é tudo e todos.

O universo é uma imensa tela onde o Grande Espírito pinta as cores da existência; somos as suas pinturas vivas.

Somos os seus filhos-estrelas! Também podemos pintar.

Podemos perceber a maravilha da existência e pintar o que a Luz nos inspirar.

Podemos pintar nas pedras, nos sonhos, nos murais da própria vida ou no coração daqueles que amamos.

Podemos pintar quadros de luz na existência.

Que as nossas pinturas sejam agradáveis ao Grande Espírito e que Ele abençoe nossa jornada e cante em nosso espírito.

Que a grande voz do silêncio ecoe pelas pradarias de nossa vida e pelas tribos de todos os universos.

Que nossa trilha nos leve à sabedoria.

Brancos e vermelhos, o nosso sangue é igual. É o mesmo sangue da vida, nosso pai é o mesmo Grande Espírito. Nossa mãe é a natureza; nossos filhos são pequenos deuses; e nossos pais e ancestrais são as nossas raízes entranhadas em nosso coração.

Nós somos irmãos estelares pintados na mesma tela da vida.

Vivemos, morremos e renascemos na mesma Grande Luz.

Tudo é sagrado no campo da vida; tudo é do Grande Espírito.

Que tudo seja sagrado no campo de nosso espírito.

Que as nossas pinturas homenageiem o Grande Espírito.

Que os nossos ancestrais e os nossos filhos se reúnam em nosso coração.

Que os bloqueios escuros sejam rompidos e que cada um balance o chocalho do Amor e seja igual ao felino: flexível e gracioso aos olhos do Grande Espírito.

Tudo é sagrado! Que nossas pinturas existenciais também sejam.

– O Irmão do Vento –

(Recebido espiritualmente por Wagner Borges)[1]

[1] O guia espiritual pele-vermelha que me passou estes escritos me pediu para não fornecer mais detalhes sobre ele. Para ele, sua personalidade nada significa, pois não desvenda o mistério. Porém, posso adiantar que esotericamente ele é um "Irmão do Vento".

GRANDE ESPÍRITO, ESTRELAS NA SENDA

Ó, Grande Espírito!

Aqui estamos nós, na trilha da Luz...

Eu e esses valorosos parceiros de senda, agradecidos.

Por favor, ilumine os nossos pensamentos e sentimentos...

Para que nossas energias sejam sadias e benfeitoras.

Nós sabemos que é o Seu Sopro Vital que anima nossos propósitos.

Sem a Sua Proteção, nós já teríamos naufragado nos mares de nosso ego.

Nós sabemos que toda senda fica fria sem o Seu Toque Sutil.

Por isso, nossas preces são de fogo! E nossa trilha é sagrada...

Ó, Senhor de todas as pradarias, físicas e extrafísicas!

Nós caminhamos como irmãos na Luz do Seu Coração...

E sabemos que só o Senhor sabe o valor de nossos passos.

Estudamos e trabalhamos na espiritualidade porque o Senhor nos permite!

Nossas melhores aspirações e realizações ocorrem sob a Sua Inspiração.

Nenhum de nós O envergonhará, Senhor! Pois somos agradecidos por tudo.

Nada nos separará do Seu Amor. E nossa trilha sempre será linda...

Ó, Grande Xamã de todas as tribos da Terra e do espaço!

Somos Suas centelhas vitais nas pradarias do mundo e seguimos em Seu Nome.

Nós viemos das estrelas... e hoje aprendemos a andar nos cânions desta vida.

Nós somos filhos do trovão... e hoje estamos aqui, nas cidades, sempre pela Luz.

Nossas canções são para honrá-Lo! E nossas mãos vertem as Suas Bênçãos...

Ó, Grande Curador de todos os corações!

Nós estamos aqui pelo Bem e para o Bem...

Sabemos que o Senhor salpicou de estrelas a nossa senda.

Por isso, mesmo encarnados no mundo, caminhamos por entre outros mundos...

Conosco estão os mentores espirituais que o Senhor guiou até nós.

E nós Os honramos também! São nossos protetores e fiadores na Luz.

Ó, Manitu, Senhor de tudo![2]

Aqui estamos nós, para mais uma reunião espiritual, em Seu Nome.

Por favor, nos ilumine nesta jornada que reúne nossas melhores aspirações

Para que nossas energias interpenetrem a humanidade com Paz e Luz.

O nosso mantra é a palavra "Gratidão".

Nossas canções são de amor e vida infinita...

Ah, nossa trilha é sagrada... Porque o Senhor nos ampara.

[2]Manitu – designação que os nativos algonquinos, dos EUA, dão a uma força mágica não personificada, mas inerente a todas as coisas, pessoas, fenômenos naturais e atividades. Ou seja, o Grande Espírito.

E nós sabemos, em nosso coração, que sem Amor ninguém segue...

P.S.:

Ah, Tupã, Voz de Trovão![3]

Faça de nós Seus Colibris espirituais...

Para voarmos em Seu Nome por aí.

Sim, para irmos além da linha do horizonte...

Por entre os mundos e as pradarias infinitas.

Pelo Amor. Pela Luz. Pelo Senhor.

[3]Tupã – dentro da cosmogonia tupi-guarani, é o ser que tudo criou. O Criador da Luz que gera a vida. Para aprofundamentos sobre a cosmogonia tupi-guarani, sugiro a leitura do ótimo livro *Tupã Tenondé*, de autoria de Kaká Werá Jecupé, publicado pela Editora Fundação Peirópolis.

GRANDE ESPÍRITO, ESTRELAS NA SENDA – II

Existe uma sabedoria ancestral que os homens brancos convencionaram chamar de xamanismo, na tentativa de designar um conjunto de práticas e ensinamentos antigos dos povos indígenas (que sequer tiveram sua origem entre os povos nativos da Terra, mas vieram de outros planos em eras primevas da humanidade).

O conjunto desses conhecimentos foi repassado de mestre para discípulo, de xamã para xamã — o homem ou a mulher da sabedoria e da integração com a natureza...

Em algumas ocasiões, essa sabedoria (que não pertence a nenhum xamã, já que todos os seres são seus canais) desce mais uma vez entre os homens e mulheres de todos os povos, porque todos são irmãos: brancos, negros, vermelhos ou amarelos.

Todos são pedacinhos vivos do Grande Espírito e, nas condições adequadas, podem absorver essa essência espiritual e veiculá-la de formas variadas no mundo.

Essa sabedoria ancestral ensina que o xamã verdadeiro (não apenas de função ou de investimento religioso) caminha com coração e alma...

Todos podem reencarnar em várias condições...

Aquele que foi xamã ontem, hoje pode ser homem branco, amarelo ou negro reencarnado, e também poderá ser o xamã de amanhã.

Essa sabedoria ensina que o xamã verdadeiro abre o seu coração ao Grande Espírito, como canal consciente e sensato... e quando ele pega um punhado de areia e joga numa fogueira, imagina que é como o Grande Espírito semeando estrelas (ele sabe que o Grande Pai está nas estrelas, nos grãos de areia e em tudo).

Quando o xamã verdadeiro acende uma fogueira e faz o seu ritual, ele curva sua cabeça aos espíritos que o orientam e ao Grande Espírito.

Quando acende o fogo, que para ele é sagrado, imagina que está queimando impurezas de si mesmo e oferecendo Luz ao mundo... está acendendo outros corações com aquela chama.

Quando o xamã verdadeiro pisa no solo da Terra, ele sabe que está pisando no tecido vivo da existência em forma sólida, pelo poder do Grande Espírito de condensação das energias.

Quando ele mergulha nos rios, sabe que estes são veias do mundo, carregando a linfa vital planetária que é a água. Então, ele agradece o dom da vida que esse elemento propicia.

Quando o xamã verdadeiro sobe a montanha, ele sabe que, na verdade, está escalando níveis dentro de si mesmo...

Quando ele passa por uma iniciação, ele não está interessado em grau algum, pois sabe que os testes aos quais é submetido são testes de espírito, e o grau que ele carrega é o seu caráter, sua bondade e seu respeito pelas coisas da existência. Respeitando a Criação e todos os seres, ele respeita o Grande Espírito criador de tudo.

Quando o xamã é verdadeiro, ele se senta embaixo de uma grande árvore, sabendo que ela é sua irmã... então, ele entrega o seu coração a ela e se solta e, muitas vezes, é curado, não de seus ferimentos físicos, mas de suas feridas emocionais. A irmã árvore o libera de cargas energéticas pesadas, adquiridas no contato com as pessoas doentes que ele trata (e também com os espíritos carentes).

Quando o xamã é verdadeiro, ele olha para cima, para o espaço sideral, e considera a abóboda celeste como se fosse o teto da existência, o teto da sua casa... então, ele olha as estrelas como se fossem suas irmãs e agradece ao Grande Espírito pelo despertar de sua consciência e pelos valores que norteiam sua jornada xamânica (que não é a jornada de quem não quer reconhecer o espírito e a essência das coisas em tudo).

Sem a inspiração do Grande Espírito e dos espíritos luminosos que o assistem, o xamã sabe que não teria forças para trilhar essa senda.

O xamã verdadeiro sabe que os seus pensamentos são lidos pelo invisível.

Ele sabe que o espírito do vento sussurra mensagens sutis... sabe que o som do vento passando pela campina baixa pode trazer outras energias. Então, ele escuta, com seu coração, os sussurros espirituais da natureza.

Quando ele faz um ritual solitário, sem que ninguém saiba, ele oferece ao mundo o poder da cura (e abraça o mundo em nome do Grande Espírito, porque ele é o seu veículo).

Quando os xamãs verdadeiros se reúnem no mesmo espaço físico (porque já estão reunidos no espaço do coração) e dão as mãos, eles imaginam que estão dando as mãos aos espíritos luminosos, formando uma corrente que, por sua vez, se propaga a favor de todos.

O xamã verdadeiro sequer pensa que é xamã, porque sabe que xamã mesmo é o Grande Espírito, o Mestre de todos os seres.

Ele também sabe que os seus valores não serão compreendidos pelos outros e, mesmo assim, honrará sua trilha e até caminhará solitário por ela, se assim for necessário... porque ele jamais deixará de cumprir a missão que o Grande Espírito lhe ordenou. Caminhará contente por sua trilha se tiver amigos caminhando com ele, de mãos dadas; mas, se não for possível, ele caminhará assim mesmo, no silêncio solitário, de mãos dadas com as estrelas e com a Terra.

Em alguns dias especiais, a sabedoria antiga abraça o mundo mais de perto, e alguns homens e mulheres, de diversas tradições, conseguem captar uma parte disso...

Assim, por todos os lugares flui uma nova brisa, invisível, espiritual, que areja as mentalidades e as energias (areja até mesmo os espíritos apegados à matéria e a ódios antigos).

Para estes, o xamã faz uma prece ao Espírito da Águia, para que ele venha e arrebate esses espíritos doloridos para o alto, para os planos maiores do Grande Espírito, para que eles recebam a cura necessária.

Para aqueles mais afoitos e ansiosos, o xamã reza ao Espírito do Urso, para que ele venha e arrebate a pessoa para dentro de uma caverna espiritual, onde ele apaziguará o seu coração na arte da paciência de esperar a nova primavera que virá...

Para os doentes, o xamã convoca o Espírito da Serpente e ora pela cura, pela troca de pele e pela renovação de quem precisa.

O xamã pede ao Espírito do Búfalo a abundância para todos...

Ao Espírito da Borboleta, a liberdade dos pensamentos.

Ao Espírito do Golfinho, a alegria.

Ao Espírito da Baleia, a sua sabedoria ancestral e a sua memória.

Ao Espírito da Formiga, a noção do trabalho e da responsabilidade.

O xamã verdadeiro, quando une suas mãos às de seus irmãos, sabe que cada um deles está representando muitos outros. Também sabe que, dando as mãos, ele toca as estrelas, o planeta e outros corações, pela união dos propósitos, pela conexão dos valores e pela verdadeira ecologia dentro de sua própria consciência.

O xamã verdadeiro é pura gratidão ao Grande Espírito por todas as coisas... pelo amor que sente pela existência, pelos amigos, pelos filhos, pelos pais, pelos avós, pelos ancestrais e por seus parceiros e parceiras de vida (agradece pela Luz que um dia desceu sobre sua vida, despertando-o para outros horizontes e valores).

Muitas vezes, o xamã é iniciado num local ermo da natureza, para testar sua têmpera sozinho; porém, outras vezes, ele é testado em grupo, em conjunto com outras consciências. No teste está o seu valor, e no valor está a sua Luz.

A MAGIA DO GRANDE ESPÍRITO

Ó, Grande Espírito!

Que as pulsações do meu coração estejam em ressonância com as pulsações da vida infinita.

Que a canção das estrelas arrebate o meu espírito!

Que a vastidão dos oceanos me inspire à vastidão dos pensamentos criativos.

Ó, Grande Ser que está em Tudo!

Minha criança interior saúda a Tua criança interior, que é a mesma.

Celebrarei com ela a Magia da Vida.

Dançarei em volta das fogueiras da alegria, e suas chamas aquecerão os corações esquecidos de viver na ressonância de Tua pulsação universal.

Ó, Manitu, Senhor de todas as canções, vem aqui dentro do meu peito e faz a Magia da Canção acontecer.

O Povo Alado, que conhece bem o azul do Teu céu e que vê o Invisível que os homens não veem, veio me falar de Tua Magia.

O Espírito da Águia me ensinou que a Tua Magia está no ar e nos vastos horizontes.

O Espírito da Coruja me ensinou com o olhar silencioso que a Tua Magia flutua no centro da noite.

O Espírito do Beija-Flor me disse que as flores lhe ensinaram que é a Tua Magia que faz com que elas desabrochem na época certa.

E o Espírito do Condor me falou que viu a Tua Magia nas alturas andinas.

Ó, Tupã, Pai-Primeiro, que eu possa voar e dançar na Tua Magia!

E que, ao lado de meus companheiros de estudo e de prática espiritual, nós possamos celebrar a Magia de nosso espírito com a Tua Magia, pois ela é a mesma.

Que possamos voar espiritualmente com o povo alado pelo azul do Teu céu, para que ele nos ensine a arte de ver o Invisível.

Ó, Grande Chefe das consciências!

Vem e arrebata nosso espírito com a Tua Magia, para que a criança interior faça a Magia do Sorriso florescer em nosso coração.

Abençoa o nosso trabalho com a Magia do Teu Amor!

P.S.:

O povo alado me disse que não é apenas o povo do invisível que interage com os trabalhos espirituais, mas também o povo das estrelas.

Lá em cima ou aqui embaixo, nos planos invisíveis ou aqui na Terra, é a mesma Magia do Grande Espírito que está em Tudo!

Portanto, celebremos a Magia da Vida!

E viva o Pai-Primeiro e a criança interior, mestres da Magia da Alegria.

Mitakuye Oyasin!

A MAGIA DO GRANDE ESPÍRITO – II

Muitas vezes, as lições que o homem precisa aprender em sua caminhada pelas pradarias da vida surgem de onde menos se espera... Isso porque o Grande Espírito conhece todas as bifurcações e ondulações da jornada e Ele "escreve certo, mesmo por linhas tortas", como dizem por aí...

Portanto, cabe ao homem decifrar as pistas que lhe são dadas, observar aonde seu coração quer ir e assumir suas escolhas com honra e carinho, para que sua jornada tenha mérito.

Se o homem caminhar sem honra em sua trilha, a dor virá fazer-lhe companhia e o seu orgulho será derrubado! Isso é tão certo como a chegada do frio cortante no inverno.

Mas, se ele for honrado em seu coração, o Amor o guiará... E isso também é tão certo como o desabrochar das flores na primavera.

Os velhos sábios do povo vermelho sempre ensinaram o respeito à natureza e a valorização da vida. Sempre falaram dos caminhos misteriosos do Grande Espírito e de como Ele faz surgirem as lições apropriadas aos seus filhos.

Às vezes, Ele faz surgir a música certa na trilha de um curador, e isso inspira os seus passos e o seu trabalho. Então, o seu coração compreende a pista...

Muitos falam das artes xamânicas, porém, sem honra e sem alma. Em consequência, os seus passos são tortos e, oportunamente, a dor se fará presente em sua jornada.

O Grande Espírito jamais será enganado pelas tramoias do homem!

Ele sabe quem é curador de alma porque lê a verdade em seu coração.

Às vezes, o homem precisa ficar sozinho para decifrar as pistas e compreender as lições... Para ganhar novas forças em seu trabalho.

Outras vezes, ele precisa estar ao lado de alguém na mesma sintonia do seu coração... Para equilibrar os seus sentimentos no mundo.

A chave da trilha do curador é o Amor... Que abre as portas de sua alma para as luzes do Grande Espírito.

Os velhos sábios do povo vermelho continuam velando as verdadeiras artes xamânicas. Lá das pradarias espirituais, eles semeiam energias de serenidade e harmonia no coração de quem palmilha sua trilha com atitudes honradas e alma forte.

Eles oram ao Grande Espírito pelo bem de todos os curadores de alma.

Eles são amigos secretos do coração honrado.

Eles ensinam o caminho da humildade e das mãos de luz.

E eles sempre falam do respeito à natureza e ao Grande Espírito.

Muitas vezes, o Grande Espírito "escreve certo" pelas letrinhas tortas do próprio homem. Portanto, cabe ao homem decifrar as pistas e ver qual é a jornada que o seu coração quer seguir para, assim, compreender os seus mistérios e conhecer a si mesmo.

A trilha do curador é luminosa — não por ele, que é canal das luzes espirituais no mundo, mas pelo poder do Grande Espírito, que lhe deu a rica oportunidade de fazer o Bem no mundo. Sendo assim, ele honra a lição e compreende...

A chave da trilha do curador é o Amor.

(Lá das pradarias espirituais, os velhos sábios mandam dizer a todos: *Mitakuye Oyasin*![4])

– Black-White Snow[5] –

(Recebido espiritualmente por Wagner Borges)

[4]*Mitakuye Oyasin* – expressão de saudação dos nativos sioux, dos Estados Unidos da América. Leia o texto Muitos povos e múltiplas sabedorias: Por todas as nossas relações! (página 249).

[5]Black-White Snow é um xamã pele-vermelha desencarnado que aparece ocasionalmente para mim. É um grande manipulador de energias e conhece bem a arte das experiências fora do corpo, além de ser dotado de um bom humor contagiante.

A MAGIA DO GRANDE ESPÍRITO – III

"Não basta alguém frequentar um trabalho espiritual para se achar espiritualizado...

Mais do que isso, é preciso atitude firme e resolução clara.

Quem não se mexe cria limo em si mesmo... e perde as oportunidades que se apresentam na renovação do fluxo da vida.

Fortaleza é consciência!

É saber o que vale a pena — e seguir firme na direção do que é verdadeiro —, sem se deixar prender nas armadilhas das ilusões nem tropeçar nos escolhos do caminho.

Quem trilha a senda do Grande Espírito não tem dúvidas por onde seguir...

E reconhece o valor de quem o acompanha nessa jornada de honra.

Fortaleza é humildade!

Muitos se esquecem disso e acabam por tropeçar na própria arrogância.

Quem é justo sabe: a oportunidade do trabalho é abençoada.

Fortaleza é reconhecer isso!

Em certos momentos, o chamado da Luz espiritual ecoa mais forte...

É convocação de respeito, reconhecimento e honra dentro do homem.

É o Amor do Senhor de todas as pradarias chamando o coração...

Fortaleza é esse Amor!"

P.S.:

Esses apontamentos me foram passados em uma noite de sexta-feira, após uma palestra. Estão direcionados para os corações que se perderam.

O seu autor é um sábio extrafísico ligado às artes xamânicas. Ele presta assistência espiritual em muitos trabalhos dos quais participo.

Segundo ele, não basta alguém querer consertar o que se quebrou espiritualmente... Antes, é preciso saber se a pessoa quer ser consertada.

E é por isso que o Grande Espírito só fala ao coração...

E quem trilha sua senda, escuta.

(Mais do que "ter", é preciso "Ser").

MANITU – A INSPIRAÇÃO VITAL DOS VIAJANTES ESPIRITUAIS

FALANDO DO GRANDE ESPÍRITO NUMA NOITE DE CHUVA NA CIDADE

Um xamã extrafísico veio no meio da chuva e me cumprimentou em Espírito e Verdade.

Exteriorizando energias benfeitoras pelas mãos, ele me disse:

"Há joias mais brilhantes que o relâmpago na câmara secreta do seu coração.

Ali, só ali, onde a Luz se funde à luz, o Grande Espírito se revela.

A Palavra sem som de Manitu é mais poderosa que o ribombar dos trovões.

Para aqueles que estão despertos, Sua Presença é incontestável!

No entanto, o gerador dos turbilhões siderais é o Sutil do mais sutil.

Ele é o Amor que está na sua respiração e que inspira a sua trilha vital.

Sem Ele, o seu coração seria um deserto e só haveria sede e ansiedade...

É Manitu que inspira as grandes canções. E quem está desperto reconhece isso.

A trilha do curador é a mesma do Grande Espírito... Então, o curador anda n'Ele.

Irmão, olhe a chuva caindo na noite... E se admire. Agradeça a Manitu pela vida."

Então, ele fez uma prece e projetou uma esfera luminosa sobre minha cabeça.

Ele me disse que mais tarde nós nos encontraríamos novamente, lá nas estrelas.

E se foi, sumindo em meio à chuva... enquanto eu fiquei aqui, com o relâmpago.

Sim, com o relâmpago nos meus olhos e o Amor em meu coração.

P.S.:

O meu amigo extrafísico é um xamã ligado às tradições espirituais dos povos nativos da América do Norte. Ele me passa muitos toques conscienciais interessantes e gosta de mim como um irmão. Sempre me trata com respeito e me passa energias maravilhosas e serenas. Segundo ele, Manitu abençoa os nossos contatos por entre os planos. Ele me ensinou a sempre pensar no Grande Espírito antes de me deitar para, assim, haurir inspirações e energias superiores nas saídas do corpo. Agradeço a ele pela atenção e pelo carinho com que me trata.

MANITU – A INSPIRAÇÃO VITAL DOS VIAJANTES ESPIRITUAIS – II

FALANDO SOBRE SAÍDAS DO CORPO E ANIMAIS DE PODER

O vento da noite veio...

E, com ele, o sussurro dos espíritos.

Então eu vi um xamã extrafísico.

Ele estava montado num cavalo branco, e me disse:

“Salve, irmão!

Hoje eu vi o Amor brotando dos seus olhos...

Quero lhe dizer que era o Amor do Grande Espírito em você.

A Luz que saía de suas mãos também era d’Ele.

Nada é seu, nem mesmo o seu corpo de carne.

Você é um espírito e tem noção clara disso.

Está na Terra pelo tempo que o Grande Espírito quiser.

Logo, jamais durma sem agradecer a Ele.

E, depois, voe para fora do corpo até as pradarias celestiais...

Lá, com humildade e abertura mental, aprenda as artes espirituais.

Preste atenção nos ensinamentos dos espíritos luminosos.

Eles são mensageiros de Manitu e prezam a Magia d’Ele em tudo.

Eles o levarão até o plano do Touro Sagrado, que tem uma mensagem para você.

Capte o ensinamento e traga esse conhecimento para dentro da matéria.

Hoje, você viu o Espírito do Lobo, que veio guardar o seu caminho e o inspirar.

Ele lhe deu amor incondicional e honrou o seu coração.

Com humildade, agradeça ao Grande Espírito por essas oportunidades...

E honre outros corações compartilhando esses presentes de Luz.

Todas as tribos, trilhas e cores pertencem a Manitu.

Quem caminha com a voz direita reconhece e honra essa verdade."

Ah, ele me disse isso e saiu veloz em seu cavalo branco, para dentro da Luz.

Eu fiquei aqui, no frio dessa noite, mas com meu coração aquecido de Amor.

Agora, eu vou deitar a carcaça no leito e ver o que rola extrafisicamente...

(Não basta só voar para fora do corpo... é preciso voar contente)

FILHOS DE MANITU

Certa vez, Águia Dourada, o homem da magia, reuniu toda tribo e ensinou a arte do voo da vida. Disse ele:

"O corpo do homem pertence à terra, mas seu espírito é filho do vento. Seus sentimentos se assemelham ao movimento das águas. O brilho de seus olhos é o fogo de seus objetivos. O Grande Espírito deu-lhe a eterna força vital por isso; nem a morte ou ser algum pode danificá-lo.

Seja pelas asas do sono ou pela ação da morte, o corpo fica passivo. Mas o espírito segue com o vento, além das montanhas. São as viagens à casa de Manitu, além das estrelas, nas pradarias do céu.

Ouçam, meus irmãos: que seu corpo honre a terra, mãe da humanidade. Que seus sentimentos bons tenham a profundidade e a vastidão dos oceanos. Que o fogo de seus objetivos nunca se apague. Que a força do irmão vento possa impulsioná-los às terras extrafísicas.

O tempo passará e muitas coisas acontecerão à frente, mas ninguém conseguirá apagar a Luz do Grande Espírito. Nenhuma força do universo pode alterar os desígnios de Manitu.

Olhem dentro do próprio coração e não temam o mal. Nosso corpo voltará à terra, mas nosso espírito irá à casa de Manitu. E um dia voltaremos com um novo corpo e expressões diferentes. Os próprios homens brancos nos receberão como parentes reencarnados. Outros receberão nossas forças espirituais em seus trabalhos; serão herdeiros de nossas tradições. Viveremos sempre, meus irmãos! Este é o dom que Manitu nos deu: somos imortais! Nenhum canhão despedaçará nosso espírito.

Ouçam o uivo do coiote transportado pelo vento do deserto. Nossas crianças ficam com medo, mas nós, os homens adultos, sabemos que é apenas o uivo do coiote. Esta é também a diferença entre o tolo e o sábio: o primeiro se assusta facilmente com as dificuldades; o segundo sabe que são só provas do caminho, uivos da vida mesmo.

Voltaremos, meus irmãos, como irmãos, filhos de Manitu. E esses homens de amanhã portarão nossa mensagem. Serão os Águias Douradas do futuro. Seus corpos continuarão sendo da terra, mas seus espíritos voarão com o vento, pois é esse o desígnio de Manitu."

O tempo passou... E estamos vivos! Canalizamos as forças da natureza para os bons trabalhos espirituais dos homens de todas as raças. Somos irmãos. E essa é nossa missão, pois são os desígnios de Manitu.

– Black-White Snow –

(Recebido espiritualmente por Wagner Borges)

FILHOS DE MANITU – II

Menino, nunca deixe de dar atenção às suas intuições, pois elas são como gotinhas da essência de Manitu se expressando dentro de você.

E sempre siga o caminho do coração, pois esse é o caminho para o Grande Espírito.

O caminho da cabeça também tem seu valor no mundo, mas de nada serve na área das pradarias espirituais, onde o que conta é a Força do Espírito.

Por ironia, é por esse caminho que o homem "perde a cabeça"...

Porque as ilusões do mundo corrompem sua jornada e deixam-no cego para o que é verdadeiro e está de acordo com a natureza real das coisas da vida.

O caminho do coração equilibra a cabeça e faz o Ser honrar o Grande Espírito e todos os seres vivos. Faz a jornada ser feliz e verdadeira.

Porém, o caminho da cabeça desequilibra o coração e mata a fé e o amor.

É por esse motivo que o homem vem destruindo a natureza e corrompendo o que é sagrado. Sua cabeça é grande, mas seu coração ficou pequeno e cheio de ingratidão.

O homem acha que é o senhor das coisas do mundo, mas sequer é senhor de suas próprias emoções. E quando sua cabeça pesa, o seu coração chora.

Ah, menino, sem coração, a luz vai embora... E a cabeça dói!

O caminho do coração é o mesmo do amor e, por isso, leva ao Grande Espírito.

Correm grande perigo os que se afastam dele em busca das ilusões do mundo.

Porque o caminho da cabeça é baseado nos sentidos do corpo e na medida material das coisas. E como os sentidos do homem da Terra não dão a medida da vida universal — que é infinita — nem percebem outras realidades, facilmente o enganam na jornada.

Sem coração, nada de cabeça saudável. Sem amor, nada de paz.

Sem o respeito ao Grande Espírito, só sobra o abismo da arrogância do homem.

Menino, o caminho do coração é o grande caminho... Porque faz a cabeça repensar sua jornada no mundo. Faz perdoar e olhar a vida com novas luzes. E honra o Grande Espírito.

Nas viagens de aprendizado das muitas vidas, o caminho é sempre o mesmo... Aquele que leva ao Grande Espírito.

Essa é a verdadeira trilha do curador, porque vê a Luz em tudo e agradece a Manitu pelo simples fato de respirar. E também pelo amor que viaja pelo coração...

Quem honra o Grande Espírito jamais se deixa levar pelas ilusões de seus sentidos e de suas emoções, tão transitórias quanto sua própria passagem pelo mundo.

E nunca se deixa levar por objetivos daninhos ou por algo que envergonhe a Força de seu Espírito. Porque na trilha do coração não há espaço para mágoas, mesquinharias ou desejos de vingança.

As coisas do mundo também fazem parte da natureza e são expressões do Grande Espírito, que está em tudo. Mas a arrogância do homem prioriza só o caminho da cabeça, em detrimento de seu próprio equilíbrio; por isso, se atola nas coisas do mundo e se perde nas pradarias espirituais de si mesmo.

O homem não é senhor de nada, nem de si mesmo. Diante das provas da vida e do desconhecido da morte, treme e se apequena.

Sem a Luz do Espírito para guiá-lo na jornada, o homem supostamente dominará o mundo externo, mas permanecerá ignorante de si mesmo e perdido emocionalmente.

Sua jornada não terá honra, mas trevas e dor.

Ah, menino, a Grande Magia é o Amor. E só o Grande Espírito é que sabe tudo.

O caminho do coração leva a Ele, além de equilibrar a cabeça no mundo.

Honrar o Grande Espírito é honrar toda existência, todos os seres, e também a si mesmo. Porque todas as tribos e todos os povos estão dentro do Grande Coração d'Ele.

Este é o ensinamento da trilha do curador: se o caminho tem coração, naturalmente levará o Ser ao Amor e ao Grande Espírito.

Então, menino, sempre siga o caminho do coração e ilumine sua jornada.

P.S.:

Só o Grande Espírito é o Senhor!

E o Amor, que é sua Magia, está em tudo.

E se o caminho tem coração, ensina isso.

E quem é honrado aprende.

– Black-White Snow –

(Recebido espiritualmente por Wagner Borges)

Observação do Autor:

Black-White Snow é um xamã pele-vermelha desencarnado que aparece ocasionalmente para mim. Grande manipulador de energias, conhece bem a arte das experiências fora do corpo, além de ser dotado de um bom humor contagiante. Na ocasião em que ele me passou esses escritos, eu "estava de molho", com o pé direito machucado e muito inchado devido a um acidente em casa — uma batida com o tornozelo na quina de um armário de banheiro. Devido à dor e ao efeito do remédio anti-inflamatório, não conseguia dormir direito e estava bastante incomodado.

Foi então que ele apareceu repentinamente no meu quarto, em meio a um clarão luminoso, e se direcionou para os pés da cama. Ele riu e começou a aplicar passes energéticos no meu pé machucado. Em determinado instante, ele literalmente inseriu os dedos de suas mãos nos dedos do meu pé, interpenetrando-os, e deu uma sacudida no duplo energético deste. Logo depois ele repetiu o procedimento no meu pé esquerdo.

Não resistindo à tentação, perguntei a ele por qual motivo havia enfiado as suas mãos nos meus pés. E ele, como sempre, bem simpático e bonachão, riu e me disse, mentalmente: "Eu só estava verificando se não havia alguma energia pesada agarrada ao seu pé, ou se havia alguma magia ruim junto, tentando se aproveitar do seu desconforto momentâneo. Aproveitei e verifiquei logo o outro pé, só para prevenir. Mas não tem nada, não. É só o problema da pancada no pé, e a dor e o inchaço decorrentes. Tenha paciência e descanse bastante, para não forçar a área atingida. Mantenha a mente positiva e ore ao Grande Espírito, que sempre sabe de tudo.

Aproveitando essa visita a você, vou falar sobre algumas coisas. Depois, se assim desejar, escreva e ventile esses apontamentos para os seus leitores. Mas faça isso amanhã, quando se levantar. Pode dormir tranquilo, pois você não se esquecerá. E eu sei disso porque falarei diretamente ao seu coração. Apenas relaxe e capte a mensagem com a força do seu espírito e a graça do Grande Espírito".

Então, fechei os olhos e fiz uma prece ao Alto enquanto ele projetava mentalmente esses apontamentos conscienciais em meu coração.

Logo depois, ele novamente riu e fez um gesto com as mãos, abrindo uma passagem luminosa na parede — um atalho ou janela entre os planos, ou seja, um tipo de portal interplanos —, por onde entrou e sumiu...

Eu fiquei ali, deitado e tranquilo, sentindo a alegria dele nas minhas energias, agradecido pela atenção que ele me deu no meio da noite, quando eu estava com muita dor e sozinho, sem dormir ou poder andar direito e com dificuldades até mesmo para ir ao banheiro ou à cozinha para tomar água. Finalmente, adormeci e descansei.

No dia seguinte, melhorei um pouco e escrevi tudo, sem esquecer nada do que ele me passou. Ainda fiquei alguns dias sem poder andar direito, com o pé inchado e dolorido. Mas a alegria dele permaneceu comigo nesse tempo e me ajudou a ter a devida paciência com esse percalço. Como ele mesmo disse, fiquei com a mente positiva e não perdi o bom humor, mesmo com dor. Afinal, era só o pé que estava inchado, não minha consciência. E o meu coração continuava cheio de alegria.

Eu agradeço a Black-White Snow e ao Grande Espírito por tudo.

FILHOS DE MANITU – III

Este corpo não é teu.
Nem tuas emoções.
Teu é só o Amor.

Porque, antes da Primeira Luz,
O Amor já existia!
Sempre existiu... E sempre existirá.

Só o teu coração é que sabe disso.
Então, escuta-o,
Pois nele ecoa a voz sutil do Grande Espírito.
E ela diz, ternamente:

"O Amor te torna filho da águia.
Te faz voar bem alto...
Te faz ver outros horizontes...
Te faz pensar além...
Te faz seguir, mesmo em meio às provas."

Ah, menino, teu é o Amor.
Sempre foi... E sempre será!
É o mesmo Amor que te leva pelo caminho do coração,
Direto ao Coração do Grande Espírito.

A senda do curador é esta: a do Amor.
Mas é preciso sair da cabeça e ir até o coração.
E isso também é teu!
Porque tuas escolhas determinam teu caminho.
E isso determina tua luz.

Ah, menino, o caminho do coração é este:
O do Grande Espírito.
Então, honra-o.
Por Amor.

– Black-White Snow –
(Recebido espiritualmente por Wagner Borges)

FILHOS DE MANITU – IV

Os animais têm sua origem no mesmo lugar de onde surgem todos os seres: o Coração do Grande Espírito.

É de lá que eles vêm... E é por isto que nos encantam: são pedacinhos vivos de Manitu. São filhos d'Ele! E, assim como nós, também são centelhas vitais da Grande Luz que está em tudo.

Quem cuida de algum desses bichinhos, está cuidando de mais um Ser forjado no Grande Amor.

Quem tem um animalzinho desses em casa, na verdade, ganhou um presente do Grande Espírito.

Pois recebeu d'Ele, por empréstimo, um pedacinho vivo da natureza.

E que responsabilidade é cuidar de um filhinho de Manitu!

O recado de hoje é este: quem tem bichinhos em casa, que cuide direito do seu presente.

Que, na infância ou na velhice deles — e também na saúde e na doença —, cada um cuide bem, com carinho e responsabilidade, dos filhinhos de Manitu.

E que, se possível, ore aos guardiões espirituais deles, para que sempre os orientem para o melhor...

Que o homem — irmão mais velho — cuide dos bichinhos do Grande Espírito e ganhe sabedoria e compreensão.

Que os ame e seja amado por eles, e sinta-se feliz com o presente.

E que, na hora da partida deles, o homem ore — não pelos bichinhos, que são cuidados por seus guardiões espirituais e levados ao plano espiritual para seguirem seu caminho, mas por si mesmo — para aguentar seguir a vida sem o presente junto...

Que ore ao Grande Espírito, pedindo inspiração e alegria para continuar com sua vida em paz... E que saiba que os bichinhos continuam vivos nas pradarias celestiais e, muitas vezes, o visitam.

Em outros momentos, até mesmo o protegem espiritualmente, sob o comando dos guardiões extrafísicos, porque aquele que ama os bichinhos também é muito amado pelos Seres celestes.

Então, para todos aqueles que sabem que os bichinhos são presentes de Manitu, eu deixo uma saudação de irmão nativo!

Que o Grande Espírito abençoe a todos.

– Black-White Snow –

(Recebido espiritualmente por Wagner Borges)

MISTÉRIOS

Enquanto eu estava fora do corpo, surgiu um xamã pele-vermelha desencarnado e disse-me o seguinte:

"Você, que escreve as coisas do espírito para os homens, não se iluda. É o Poder da Imensidão da Vida que fala e escreve com você. É Ele, o Grande Gerador dos espíritos e Pai de todas as gerações.

O Grande Espírito é o progenitor de todos os homens.

Sua alma roça as narinas dos homens com o sopro vital, e o seu coração com o amor mais luminoso que existe.

Ele é a natureza da Mãe Natureza!

Mas a arrogância dos homens não os deixa perceber sua ação invisível no seio de toda manifestação.

Eles explicam muitas leis da natureza e mergulham em teorias complicadas. Contudo, seu coração continua agoniado e seu semblante é opaco.

Querem desvendar os mecanismos vitais, mas quem desvendará suas emoções e seus anseios?

Nas pradarias internas de sua alma há muitas tormentas arrasando seus sonhos e despedaçando seu equilíbrio.

São seres misteriosos até para si mesmos, mas é a explicação dos mecanismos externos que os fascina.

São homens tristes, pretendendo descobrir os mistérios da natureza.

Você, que escreve e ilumina os homens e os espíritos sob os desígnios do Pai-Espírito, fale para eles desse mistério que ronda seu coração.

Fale com eles sobre aquela voz interior que atormenta os seus sonhos.

Pergunte a eles sobre a paz interior e se a ciência dos homens pode desvendar o mistério do sofrimento humano que viaja dentro de seu espírito.

Os ventos, as nuvens, a chuva, o clima e os eventos da Mãe Natureza podem ser explicados pelos homens. Porém, quem explicará à Terra os motivos da depredação dos recursos naturais por esses mesmos homens arrogantes, movidos por sua ciência e seu modo de vida artificial e infeliz?

O clima espiritual interno, as nuvens de dúvida, as chuvas ácidas de orgulho, os trovões de medo e os chacais da aflição que rondam as pradarias secas dos seus pensamentos não são da Mãe Natureza: são filhos do mistério interior que nunca é desvendado.

Que você nunca se esqueça de que o detentor do Poder espiritual é o Grande Espírito.

Ele é seu sustentador.

Ele é Aquele que designou sua vida e seu trabalho.

Ele é o motivo da Luz que brilha em todas as vidas.

Volte para a sua casa carnal e viva a vida com toda a força do seu espírito.

Agradeça à Mãe Natureza pela chance da lição da vida.

E agradeça ao Pai-Espírito por essa Luz que ilumina seu caminho pelas pradarias da espiritualidade.

O vento o levará de volta e o barulho da chuva caindo despertará sua memória na carne.

Ande com a firmeza do puma e voe com a habilidade da águia."

– O Irmão do Vento –

(Recebido espiritualmente por Wagner Borges)

A CANÇÃO VITAL DO GRANDE ESPÍRITO

RESPEITANDO O MISTÉRIO DO SER – AQUI E LÁ, LÁ E AQUI!

Ó, Grande Espírito, Pai-Primeiro de todos nós!

Você criou o Céu, a Terra e o Homem.

As estrelas, os mundos e a humanidade são irmãos.

A vida flui do centro do seu Ser.

É o Seu Pensamento que sustenta as miríades de sóis no espaço infinito.

É o Seu Sentimento que anima todos os corações.

É o Seu Sopro Vital que respiramos... Vivemos em Sua Luz.

É o Seu Brilho que vemos refletido no olhar de quem amamos.

Sabemos que nossas canções são ecos de Sua Grande Canção Vital.

Nossos filhos são Seus filhos. E nós e nossos ancestrais também!

Quando a terra treme e os ventos fortes levantam as águas, os homens gemem de medo.

O coração deles está ressecado, por isso eles tanto temem.

Porém, nós honramos Você, Pai-Primeiro de todos nós!

Pois sabemos que há um propósito maior em Seus Desígnios.

Há muito tempo escutamos Sua Grande Canção Vital em nosso coração.

Por isso, sabemos que o espírito voa para fora da carne no momento final.

Ó, Grande Ser, sabemos que a morte do corpo não destrói o filho de Sua Luz!

Compreendemos que o Seu Grande Mistério continua em outros planos da vida.

Então, honramos os espíritos que partem em Seu Nome, assim como honramos os que chegam para mais uma existência entre nós.

Oramos pelos que partem e pelos que chegam, sempre respeitando o Seu Mistério em cada ser.

Aprendemos isso apenas prestando atenção no Seu Brilho, refletido no olhar de quem amamos.

Nossos pais nos ensinaram, e nós ensinamos os nossos filhos.

Respeitamos todos os seres da Terra e do espaço, homens e espíritos.

Respeitando a existência dos outros, nós honramos Você, que é o poder em cada ser.

Não tememos a morte, porque não tememos a vida!

Respeitamos o Seu Mistério e compreendemos o nosso papel na existência.

Viemos viver no mundo por Seus Desígnios.

Vivendo e respeitando a todos, honramos Você, nosso Pai-Primeiro, Senhor da Vida.

Valorizamos a vida porque vemos Você em cada coisa. Por isso, não tememos a morte.

Sabemos que é Você mesmo em cada espírito, em outros planos, além, também cheios de vida...

É Você, aqui. É Você, lá. É Você, em tudo!

P.S.:

Que os espíritos que partem — e os que chegam — sejam honrados, não com choro e desespero, mas com respeito e consciência.

Que, ao invés de cair nas valas da dor, os pensamentos se elevem em prece ao Grande Espírito, pelo bem de todos.

(Recebido espiritualmente por Wagner Borges)

Observação do autor:

Esses escritos me foram passados espiritualmente por duas entidades ligadas às vibrações da natureza e da espiritualidade dos povos indígenas. São dois xamãs extrafísicos. Um deles, um ancião, tem uma expressão serena e cheia daquela atmosfera da sabedoria xamânica. O outro, mais moço, aparentando ter cerca de 35 anos, cheio de vitalidade e alegria, é discípulo do mais velho. Ambos me pediram discrição quanto a detalhes pessoais deles. Segundo eles, suas personalidades não são importantes. A sabedoria vem do Grande Espírito, o Grande Xamã de todas as tribos e o Verdadeiro Poder que mora dentro dos corações.

Enquanto os homens estiverem presos apenas aos parâmetros limitados dos cinco sentidos do corpo físico, continuarão desvalorizando o dom da vida e chorando seus mortos como perdas definitivas.

Terremotos e vendavais causam estragos e problemas ligados à destruição física. Porém, há outras tragédias correlacionadas, dentro do próprio homem, e igualmente destrutivas.

Há terremotos de dúvidas abalando os alicerces da fé dentro dos corações.

Há vendavais de raiva e de ignorância açoitando o equilíbrio interno.

E há maremotos de medo e de angústia arrasando o discernimento de muita gente.

Sim, é o vazio existencial dentro do próprio homem o causador da grande tragédia: não valorizar o dom da vida nem ver o Grande Espírito em tudo.

Quem escuta a Grande Canção sabe que a consciência espiritual é imperecível; ela não nasce nem morre, apenas entra e sai dos corpos perecíveis.

Viva a vida em todos os planos de manifestação!

O Todo está em tudo!

E a vida segue... aqui e lá, lá e aqui, como deve ser...

VIAGEM ESPIRITUAL XAMÂNICA

◈ **Aprendendo a lição do relâmpago:**

Observe o relâmpago rasgando o véu da escuridão.
Faça o mesmo!
Rasgue a treva de seus medos. Projete raios intensos sobre a sua própria escuridão e afaste os medos e as dúvidas de sua mente e de seu coração.
O ensinamento do relâmpago é sobre o *poder da luz*.
O seu símbolo é o *olho aberto*.
O seu presente é a *visão espiritual*.
Aprenda a olhar.
A morada do relâmpago é no centro da cabeça.

◈ **Aprendendo a lição do trovão:**

Escute o som do trovão ribombando na atmosfera. Sua manifestação sonora é poderosa. Sinta esse poder no centro de seu umbigo.
Escute o trovão com toda sua alma!
O ensinamento do trovão é sobre o *poder do som*.
A natureza invisível fala.
Aprenda a ouvir.
A morada do trovão é na barriga.

◈ **Aprendendo a lição da chuva:**

A missão da chuva é limpar a atmosfera e molhar a terra.
A sua lição é simples: fluidez.
O ressecamento endurece a terra e dificulta a vida dos vegetais. A chuva fluidifica o solo e equilibra as condições para o reino vegetal desenvolver-se plenamente.
Medite na renovação propiciada na natureza pela chuva.
Renove-se também!

Nada de rigidez: fluidifique as suas emoções. Esqueça as tristezas, limpe as mágoas e desenvolva-se plenamente.
A morada da chuva é o baixo-ventre.

◈ **Aprendendo a lição do vento:**

O vento sopra por onde quer. A sua natureza é a liberdade de acessar os espaços livres.
Pense que o seu espírito é livre como o vento. Medite nisso quando se deitar para o descanso diário.
Seja uma flauta espiritual. Quando o sopro sutil viajar pelo seu interior, toque a música. Voe com ela!
O ensinamento do vento é sobre *o poder do movimento*.
A morada do vento é na garganta.

◈ **Aprendendo a lição da terra:**

A terra é alimentação, sustentação e firmeza.
Ela é a mãe do seu corpo de carne e dona de seus ossos.
Por isso, agradeça a ela por estar sustentando a sua viagem carnal.
Ela entra pelos seus pés!
E acaricia o seu corpo com o calor vital planetário.
Medite nisso.
O seu ensinamento é sobre o *valor da vida*.
A morada da terra é na base da coluna.

◈ **Aprendendo a lição xamânica:**

Escute a mensagem do povo invisível:
Primeiro, cure a si mesmo, de dentro para fora.
Depois, expanda a sua luz e compartilhe a sua felicidade com todos os seres da natureza.
O xamã é guiado pelo povo invisível. Suas canções são as mesmas deles.

Por isso eles permitem as suas viagens xamânicas pelos reinos invisíveis.
O ensinamento xamânico é sobre o respeito à natureza e a *reverência ao Pai-Primeiro.*
A morada do Pai-Primeiro é em todo lugar!
Medite nisso.

◈ **Aprendendo a lição principal:**

Medite na Luz do Pai-Primeiro, o seu primeiro Amor.
O Grande Espírito é todo Amor.
Você e tudo o que existe são a expressão desse Amor.
A morada do Amor é no coração espiritual.
Desse centro, ele irradia para todo o corpo e espalha a vitalidade.
Medite nisso.
Sinta o Amor e perdoe a todos aqueles que não o compreendem.
Medite no perdão.
Pense no raio que ilumina as suas trevas, no trovão que chama, na chuva que limpa as suas mágoas, no vento que convida ao voo do espírito, na terra que o convida para a vida e no Amor que é a essência divina em tudo.
Compreenda: o paraíso fica dentro de você mesmo.
Sinta-se feliz por saber disso.
Perdoe a si mesmo e aos outros. Descarregue o peso das mágoas. Renove-se!
Sente-se embaixo de uma árvore frondosa e respire a seiva vital. Permita-se uma união com ela. Deixe-a curar as suas feridas internas. Agradeça ao povo invisível das árvores, torne-se amigo deles. Abrace a árvore e agradeça.
Torne-se amigo do Sol e da Lua, do céu e da terra; dance com a vida e alegre-se com ela.

Jamais se esqueça de que o povo invisível acompanha todos os seus passos.
Agradeça a eles pela proteção sutil e pela paciência de trabalharem sem nenhuma busca de reconhecimento ou recompensa do mundo dos homens.
Agradeça ao Pai-Primeiro e à Mãe Natureza.
O ensinamento principal é este: ame, agradeça, cure a si mesmo e os outros, perdoe e alegre-se. Viva contente por saber essas verdades do espírito.
Pratique-as!
O Grande Espírito está em seu sorriso.
Medite nisso e viaje feliz.

Observação do autor:

Esse texto foi direcionado para a turma de 136 pessoas do curso *Viagem Xamânica*, realizado no Instituto de Pesquisas Projeciológicas e Bioenergéticas (IPPB). Logo após ter feito esses escritos, um dos guias espirituais extrafísicos que estava no ambiente do meu quarto, inspirando-me a escrever, disse-me o seguinte:

"Medite no amor que gera esses trabalhos xamânicos. Resgate esse valor e compartilhe-o com os seus irmãos de estudo. Seja igual a uma plantinha bem enraizada na terra pelo Grande Espírito. Cresça sorrindo para o céu, o Sol, a Lua, o vento e a chuva.

Sinta o orvalho espiritual vivificando os seus pensamentos e acariciando os seus sentimentos. Sinta-se rico de energia!

Seja feliz, sempre."

VIAGEM ESPIRITUAL
VOANDO COM O GRANDE ESPÍRITO

UMA PRECE A FAVOR DAQUELES QUE VIAJAM ACIMA DAS PRADARIAS ASTRAIS

Ó, Grande Espírito, Senhor de todas as coisas,
Deito o meu corpo pensando
Na viagem espiritual.

Com respeito, fé e amor,
Entrego meu coração em Suas Mãos.
Para que o meu voo seja digno.

Que nada possa impedir minha ascensão!
Que os espíritos dos elementos me guardem.
Que a noite seja boa companheira.

Que a Luz se faça, pelo Seu Amor em mim.
Que, por onde eu for, tudo melhore.
Que eu tenha humildade para aprender...

Ó, Grande Espírito, Pai-Primeiro,
Que o Espírito da Águia guie o meu voo no Invisível.
Que eu voe bem alto, para além do horizonte...

Você me colocou no corpo por um tempo de vida,
E me permite voar enquanto o corpo repousa.
Assim eu viajo, em espírito, por cima das pradarias astrais...

Então, abençoe mais esta noite, que também é Sua.
Para que eu cure os homens e os espíritos em Seu Nome.
E, assim, me cure junto, na ação sadia e luminosa.

Ah, Manitu, não me deixe desperdiçar a liberdade.
Que eu seja útil por onde o vento espiritual me levar...
Que eu projete luz pelas mãos — a Sua Luz em mim.

Que, diante dos espíritos elevados, eu aprenda tudo de bom.
E que, diante dos espíritos infelizes, eu seja o curador.
No Alto, ou nas covas cinzentas, que o meu sorriso seja o Seu.

Não me deixe ao sabor de minhas imperfeições e limitações.
Ajude-me a fazer uma bela canção que desperte a lucidez.
Para que o meu voo seja lindo como o do Espírito da Águia.

Ó, Grande Xamã, Senhor de toda Magia,
Você teceu o grande mistério da vida.
Tudo que existe é condensação do Seu pensamento.

Por isso, o meu voo espiritual também é Seu,
Assim como o meu coração e a luz nas mãos.
Que, por onde eu for, seja sempre Você em mim.

Você me deu o presente da viagem espiritual.
E, como a águia, eu vi além do horizonte.
Agora, quando deito o corpo, só penso em voar...

Eu sou um espírito! Você me fez assim na forja estelar.
O fogo do universo arde em meu coração. Eu o sinto!
Eu escuto o chamado das estrelas todas as noites.

Ó, Grande Ser, Fonte Imanente de tudo,
Não me deixe ao sabor do sono comum,
Pois não consigo esquecer as estrelas de onde eu vim.

E Você sabe: há muitos outros que também lembram.
Eles escutam o chamado das estrelas e sabem que
são espíritos.
E não deixam por menos: também querem voar!

Ó, Grande Amigo, envie os seus mensageiros do Alto,
Para que eles guiem essas saídas do corpo, sempre na Luz.
Não me deixe desperdiçado por aqui — nem aos
meus irmãos de voo.

As estrelas chamam — e muitos escutam com o coração
cheio de amor.
Você me colocou aqui e me fez escrever sobre as coisas
do espírito.
E eu sei o motivo: unir os viajantes espirituais no mesmo amor.

Esse amor é o Seu. E todas as viagens, aqui e além,
também são Suas.
Você me fez escrever para lembrar a todos que dormir
não é só dormir.
Agora, eu e outros queremos algo a mais: *lucidez e
leveza espiritual*.

Você é o Grande Viajante e conhece todos os
corações e trilhas...
Então, compreende o que move o espírito durante
o sono do corpo.
É a Sua própria essência querendo se expandir,
naturalmente.

Pela Sua generosidade e alegria, abençoe os
viajantes espirituais.
Que esses escritos cheguem até eles, na luz
das estrelas,

Para que eles se lembrem de que há magia na
noite e nos voos sutis.

Para que eles lembrem e saibam que são muito amados.
Para que eles resgatem a arte das viagens espirituais felizes.
Para que eles saibam que outros também escutam o
chamado das estrelas.

Ó, Grande Tecelão da Vida, Fazedor de homens e estrelas,
Entrego o meu coração em Suas Mãos, com fé na jornada
e luz nos propósitos.
E assim faço, não só por mim, mas também pelos meus
irmãos de senda.

Que todas as viagens, na Terra e além, sejam em Seu Nome.
Que, por todos os lugares, as consciências despertem e
lembrem...
Que dormir não é só dormir, mas também voar, aprender
e agradecer.

P.S.:

Ó, Grande Espírito, Senhor de todas as esferas,
Você me colocou aqui e me fez escrever de forma simples e amiga.
Eu vejo os mensageiros espirituais que Você enviou para me ajudar nisso.
Compreendo os motivos e agradeço a chance — mais um presente Seu.
Você é quem conhece o que cada um carrega no coração, ninguém mais.
E eu sinto, mais uma vez, Você me dando forças na jornada.

Também agradeço aos colegas de estudo e trabalho espiritual, pela companhia.

Ninguém faz nada sozinho, muito menos eu. Você sabe do amor de cada um.

E eu não sei como agradecer a Você. Talvez, sorrindo com o Seu sorriso no meu.

Ou, talvez, simplesmente sendo eu mesmo e fazendo o melhor possível...

Que, para os outros, nunca será o suficiente, mas, para Você, é só o que precisa.

De toda forma, é só o que posso ser: um viajante espiritual tentando crescer...

Você me colocou aqui por um tempo de vida. E me fez escrever sobre algo a mais.

Oxalá eu possa ser digno dessa jornada sem jamais trair meu coração.

Grande Mestre de todos, valeu por tudo.

(Esses escritos são dedicados aos projetores extrafísicos, estudantes e pesquisadores sérios dessa incrível arte das experiências fora do corpo)

VIAGEM ESPIRITUAL
VOANDO COM O GRANDE ESPÍRITO II

UMA PRECE A FAVOR DAQUELES QUE VIAJAM ACIMA DAS PRADARIAS ASTRAIS

Ó, Grande Espírito, abençoe nossa jornada espiritual!
Ilumine os corações sem fé e sem coragem, e aqueles que deixaram de amar.
Desperte nossa consciência para a beleza de toda Criação.
Estamos aqui, mas esse trabalho é Seu!

Ó, Senhor de todas as vidas, abençoe a humanidade esquecida dos caminhos espirituais.
O vento do espírito veio sussurrando a mensagem das montanhas distantes...
E nós nos sentimos abraçados e abençoados pela cálida aragem da inspiração.

Ó, Grande Espírito, a canção dos xamãs é a Sua canção!
Você sopra em Sua flauta cósmica, e a vida floresce...
E nós o respiramos no Sopro Vital.
É Sua a Luz que brilha em nosso coração...
E o Amor que sentimos também vem de Você!

Você é nosso Pai!
Você é nossa Mãe!
Você é nosso Avô!
Você é nossa Avó!
Você é tudo em nós!

Ó, Grande Xamã, abençoe essa nossa jornada pelas coisas do espírito...
Para que nós vejamos a Sua Graça em cada rosto.
Ó, Grande Coração de todos, nós somos o seu sonho...

E viajamos em Sua Luz!

Abençoe nossas mãos para que elas sejam de luz e de cura.
Nós voamos nas asas da prece e do respeito, e encontramos o Seu abraço.
Nós sentimos a Sua alegria em nossas risadas.
E nós escrevemos o que o vento do espírito sussurra em nosso coração.
Porque nós vemos Sua face em cada face dos homens, de todos os lugares.

Nós olhamos o azul do céu e o vermelho da terra, e encontramos o equilíbrio e a ternura.
Nós sentimos a vida descendo do Sol e beijando as plantinhas e as flores.
Sentimos a vida brotando da terra e cantando Seu nome na natureza.
O vento nos contou a mensagem das Grandes Montanhas Etéreas, e nós sentimos o abraço delas em nosso coração.
Lá das pradarias astrais desceu uma Luz, e nós reverenciamos nela o Grande Amor que anima todos os homens justos.

Ó, Grande Espírito, abençoe mais esta jornada espiritual, que é Sua!
Para vermos Sua face em todas as faces...
Para que esta noite seja linda!
Para sermos dignos do cálido abraço das Grandes Montanhas do espírito.
Para vencermos a nós mesmos!

Sim, Grande Amigo de todos os seres, que seja feita a Sua vontade, e não a nossa.
É Sua a canção que escutamos... E o amor que sentimos.
Grande Espírito, muito obrigado por tudo.

P.S.:

Esses escritos foram feitos de improviso, um pouco antes do início de uma palestra pública no IPPB. Enquanto o pessoal chegava, eu escrevia o que meu coração sentia. Depois, li o texto para as 150 pessoas presentes, ainda sob forte sentimento espiritual.

(Dedico esses modestos escritos aos guias espirituais, que sempre me orientam a agradecer ao Grande Arquiteto do universo — não como um deus antropomórfico, macho e barbudo lá em cima, mas como um Grande Amor que está em tudo, inclusive em cada coração.)

GRANDE ESPÍRITO
O TECEDOR DE UNIVERSOS

É noite alta na grande metrópole.

A chuva cai forte lá fora...

Aqui, dentro do meu lar, desce uma estrela prânica[6].

Dentro dela, surge o rosto de um xamã extrafísico.

Ele é sereno e altaneiro, forte e generoso, majestoso e lúcido.

Ah, ele fala pelo olhar silencioso...

E, em meu coração, eu compreendo.

De espírito a espírito, ele me diz mentalmente:

“Você sabe, o Grande Espírito está em tudo!

Você se lembrou de agradecer-lhe hoje?

Ele lhe deu o acesso às trilhas espirituais...

Mas Ele é o Senhor de todas elas.

É a Mão d’Ele que sustenta o seu trabalho.

Sem Ele iluminando os seus passos, o que seria de sua vida?

Portanto, não durma hoje sem agradecer-lhe!

Pela inspiração. Pela proteção. Pelo trabalho. Pelo Amor.

É Ele a sua Força. Sempre é Ele!

Ele, o Grande Espírito, o Tecedor de universos.

Ele, o Poder Maior que permite a você o acesso às trilhas espirituais.

---

[6]Estrela prânica — do sânscrito, *prana*, a força vital, a energia. No contexto iogue é a estrela espiritual, manifestação do plano divino. Para melhor compreensão, veja o vídeo explicativo em que falo sobre isso: https://www.youtube.com/watch?v=lynXnIHK9Dw&t=15s

Então agradeça. Sempre!

E, por isso, seja feliz."

P.S.:

A chuva continua caindo na noite...

E eu fico aqui, na cheia do agradecimento.

Agradeço ao generoso xamã.

Agradeço ao Grande Espírito.

Agradeço a grande chance do trabalho espiritual.

Agradeço ao Poder Maior que me trouxe até aqui.

Ah, eu nada sei de grandes mistérios universais...

Eu só sei entrar nas trilhas que o Grande Espírito me permite.

E isso já é muito para mim.

Então, eu novamente agradeço.

(Estou cada vez menor diante da magnitude da espiritualidade)

QUANDO EU TOCO O TAMBOR...

Quando eu toco o tambor, é no Grande Espírito que penso.

O som do trovão d'Ele ecoa em meu coração...

Então eu começo a dançar!

Minha dança é de gratidão a Ele pelo dom da vida.

Eu canto pelo meu povo com a força de Manitu em minha voz.

Quando eu acendo a fogueira sagrada, é no fogo das estrelas que penso.

Fogo cheio de vida...

Então eu reverencio o Pai Céu!

Quando eu olho para os platôs e cânions, lembro que estou hospedado na carne por mais uma vida.

Então eu reverencio a Mãe Terra!

Eu canto para o Céu e para a Terra, que são meu Pai e minha Mãe...

E, assim, eu honro o meu povo e a minha trilha.

Eu sou pequeno diante do infinito, mas meu Pai é Grande e tudo e todos estão dentro do Coração d'Ele.

Minha Mãe é tão linda!

E n'Ela eu evoluo, por meio do corpo físico que Ela me emprestou para o aprendizado no mundo.

O Pai Céu e a Mãe Terra estão em mim!

Eu reconheço isso e honro a minha trilha.

E o meu coração voa feliz...

Porque a trilha é infinita e nela há algo mais...

Um Amor. Uma Luz.

Quando digo isso, eu honro o meu povo, daqui e das estrelas.

P.S.:

Ah! Um Amor. Uma Luz.
No Céu ou na Terra, há algo mais...

MENSAGEM DOS XAMÃS DA COLINA SAGRADA

◈ **A água é sagrada!**

(Mas só a sede ensina isso.)

◈ **O Fogo é sagrado!**

(Porque representa a Luz.)

◈ **Os amigos são sagrados!**

(Mas só a solidão ensina isso.)

◈ **O corpo é sagrado!**

(Mas só a doença e a fraqueza física ensinam isso.)

◈ **A Mãe Terra é sagrada!**

(Mas só quem vive sabe disso.)

◈ **O Amor é sagrado!**

(Mas só a dor de uma perda ensina isso.)

◈ **As estrelas são sagradas!**

(Mas só quem expande a consciência sabe disso.)

◈ **Manitu é tudo!**

(O povo vermelho sempre ensina isso.)

◈ **A música é sagrada!**

(É presente do Grande Espírito.)

◈ **O vento sussurra mensagens sutis...**

(Mas só quem viaja pelo coração escuta.)

◈ **Todo homem é sagrado!**

(Porque é filho do Grande Espírito.)

◈ **O choro do xamã é sagrado!**

(Porque, enquanto ele chora, Manitu lava sua alma.)

◈ **O sono é sagrado!**

(Porque é o recreio do espírito, que sai do corpo para voar pelos céus do Grande Espírito.)

◈ **O trabalho é sagrado!**

(Porque a natureza da vida é a atividade.)

◈ **Nenhum homem é capaz de ver a glória de Manitu!**

(Para isso, é preciso aquietar a mente e fechar os olhos carnais para "ver com o próprio espírito".)

◈ **A dança dos espíritos é com as estrelas!**

(É dança de imortalidade e reverência à vida gerada por Manitu.)

◈ **A vida é sagrada!**

(Mas é preciso viver para aprender isso.)

◈ **Irmãos de jornada se amam e se respeitam!**

(E nada pode separá-los do Amor de Manitu.)

◈ **Quando vem a chuva, os xamãs se emocionam e agradecem ao Grande Espírito!**

(Porque eles sabem que a água é sagrada.)

◈ **Quando a morte do corpo chega, o xamã sobe com o vento sutil e vai dançar com os espíritos por entre as estrelas...**

(Porque ele sabe que há algo mais... Um amor. Uma Luz.)

◈ **Na imensidão universal, só o poder de Manitu é real!**
(A sabedoria dos povos nativos sempre ensina isso.)

◈ **Povos pele-vermelha, pele-negra, pele-branca e pele-amarela...**
(Todos são povos pele-Luz. Todos são povos pele-Manitu! Por isso, os xamãs sempre ensinam que todas as peles são sagradas.)

◈ **Manitu só fala aos corações, e diz que há algo mais...**
(E os espíritos e os xamãs compreendem que é um Amor e uma Luz.)

– Os Xamãs da Colina Sagrada[7] –

(Recebido espiritualmente por Wagner Borges)

[7]Os Xamãs da Colina Sagrada são um grupo de mentores xamânicos ligados à atmosfera espiritual dos povos nativos da América do Norte. Passei a vê-los recentemente, por iniciativa deles mesmos. Inclusive, eles me mostraram sua comunidade extrafísica, por cima de uma montanha nas terras frias da América do Norte. É um lugar muito legal e cheio de energias maravilhosas (na verdade, é um posto avançado deles para assistência espiritual aos homens). Sei também que o local é um portal extrafísico para sítios mais elevados.

PESSOA BOA, AMOR DE MANITU

Pessoa boa, escuta este chamado...

Daqueles que falam com voz direita.

Daqueles que amam o Grande Espírito.

Daqueles que honram a vida.

Escuta o teu coração...

E afina o teu tom com a música do universo.

Olha sempre à tua frente...

E mira a estrela-guia no Céu de Manitu.

Pessoa de bem, viaja além dos teus sonhos...

Pois os espíritos protetores te aguardam na Morada do Sol.

Qual é o amor que te move?

O povo vermelho deixou sementes de luz na trilha...

Para aqueles que honram a jornada.

Então, escuta atentamente isto: “Só Manitu te conhece!”

E Ele só fala ao teu coração.

Pessoa boa, não te esqueças da tua essência...

Nem sujes os teus pés com passos tristes na senda.

Ora a Manitu por todos aqueles que já te feriram...

Pois o perdão é da natureza da pessoa boa.

Este é o chamado daqueles que falam com voz direita.

Daqueles que amam Manitu!

Pessoa boa, escuta o teu coração...

Pelo Amor que te move.

Mira... além dos teus sonhos.

Pois é de lá, das pradarias celestiais, que vem o chamado.

O povo vermelho te diz: "Tua senda é no Coração de Manitu!"

Pessoa boa, que a tua trilha seja sagrada...

E que a estrela-guia sempre brilhe sobre tua fronte.

– Os Xamãs da Colina Sagrada –

(Recebido espiritualmente por Wagner Borges)

PELES

Meus irmãos,

considerem o chão como a pele da Terra.

Pisem com respeito!

Considerem o céu como a pele do Grande Espírito.

Voem com respeito!

Considerem a si mesmos como filhos do Céu e da Terra!

Respeitem a si mesmos!

A criatura é a expressão essencial do Criador.

O infinito está no desabrochar das flores.

A Luz beija os seus cabelos.

No alto, os olhos brilhantes que velam pela humanidade.

Na Terra, os "homens-águia" que estudam, trabalham e respeitam.

A criatura e o Criador, os olhos brilhantes e as flores,

A Terra e o Céu,

Peles do mesmo Destino!

– Um xamã extrafísico pele-vermelha –

(Recebido espiritualmente por Wagner Borges)

Observação do autor:

Esse texto é a transcrição das palavras que ouvi de um dos guias espirituais pele-vermelha que muito me auxilia em diversos trabalhos espirituais.

TOQUES ESPIRITUAIS DA SABEDORIA XAMÂNICA

Muitas pessoas costumam cuspir no prato em que comeram. E fazem isso com frequência. O motivo disso é um só: a arrogância que cegou seu coração. Por isso, são ingratas.

Portanto, não se aborreça com a ingratidão alheia nem com o que os outros fazem. Cada um carrega dentro de si o fel com que amarga a vida dos outros. E, às vezes, o veneno é inoculado em palavras malfadadas e inadequadas.

Não se preocupe se cuspiram no prato ou não. Cada um é responsável pelo que projeta no mundo. Apenas preste mais atenção em como você lida com isso.

Se alguém cuspiu, não se incomode. Apenas lave o prato e siga em frente... Continue oferecendo o prato limpo para outros.

Se cuspirem de novo, paciência. Lave o prato novamente...

Sua tarefa é deixar o prato limpo e pronto para servir.

Não lhe cabe a ação dos outros nem qualquer tipo de julgamento da conduta alheia.

Preste mais atenção se você está mantendo o prato limpo e pronto para servir...

Só Tupã conhece todos os pratos e o que cada filho coloca neles. Só Ele sabe o que cada coração comporta e o amor que sente.

Então, ore e fale com Ele, de peito aberto, com reverência e paz.

Assim como os servidores do Pai-Primeiro ouvem a sabedoria das montanhas, escute-a também.

Preste atenção no sussurro do vento e nas brumas que envolvem o meio ambiente. Muitas vezes, os espíritos descem com elas e se comunicam mais de perto. Mas eles só falam ao coração, sempre de forma simples e verdadeira.

Eles também conhecem todos os pratos e sabem quem serve e quem cospe... E nada julgam, pois sabem que só Tupã conhece o rumo de cada um e o momento certo de cada coisa.

Mantenha o prato limpo, sem mágoas e ressentimentos de espécie alguma. Sirva o seu melhor, pois essa é sua tarefa.

Deixe que Tupã determine o melhor para cada Ser.

E, se quem cuspiu no prato aparecer novamente, faça a sua parte: sirva-o mais uma vez e agradeça a Tupã por você não mais carregar mediocridades dentro de si mesmo.

Prato limpo, consciência tranquila.

Ouça a sabedoria das montanhas em seu coração.

Escute a mensagem do vento que viaja por todos os lugares.

Preste atenção nas brumas: os espíritos viajam nelas.

Ore a Tupã com humildade.

Pois Ele criou você, as montanhas, o vento, as brumas, os espíritos e todos os seres... E todos os pratos são d'Ele.

Ele é o Pai-Primeiro. Ele é a Força Imanente. Ele é a sua Inspiração.

E é Ele que diz: "Mantenha o prato limpo e siga servindo... Para que o seu coração esteja limpo de mágoas e cheio de amor. E, no tempo certo, você compreenderá o valor da Luz transbordando do seu peito, e o seu caminho estará repleto de estrelas. Saiba que a consciência cósmica é o seu destino. E isso começa no seu prato limpo e pronto para servir..."

Tupã Tenondé, Pai-Primeiro, o Grande Amor.

Que Ele abençoe seu serviço e seus pratos.

– Um xamã extrafísico –

(Recebido espiritualmente por Wagner Borges)

Observação do autor:

Esses escritos são a transcrição dos apontamentos espirituais que recebi de um xamã extrafísico ligado à egrégora da sabedoria ancestral dos nativos tupi-guarani. Os seus toques foram direcionados para o grupo de trabalhadores do Espaço Semeando Luz, de Caxias do Sul, na Serra Gaúcha, onde são atendidas centenas de pessoas, toda semana, com práticas bioenergéticas e espirituais. No entanto, penso que a sua mensagem poderá ser útil para outros grupos espirituais.

NO SEIO DE GAIA MÃE, AMIGA E PROFESSORA...

CANTANDO COM OS CURUMINS A HONRA DE VIVER NA TERRA

Ó, Mãe Terra!

Um dia, eu a olhei lá do espaço.

E o Grande Espírito me disse:

"Criança estelar, Ela o espera. Honre-a com sua presença!"

E, por obra e graça d'Ele, eu vim até Você.

Sim, eu vim de bem longe... E a Luz das estrelas veio comigo.

Você me recebeu como filho muitas vezes...

Eu entrei e saí dos seus corpos de argila — aprendendo e evoluindo.

Você me acolheu em seu colo cálido — e Sua Natureza me abraçou.

Ah, querida, quantas vezes eu nadei em suas águas e comi dos seus frutos?

E, hoje, enquanto Você turbilhona pelo espaço, eu estou aqui mais uma vez.

Espero estar honrando-a em mais essa jornada pelo seu chão...

Muitos a consideram uma prisão; mas eu não. Você é minha Mãe!

Estar aqui é uma honra... Porque eu reconheço a Sua Energia em mim.

Ó, Gaia[8]!

Quantas vezes eu mergulhei em Seu Seio e me nutri de Sua Força Vital?

E quantas vidas eu levei para reconhecê-la — e agradecer-lhe de coração?

Ah, eu lhe devo muito... E só posso honrá-la brilhando muito em seu corpo.

Os seus espíritos da natureza me conhecem porque já voamos juntos...

Desde a cadeia dos Himalaias até os céus do Brasil; da Ásia à Amazônia.

Os curumins[9] me ensinaram a simplicidade de cantar para Você.

E eu lhes ensinei a dança das estrelas. Juntos, nós a reverenciamos.

Eles me disseram: "Escreve algo para Ela!"

Então, Mãe, aqui estão essas linhas. Com honra na jornada... E Luz nos olhos.

Ó, Mãe Terra!

Muito obrigado, mais uma vez.

(Dedicado aos meus amigos curumins)

[8]Gaia – deusa grega da Terra; a Mãe Terra.

[9]Curumim – palavra de origem tupi que designa, de modo geral, as crianças indígenas.

P.S.:

Escrevi essas linhas numa noite de Natal, com o Rama, meu cachorrinho, aninhado nos meus pés.

Eu vi, em seus olhos, o brilho da vida — a Força Vital da Mãe Terra.

Lá fora, surgiu o brilho dos fogos — e o cheiro acre da pólvora no ar.

Aqui, dentro do meu lar na cidade, eu vi outros brilhos — secretos.

Eu vi a Luz verde dos curumins.

Eles me disseram: "Ama, ri, trabalha, escreve, ensina, aprende, vive e segue..."

Nessa noite de Natal, a minha ceia foi com eles e o Rama — e foi farta... de Luz.

NO SEIO DE GAIA
MÃE, AMIGA E PROFESSORA... – II

Terra, Menina Linda...
Berço de redenção de muitos espíritos.
Lá das estrelas, eu vi o teu azul-vida.
E me encantei — e vim...

Olhei sobre os teus mares...
E o meu coração quis voar com as gaivotas.
Também olhei sob os teus mares...
E vi os golfinhos brincando em tuas águas.

Contente, olhei sobre tuas montanhas...
E vi os devas flutuando acima delas.
Eles também me viram — e me disseram:
"Seja bem-vindo a sua nova casa, irmão!"

Surpreso, planei acima de tuas terras quentes...
Vi os sábios do deserto falando de ti.
Eles te reverenciavam. Ah, eles te amam tanto!
Então, cumprimentei-os em nome das estrelas.

Admirado, desloquei-me sobre tuas pradarias...
E vi os xamãs dançando nas trilhas da cura.
Eles também me viram e disseram-me:
"Venha, novo irmão! O solo da Terra é a pele de nossa mãe."

Sereno, deslizei pelo ar sobre tuas florestas...
Os espíritos da natureza vieram me saudar.
Levaram-me para brincar através dos elementos.
E disseram-me: "Sinta-se em casa!"

Por fim, vislumbrei as grandes cidades...
Vi os homens, saturados de dor, correndo na poluição.
Então, senti um aperto no coração — e orei por eles.
E tu me disseste: "Eles são loucos, mas eu os amo!"

Novamente olhei para eles e continuei aflito.
Mas eu te senti, querida. E o teu Amor me tocou.
E eu compreendi. E aceitei. E orei...
E, no teu chamado, eu desci em teu solo-pele.

Ah, linda Menina Azulada...
Eu vim por ti e não vim sozinho.
Porque a Luz das estrelas veio junto comigo...
Em meu coração para te honrar.

Sim, eu vim te honrar como mãe!
Para ser mais um dos teus filhos queridos.
Vim como espírito para habitar um dos teus corpos de argila...
E fazer uma trilha de Luz em teu solo-pele.

Vim dançar contigo, Gaia!
Na alegria dos golfinhos e no voo dos devas.
Vim viver com os sábios, os espíritos e os xamãs...
E com os homens, agora, meus irmãos de jornada.

P.S.:
Ah, eu vi o teu azul-vida e vim...
E miríades de estrelas vieram junto.
Isso é maravilhoso... Fazer a trilha em teu solo-pele.
E, dentro do corpo de argila, brilhar e te honrar.
Gaia, Menina Linda... Berço de redenção!

(Dedicado à Mãe Terra)

AMOR-TROVÃO, VOZ DE TUPÃ TENONDÉ

Certo dia, o velho xamã veio e me disse:

"Você escutou o som do trovão?"

Eu respondi a ele que não!

Então, ele me olhou bem firme e me disse:

"Sem conversa, então, pois você não escutou o seu coração."

Ah, eu fiquei danado comigo mesmo...

Vendo isso, ele riu e me admoestou novamente, dizendo-me:

"Você está surdo, irmão?

O ribombar do trovão é poderoso!

E se diz que é o som do Amor...

Isso é no firmamento do seu coração.

Quando você o escutar, enfim, conversaremos..."

Então, o velho xamã se foi...

O tempo passou, como sempre faz...

Até que o trovão finalmente veio e eu o escutei com o meu coração.

Assim, compreendi a verdade do xamã: o Amor só fala ao coração...

E tem a força do trovão!

Também compreendi que foi Tupã que me falou por intermédio do xamã.

Ele tem voz de trovão...

É o som mais poderoso, sem dúvida.

É o som do Amor.

Ah, que todos possam escutá-lo, em Espírito e Verdade, como deve ser.

(Dedicado aos que têm a coragem de escutar o som-trovão em seu próprio coração)

AMOR-TROVÃO, VOZ DE TUPÃ TENONDÉ – II

O CHAMADO DO PAJÉ E DO BEIJA-FLOR.

Alguém entrou no meu sonho e me disse:

"Antes, só havia Tupã!

Então Ele criou o beija-flor...

E lhe ordenou que voasse.

E assim ele fez.

Viajando pelo vazio primordial...

Ele vibrou suas asas.

Então as estrelas surgiram no firmamento.

E, depois, também surgiram miríades de seres.

A vida se fez, pelo Poder de Tupã.

E Ele disse ao beija-flor:

'Continue vibrando suas asas!'

E assim ele continuou, enquanto a vida florescia."

Sim, eu ouvi alguém contar isso no meu sonho...

Sonho bom. Sonho com Tupã.

P.S.:
Certo dia um pajé tocou sua flauta.
E quando o beija-flor ouviu, foi até ele...
E lhe perguntou: "Você quer voar comigo?"
Então, o pajé foi voar com ele.
E, dizem as lendas antigas, que eles assim continuam...

E, às vezes, até entram no sonho de alguém.

Para, talvez, contar algo bom sobre Tupã...

Pois o beija-flor e o xamã sempre chamam para a viagem espiritual.

A CANÇÃO DO COLIBRI

NUMA VISÃO COM O CORAÇÃO

Não é lá longe que está o Amor.

Nem aqui perto.

Não é no alto nem embaixo.

Se digo que está fora, não é verdade.

E se digo que está dentro, isso também é falso.

Porque não é um lugar.

É algo mais...

Um estado de consciência.

Não se explica.

Só se sente.

E não pode ser definido.

Transborda...

Está além das palavras.

O Amor é!

E mais não sei dizer.

(Só o colibri sabe, pois Tupã revelou o segredo a ele)

P.S.:

O colibri é o primeiro...

Ele é o favorito de Tupã Tenondé.

Antes dele, o Amor já existia...

Então, o colibri carrega o segredo.

Ele é o revelador daquilo que se sente...

E que só o coração compreende.
"O Amor é! Sempre foi... e sempre será!"
Foi o que Tupã Tenondé disse ao colibri.
E isso foi na Noite Primeira...
Quando o Amor já existia!
Ah, só o Pai-Primeiro e o colibri é que sabem...
(E mais não sei dizer)

ELA, A MÃE DAS ÁGUAS

QUANDO A LUZ DESCE EM FORMA DE MULHER

Mãe das águas,

Que sempre me toca no topo da cabeça

E me faz pensar no Grande Espírito.

Luz estelar em forma de mulher,

Você não vê diferenças entre os povos.

Nem separa o que é da Terra ou do Céu.

Em seu coração, o amor fez tudo ser um!

Quando você chega, tudo muda, e o meu coração sorri.

No topo da cabeça, a luz violeta faz a festa no lótus das mil pétalas.

Fico igual criança, querida.

Criança de Manitu!

Sei que você trabalha anonimamente, no silêncio do "Amor que Ama sem Nome".

Mas permita-me escrever algo sobre sua presença.

Não por crença ou devoção cega, mas pela luz serena que você emana a favor de todos.

Talvez outros sintam o seu perfume invisível nesses escritos.

Amiga dos homens, como é linda essa luz rosada que emana de seu coração e de suas mãos.

Os seus passos espirituais serenam minha mente e me fazem querer voar abraçado com você.

Sabe, foi o meu coração que a chamou de Mãe das Águas.

Mas ele não me explicou o porquê, só me disse: “É Ela!”

Então passei a chamá-la assim também.

Querida, não tenho como colocar em palavras sua generosidade e gentileza.

No entanto, mesmo assim me arrisco a escrever algo.

Talvez outros corações sensíveis ao bem possam senti-la, invisivelmente, nestes escritos e digam, embevecidos: “É Ela!”

Mãe das águas[10], valeu! Muito obrigado por tudo!

(Essas linhas são dedicadas aos curadores de todas as áreas e linhas que, com seus chacras e suas mãos, enchem os homens, da Terra e do espaço, de luz e generosidade).

[10] A Mãe das Águas é uma entidade extrafísica muito amorosa, que aparece como uma bela mulher indígena e que, ocasionalmente, se manifesta espiritualmente durante alguns trabalhos de assistência espiritual que realizo em meu lar. Trata-se de uma especialista em manipulação de energias da natureza, notadamente as oriundas do elemento água — no caso, água doce, como a dos rios e das cachoeiras.

VIAJANDO ESPIRITUALMENTE COM O GUARDIÃO SABARÁ

Nas curvas do rio da vida, lavando a alma do mundo...

Eu escuto um chamado na chuva...

E o vento varre minhas energias.

Então, eu vejo um guardião espiritual.

Ele gira e dança, e me diz:

“Escreva, irmão, em nome de Nosso Pai!

Agradeça à chuva, em seu coração.

Que o vento da vida seja seu amigo.

Você sabe: as estrelas também cantam.

E os espíritos escutam...

E descem com a chuva para limpar o que os
homens não veem.

Para exonerar as maldades ocultas que assolam o mundo...

Para varrer o chão dos malefícios.

Escreva enquanto eu balanço a aroeira[11].

É Nosso Pai do Céu que dá a vida.

E quem é humilde agradece.”

Admirado, eu olho a chuva e agradeço, pensando:

“Esse espírito desceu com a chuva...

---

[11] A aroeira-do-sertão é uma árvore com altura de 6 a 14 metros, com tronco de 20 a 25 centímetros, uma espécie nativa com ampla distribuição na Caatinga (CE), no Cerrado, na Mata Atlântica, no Pampa e no Pantanal. Além de várias aplicações fitoterápicas, também é considerada uma árvore com propriedades de limpeza psicofísica e descarrego de energias pesadas.

Veio lá de cima, das estrelas, para cantar aqui em meu coração.

Veio com humildade, em nome de Deus."

Então, que a alma do cancioneiro fale...

E que eu seja digno de escrever.

Sim, ele com a aroeira, e eu com a caneta.

E Deus olhando por nós.

"É noite funda.
A chuva cai na cidade.
Eu me lembro das curvas do rio.
Ah, que saudades do Sertão!
Onde me criei solto...
Olhando as noites estreladas.
Onde Meu Pai me botou para viver.

A boa nova da terra recebendo a chuva,
Dançando na noite dos homens.
Para quem vê e compreende,
As águas limpam a alma do mundo.
Tiram a secura do coração.
Quem é humilde agradece.

Ah, Meu Pai do Céu!
O fogo das estrelas desceu em meu coração.
Eu me vi limpando a alma dos homens.
Mas eu queria mesmo é estar no Sertão.
Lá nas curvas do rio... No silêncio da noite.

O vento da vida me levou...
E a chuva me trouxe no escuro da cidade.
Para eu cantar a luz das estrelas no chão.
Para espantar a maldade lá para longe.

Ah, Meu Pai do Céu!
Eu danço com a aroeira, limpando tudo.
Enquanto os homens dormem, eu varro...
Eu não faço isso por eles, mas pelas estrelas.
Eu queria mesmo é cantar nas curvas do rio.
No entanto, estou aqui na cidade, em Seu Nome.

A chuva me trouxe na canção da noite.
Eu giro e danço, e a aroeira vai limpando tudo
Enquanto a água da chuva lava o asfalto...
E o fogo das estrelas queima o chão!

Em meu peito, a saudade do Sertão.
Mas, nessa noite, as curvas do rio são aqui.
Com humildade, eu agradeço.
Ao Meu Pai do Céu!
Às estrelas.
À chuva."

P.S.:

"Quem é do bem, que se afaste das trevas.
Mandinga não acende o coração de ninguém.
O Amor, sim.
E a grande magia é a do Nosso Pai do Céu:
Aquela que dá a vida.
Na Luz, o ódio não tem vez.
Quem opera na magia, que a oriente para o Bem.

Na gira da vida, os espíritos também cantam.
Eles descem em nome do Pai de todos.
Quem é do Bem, que faça por onde.
Pois o fogo das estrelas também queima o chão dos homens."

(Dedicado aos guardiões secretos, que protegem os homens e varrem os malefícios para bem longe, com as energias da aroeira, sempre na Fé, em nome do Pai do Céu)

– Guardião Espiritual Sabará –

(Recebido espiritualmente por Wagner Borges)

P.S.:

Agradeço a presença deste guardião e a energia boa que ele trouxe. Sinto-me honrado em transcrever o seu recado espiritual.

A chuva continua caindo lá fora, e eu me pego pensando naqueles que bloquearam a luz espiritual em seu coração e se deixaram levar pelas luzes transitórias do mundo, permitindo, assim, a presença das trevas em sua vida.

Também me lembro de Jesus e de sua clara observação aos homens de boa vontade, quando Ele dizia: "De que adianta a uma pessoa ganhar o mundo, se ela perder sua alma?"

Em dias de grande vazio existencial e de materialismo exacerbado, é um bálsamo ver um guardião espiritual desses, que trabalha nos bastidores extrafísicos com simplicidade e modéstia, e que ainda me agradeceu por eu ter escrito o que ele pediu.

Oxalá o seu recado chegue aos corações que precisam recuperar sua luz espiritual e a fé no Todo, que está em tudo.

Eu fico aqui, admirado, como sempre, com o meu lar cheio de luz e o meu coração cheio de alegria.

A chuva continua caindo na madrugada da grande metrópole de aço e concreto, e eu sou só gratidão...

O OURO DE PACHA MAMA

Ó, Pacha Mama![12]

O Espírito do Condor esteve aqui e pediu que eu escrevesse alguma coisa sobre a Senhora.

O que eu poderia dizer que os xamãs andinos já não tenham dito?

Talvez, a Alma da grande floresta amazônica possa me inspirar...

Ou, quem sabe, o arco-íris que vi hoje pela manhã.

Ah, já sei: vou voar espiritualmente sobre os Andes e pedir inspiração às grandes montanhas (que outrora foram beijadas pelo mar).

Sim, que a Luz dos Andes desça em meu coração, em Espírito e Verdade.

Ó, Grande Mãe!

A Terra é a nossa Morada neste momento.

É a nossa Escola. E nossa Amiga.

E a Senhora conhece os mistérios da natureza.

As névoas andinas são o Seu Hálito Vital.

O arco-íris é o Seu Sorriso Colorido.

[12]Pacha Mama (do quéchua *Pacha*: "universo", "mundo", "tempo", "lugar"; e *Mama*: "mãe", "Mãe Terra") é a deidade máxima dos Andes peruanos e bolivianos, do noroeste argentino e do extremo norte do Chile.

O povo simples da floresta e das montanhas são os seus filhos queridos.

Ah, o Espírito do Condor me levou bem alto e me disse:

"O céu sobre os Andes é o manto celeste de Pacha Mama!"

Então, eu vi a Sua Luz sutil descendo sobre os povos andinos.

Ah, Pacha Mama!

Eu vi o que os xamãs também veem: o Seu Amor abençoando os andarilhos das montanhas...

Eu vi o que os antigos conquistadores espanhóis não viram — e, portanto, não conseguiram conspurcar.

As riquezas que eles cobiçavam não estavam no Império Inca, mas no Seu Abraço invisível e generoso.

O brilho que eles buscavam só poderia ser percebido em outros planos, nas luzes do coração... O Seu Ouro — além da percepção dos sentidos grosseiros —, o Seu Amor brilhando sobre os Andes.

O Ouro que os xamãs acharam, em Espírito e Verdade. E que os povos simples acharam nas preces à Senhora.

Não, os conquistadores de Pizarro[13] não conseguiram pegar a verdadeira riqueza, só destruíram o Império Inca...

Porque eles não acharam o Ouro real — o Seu Amor —, não conquistaram a si mesmos. E, talvez, muitos deles estejam hoje reencarnados entre os povos andinos.

Desta vez, quem sabe, eles procurem o Ouro Verdadeiro, em Espírito e Verdade... Eu sei que a Senhora os abraça como seus filhos queridos também.

[13]Francisco Pizarro González (Trujillo, Espanha, 16 de março de 1476 - Lima, Peru, 26 de junho de 1541) foi um conquistador e explorador espanhol que entrou para a história como o "conquistador do Peru", tendo subjugado o Império Inca.

Ah, Pacha Mama, eu não sei mais o que dizer.

O Espírito do Condor já voou para longe... E é a minha hora de colocar os pés de volta nas terras amigas do Brasil.

Assim como os xamãs andinos, eu também digo:

"Obrigado, Mãe!

Que o Seu Ouro brilhe em nosso coração, em Espírito e Verdade, enriquecendo nossas jornadas humanas e espirituais."

P.S.:

Escrevi essas linhas num impulso anímico-mediúnico quando estava no Espaço Semeando Luz, em Caxias do Sul (onde eu realizava um curso). Enquanto eu esperava o pessoal da casa chegar para o almoço, subitamente estalou em minha mente o nome de Pacha Mama. Então, sentei-me e fiz esses escritos.

Quando os mostrei aos meus amigos do grupo, tive uma surpresa (e eles também). Acontece que eles estavam organizando uma viagem aos Andes nos meses seguintes, até já haviam feito uma reunião para acertar os detalhes — mas eu não sabia de nada disso! Ou seja, a atmosfera espiritual do lance já estava no ar — e eu só a captei psiquicamente e converti a sua essência em palavras.

Daí, nasceram esses escritos em homenagem à Pacha Mama, a Mãe dos andarilhos simples dos altiplanos. Adorei ter sido veículo dessa atmosfera espiritual das montanhas da América do Sul, pois senti uma energia muito legal vindo junto.

Como sempre, recebi o lance de mente e coração abertos, e me senti muito honrado por ter grafado essas vibrações sutis... Se é da Luz, estou dentro, sempre de forma universalista, seja lá de onde venha a energia.

ALMA LIVRE

ACIMA DAS PRADARIAS ASTRAIS

O velho xamã está entoando o seu canto sobre um corpo morto. A alma do seu amigo acaba de partir, assim como a alma do seu povo partiu um dia.

Seu canto parece triste, mas não há tristeza em seu coração.

Há somente saudade sadia, pois em seus olhos brilha o entendimento das leis da natureza.

O vento amigo lhe sussurra que espalhará a essência daquele que partiu na jornada real da alma.

A Mãe Terra lhe diz que agasalhará ternamente o seu filho de carne em suas próprias entranhas.

As árvores, a água, o fogo e os pássaros, todos vêm lhe falar da eternidade da vida[14].

Os espíritos, amigos dos seus ancestrais, lhe dizem que o seu amigo agora voa livre.

E o velho xamã canta, canta e canta...

Pois ele sabe que "Essa alma está livre!"

Que todos saibam disso e cantem também.

– Um xamã extrafísico –

(Recebido espiritualmente por Wagner Borges)

[14]"Tudo é transitório no homem, salvo a pura e clara essência do Alaya (a alma universal). O homem é o seu raio cristalino; por dentro um raio de luz imaculada, uma forma de barro material na superfície inferior. Esse raio é o teu guia de vida e a tua Personalidade verdadeira, a sentinela e o pensador silencioso." (Trecho extraído de *A voz do silêncio*, de Helena P. Blavatsky, com tradução de Fernando Pessoa, publicado por Ajna Editora).

TOQUES XAMÂNICOS PARA VISUALIZAÇÃO E REFLEXÃO

São 18h40. Estou digitando no *laptop* que está no meu colo, dentro de um carro dirigindo-me à cidade de Suzano, onde vou ministrar um curso.

No veículo estão mais três pessoas: na direção, o meu amigo Ricardo Sanfelippo; no banco do carona, um amigo que é rabino; no banco atrás do motorista, outro amigo, o César, projetor e clarividente. Eu estou no banco atrás do carona.

Coloquei um belo CD xamânico para ouvirmos durante o trajeto.

Em meio ao tráfego carregado de São Paulo, na hora do *rush*, nós quatro viajamos num som xamânico maravilhoso.

Entramos na marginal do Tietê e começamos a conversar sobre a beleza daquela música xamânica. O rabino e o César estavam maravilhados com ela.

O tráfego melhora e pegamos a estrada para Suzano. As janelas do carro estão abertas por causa do calor. O vento agradável bate no rosto enquanto olho as luzes do aeroporto de Guarulhos, à minha direita.

Fecho, então, os olhos para curtir o vento da noite. O *laptop* continua ligado sobre minhas pernas. Trouxe-o comigo na esperança de poder adiantar algumas coisas de trabalho durante a viagem.

Em dado momento, percebo a figura imponente de um xamã extrafísico na minha tela mental interior. Ele está acompanhado de um puma extrafísico.

Os dois são meus velhos conhecidos. Percebo que ele quer me dizer alguma coisa. Abro os olhos para digitar o que ele passar.

Então, ele diz o seguinte:

“Meu filho, a orientação espiritual está no ar, é só captá-la.

Jogue a rede espiritual e capture-a em seu coração.

Abra as asas da humildade e peça inspiração ao irmão vento.

Ele intercederá junto à Mãe Natureza para que você receba a mensagem do Povo Invisível e a veicule aos seus irmãos de jornada terrestre.

Agradeça ao Grande Espírito pela oportunidade de servir espiritualmente aos homens da Terra. Essa é a maior honra que existe. É a grande riqueza!

Não pertence ao homem, pois é talento espiritual emprestado pelo Céu para que ele equilibre sua própria jornada.

Escute o som do irmão vento, respire a luz e carregue os escritos com a força do puma, a visão da águia e a alegria do golfinho.

Jogue a rede, e escreva...”

Sigo a sua orientação e procuro captar algo para escrever, concentrando-me no vento que bate no meu rosto. Porém, devido ao movimento e ao sacolejo do carro, não está nada fácil digitar.

Olho para o lado e o César está de olhos fechados prestando atenção na música. A essa altura, já estamos perto de Suzano.

Ele abre os olhos e diz: “Wagner, eu estou vendo um xamã extrafísico aqui dentro do carro. Cara, que maravilha a energia dele.”

Eu não havia falado nada para ele sobre o xamã. Então, digo a ele que também estou percebendo sua presença espiritual e que ele quer que eu escreva algo, mas que não estou conseguindo por causa do balanço do carro.

Fecho os olhos e fico quieto até chegarmos em Suzano.

Após ter arrumado o retroprojetor para a aula, fico sentado à mesa instalada no palco do salão, em frente à turma que está chegando (cerca de 170 pessoas). Ligo o *laptop* novamente e penso: "Quem sabe não escrevo alguma coisa nesses vinte minutos que ainda faltam para o início da aula?"

Lembro-me da figura imponente do xamã e fecho os olhos. Penso no irmão vento e na responsabilidade de escrever algo para a melhoria dos outros.

Então, surge a inspiração e percebo que a mensagem é para a própria turma que está aqui no curso comigo, e que é hora de usar o talento espiritual que o Grande Espírito me emprestou por um tempo de vida.

Entro naquela sintonia espiritual apropriada para a captação de ideias criativas e escrevo o que chega à minha consciência (revestindo tudo com as minhas próprias palavras e o meu próprio jeito de expressão):

"Uma das maneiras de o homem urbano combater a depressão é recuperar o verde da natureza no corpo. Isso pode ser feito mediante a visualização de um ambiente coberto de grama verdinha ou de cachoeiras vigorosas em torno da pessoa — como se ela estivesse cercada de várias cachoeiras.

Que a pessoa sinta como se estivesse em meio ao verde, cercada de cachoeiras, e estenda as mãos para frente (com as palmas viradas para cima, como se estivesse segurando um prato em cada mão).

A seguir, que ela mexa as mãos alegremente e pense na vitalidade da luz que está no ar à sua volta. Que ela sinta a vida pulsando em suas energias.

Que a sua criança interior possa ser resgatada. Que ela permita a dança da luz em si mesma e torne-se plena de amor.

Que as suas mãos sejam as patas poderosas do puma!

Que os seus olhos de águia vejam além...

Que a sua criança interior seja possuída pelo Espírito do Golfinho.

E que ela salte alegremente, que cante, dance, brilhe, viva, sorria, medite, se supere, que nade nas águas da vida com galhardia e sabedoria.

O olhar firme da águia, a garra do puma e os saltos alegres do golfinho...

Que os homens aprendam com a natureza a arte de fluir naturalmente pela vida, sem tantas angústias dilacerando seu mundo íntimo, sem ódios e contendas, apenas vivendo e agradecendo ao Grande Espírito por tudo.

Os homens são espíritos-filhos do Grande Espírito e hóspedes da Mãe Terra.

Tudo o que vive é seu irmão. Toda coisa ou ser é manifestação da Luz.

Homens vermelhos, brancos, negros ou amarelos, todos espíritos-filhos, todos aprendizes da vida e irmãos na mesma aventura fantástica chamada vida.

Que todos eles percebam que são espíritos dentro do espírito da vida, manifestações do Grande Espírito, vivendo na luz do espírito...

Que eles percebam o 'espírito da coisa'.

Que eles se permitam ser felizes... *golfinho*!

Que eles vejam com discernimento... *águia*!

Que eles caminhem com garra em seus objetivos de vida... *puma*!

Que a criança interior sorria sempre.”

P.S.:

Foi isso que capturei do irmão vento ao jogar a rede no ar. Espero que seja útil para as pessoas, e que o xamã que me sugeriu escrever essas linhas esteja contente de ver que os talentos espirituais emprestados pelo Céu estão sendo bem distribuídos entre os homens da Terra.

FLORES-BRILHO

Quando o homem for capaz de ouvir o som das flores, então seu coração estará aberto para outras realidades transcendentais.

Quando o brilho do Sol for visto como beijo da vida, então o homem comungará melhor com o prana.

Quando desaparecer o orgulho, os homens dirão com certeza: "Somos filhos da natureza!"

Que o Grande Espírito possa promover uma chuva de amor no terreno de nosso coração.

Que as mágoas sejam lavadas, e os dias cinzentos da alma, diluídos pela Grande Luz que tudo cura e reconstrói.

Que as pessoas ouçam os sons das flores com a percepção do coração.

Quando a vibração da luz dos homens for mais leve e simples, o próprio coração humano será uma flor, e a humanidade, um lindo jardim de pessoas-flores irrigadas pela paz do Grande Espírito.

– Um xamã pele-vermelha extrafísico –

(Recebido espiritualmente por Wagner Borges)

POR TODAS AS NOSSAS RELAÇÕES...

Por todas as nossas relações, o respeito à essência de cada um.

Por todos os nossos sonhos, a realização dos nossos melhores potenciais.

Pela nossa liberdade, o respeito à liberdade dos outros.

Por nosso coração, a abertura para um Grande Amor.

Pelas nossas canções, a inspiração que vem das esferas astrais.

Pelos nossos chacras, um banho de energia e alegria.

Pela Luz que nos guia na jornada, uma grande honra.

Pela Terra, nossa sagrada Mãe, um grande agradecimento.

Pelas estrelas, nossas irmãs, um chamado universal.

Pelo Grande Espírito, simplesmente tudo!

P.S.:
A magia do Grande Espírito está no coração do homem.
Vermelha, branca, negra ou amarela, tanto faz a cor da pele.
A trilha é dentro de cada Ser, e tem a cor da Luz.
Ninguém é superior ao outro. E só o Grande Espírito conhece a todos.
O guerreiro da Luz nada teme, nem a si mesmo...
Porque ele vê o Coração do Grande Espírito em tudo.
Ele canta o valor da vida e dança igual criança...
Porque ele não está preocupado em ter, mas em *ser*.
(Por todas as nossas relações...)

PARTE II

CAMINHOS XAMÂNICOS

Samuel Souza de Paula

Neste momento, diante deste espaço interior e da oportunidade de deixar fluir do coração as melhores energias, curvo a cabeça em agradecimento aos espíritos que orientam o cumprimento desta incumbência espiritual. Elevo meu ser em presença, honra e respeito ao Grande Espírito, com o intento de compartilhar, na simplicidade, pouco do que aprendi nos caminhos xamânicos.

Servir, estar a serviço, seja dentro ou fora do corpo, é uma porta que se abre para aprender, crescer, reconhecer o ser, evoluir... Nesse continuar, continuar e continuar, é possível sentir uma onda de amor e vitalidade que chega em meio aos passos da caminhada pela vida. É possível perceber luzes e aberturas, mesmo em meio aos desafios cotidianos que parecem bloquear a estrada. Assim, é possível sentir a presença destes seres amigos, mesmo que, por vezes, surja uma sensação de estar sozinho nas grandes pradarias da vida. Convém começar, desde já, a perceber que não estamos sozinhos e a reconhecer que, nesta teia de relações, ninguém faz nada sozinho. Por isso, convido você a se sentar neste círculo e estender este convite também a seus amigos, sejam eles visíveis ou invisíveis. Todo convite é uma prece, uma oração, uma pequenina chama, um chamamento, uma intenção que pode se apresentar como um sim da vida.

Desde priscas eras, seguindo os ensinamentos aprendidos pelos Espíritos do Sol, sempre que um círculo era formado acendia-se uma fogueira. Repetindo esse rito ancestral, percebo um destes amigos espirituais também acender uma fogueira. Ele se apresenta como um Peta Uha, que na língua lakota (sioux) significa guardião. Sua presença é uma função, um serviço, e uma resposta ao convite. Ele é um Guardião do Fogo, um Firekeeper, aquele que honra todos os membros da tribo, assumindo o compromisso solene de garantir que a sagrada chama, Fonte de Luz, calor e energia, mantenha-se sempre acesa.

E ele diz: “Esta fogueira é uma lembrança dos ancestrais, é um calor que anima a chama do coração e um anseio d’alma pelo abraço do Grande Espírito! Quando as lágrimas correm pela face e o coração parece apagado, é o calor do fogo que enxuga as lágrimas, abranda a dor e o sofrimento, e desperta a chama do coração. É o Grande Espírito dançando no fogo que apazigua o coração e anima a alma!” Parece que o Grande Espírito é o primeiro a convidar e, ao mesmo tempo, o primeiro a aceitar o convite. Está sentindo?

Diante desse “Raio de Sol”, esse ser vivo que chamamos de fogo, o poder do Grande Espírito na Terra, reconheço agora que cada pessoa, encarnada ou desencarnada, também é um guardião do fogo. Reconheço que existe uma chama sagrada, a chama do espírito, que na maioria dos caminhos espirituais, notadamente para a sabedoria tupi-guarani, faz morada no Doce Território de Tupã: o coração. Diga-me: como está a sua chama interna, o seu sol interior, o fogo do coração?

ESTE CAMINHO TEM CORAÇÃO?

Sentado aqui, sinto a chama do meu coração acesa, meus olhos brilham refletindo a fogueira à minha frente, e ideias pululam em minha mente. Uma dessas ideias vem como uma lembrança dos ensinamentos de Don Juan Matus, xamã Yaqui, compartilhados com Carlos Castañeda: "Um caminho é só um caminho, e não há desrespeito a si ou aos outros em abandoná-lo, se é isto que o coração nos diz... Examine cada caminho com muito cuidado e deliberação. Tente-o muitas vezes, tanto quanto julgar necessário. Só então pergunte a você mesmo, sozinho, uma coisa... Este caminho tem coração? Se tem, o caminho é bom, se não tem, ele não lhe serve. Um caminho é só um caminho".

O que diz o coração? Qual é o seu caminho do agora? Existe realmente acaso em caminhar por estas linhas? Quais sopros sagrados animam as entrelinhas que aspira seguir e continuar? Um bom conselho é manter o discernimento, não necessariamente acreditar no que é dito, mas sim vivenciar, experimentar, examinar o caminho e tirar suas próprias conclusões, sabedorias e *insights*.

Tenho aprendido que, por mais que entenda a vida física cotidiana como um espelho de fumaça, um guerreiro do coração vive com sabor, com vontade e presença. E um dos fatores que aflora os potenciais de discernimento é enxergar as facetas de luz e sombra do caminhar evolutivo.

É preciso sentir e pensar sobre a importância de reconhecer se há coração nas coisas que faço ou se é um fazer vazio. Se o Grande Espírito está presente na ação ou se é apenas uma repetição oca. Se eu sinto conexão com os amigos espirituais ou se ativo meus sabotadores internos. A vida é uma oportunidade. Por mais bizarro que possa parecer, a vida vivida aqui é aquilo que você decide ser. Posso dizer que estar aqui encanta minha alma, faz meus olhos brilharem, meu coração pulsar, e que me vejo em entusiasmo. Tem sido um caminho, uma escolha. Lembre-se: saborear cada momento é declarar-se vivo.

Neste momento, pelos olhos do coração, vejo uma estrela prânica flutuando à minha frente, acima da fogueira acesa. Sua cor e vibração são intensas, bem vivas. E de dentro dela chega a seguinte sabedoria: "O Grande Espírito parece gostar de histórias trazendo a consciência para dançar junto às formas, aos corpos. Cada expressão do universo é uma pincelada de luz, um tom de criatividade e um fio conectado à teia. Se olhar mais de perto, em cada partícula pulsa o Grande Mistério. Se olhar bem de longe, o Todo também se mostra constante. Se olhar para si mesmo, de verdade, perceberá que o Grande Espírito é em você!"

Fico sentindo a repercussão dessas palavras, e pululam as ideias de que a nossa experiência como seres humanos condiz muito com a percepção de que tudo acontece ao mesmo tempo agora, e faz total sentido a multidimensionalidade. Tudo ao mesmo tempo agora não é uma bagunça, um emaranhado, um caos, mas um sentido que pode ser percebido como estados caórdicos de consciência, os quais podem ser vividos em harmonia, no cosmo, na ordem e pela ordem do coração que anima tudo. Existe uma história nativa que ilustra bem isso.

ENSINAMENTOS DO COIOTE

Diz a lenda que, no princípio, quando o universo foi criado, antes da chegada dos humanos, o Grande Mistério criou a Terra. Seu sonho era tão forte que do escuro nasceram a Luz, o Sol e a Lua. Sua criatividade era potência de vida e agora podiam ser vistos o dia e a noite. Era tudo bem ordenado, coordenado, alinhado aos mais sublimes ditames da perfeição. Era possível ver planícies a perder de vista, por dias e dias, alinhadas no encontro do céu e da terra. Folhas e folhas irmãs, gêmeas e idênticas, aritmeticamente farfalhando ao vento. Flores e flores expressando sua unidade semelhante de cor e de forma. Animais e animais que só poderiam ter um nome de tão iguais em sua espécie, havendo gigantesco receio de confundir quem era quem. Árvores alinhadas, asas e pássaros milimetricamente dispostos na exatidão de um ritmo. Perfeito! Até mesmo as estrelas do céu estavam arranjadas pela ordem dos pensamentos e pelos intentos certeiros. Já havia terra, água, fogo e ar. Já havia pedras, plantas, árvores, peixes, aves e outros animais...

Então, numa noite em que a lua cheia brilhava no céu, o Grande Mistério criou o coiote. Este ser, posso dizer, tinha anseio e alma criativa. Já nos seus primeiros pensamentos lunáticos brotava a ideia de como poderia ajudar na criação. Não queria ficar de fora, nem ser mais um, nem ser um qualquer: queria fazer a diferença. No dia seguinte, o Grande Mistério espelhou na realidade da vida os primeiros seres humanos. Realizou-se, então, uma solene celebração, em que todas as potências reverenciavam tudo aquilo que havia sido feito em total perfeição. Somente o coiote estava um tanto desconfortável: "O que tem pra mim? Já está tudo pronto e criado, não há mais nada a fazer".

À noite, ainda na lua cheia, ele cavou um buraco na planície e logo atrás formou-se um monte, uma colina. E quando a Lua apontava o meio-céu daquela realidade, ele subiu até a colina e uivou por três vezes. O uivo era tão forte, tão estridente, tão potente, que estremeceu toda a criação. As planícies não eram mais somente planícies: existiam montanhas, abismos e uma variedade de formas. As folhas conectadas à mesma árvore e planta já não eram iguais. As flores, após o estremecer, tornaram-se coloridas e se disseminaram pelos jardins da Terra. Cada animal e ser humano, cada representante de uma específica espécie podia receber outro nome, porque tinha suas diferenças, suas características únicas. Até mesmo no ser humano um lado difere do outro. E as estrelas do céu, que antes eram alinhadinhas, ordenadas, dispostas em fileiras, espalharam-se pela noite e permaneceram como as vemos hoje ao olhar o céu noturno.

Na próxima vez em que você contemplar o céu noturno, lembre-se do coiote. Lembre-se de que existe beleza nos aspectos que pensamos ser bagunçados e desordenados. Xamanicamente falando, quando o coiote aparece em nossa vida, é sinal de que precisamos ficar atentos, mantendo certo distanciamento e humor diante de uma situação, um acontecimento. Parece que, depois que as coisas estão arrumadas, ele chega, derruba o lixo e espalha tudo, mas não come nada, apenas dá uma risada e vai embora. Quem gosta disso? Pode ser que nesses momentos estávamos tão focados no nosso umbigo, tão presos na armadilha do perfeccionismo, que não vimos mais nada além do que escolhemos ver à nossa frente. Daí, vem o coiote para instigar uma nova compreensão dos fatos, principalmente para não levar tudo muito a sério, mas rir de nós mesmos e ampliar a nossa visão de mundo.

QUE BAGUNÇA!

Se você é pai ou mãe de adolescente, pode ser que se identifique com o próximo exemplo. Imagine que você mudou de casa com sua família e, na casa nova, naquela alegria, tudo ficou no seu devido lugar. É claro que demorou um certo tempo após a mudança, foi necessário realizar algumas doações, mas o fato é que finalmente as coisas se encaixaram nos seus respectivos lugares. Seu filho, adolescente, tem um quarto novo, e pasme: já faz algumas semanas que ele não organiza nada naquele espaço. Ele está fora, você abre a porta e vê aquele caos — como se abrisse a porta do inferno ou de outro mundo, bem diferente do mundo manifesto nos outros cômodos da casa. De repente, te dá um siricutico, sobe uma vibração telúrica pelo corpo e uma decisão ferrenha de arrumar aquele quarto. Você passa horas arrumando... depois de tudo pronto, vem uma sensação de céu, com móveis, gavetas, roupas e objetos no seu devido lugar. Chega seu filho, arregala os olhos, espantado, procura uma e outra coisa e exclama: "Você bagunçou todo o meu quarto! Eu não encontro mais nada!" Do jeito que estava antes, tudo ele encontrava, ele sabia onde as coisas estavam, e agora nada.

O intento com esse exemplo não é deixar um quarto desorganizado ou organizado de acordo com os nossos próprios critérios. Existe também um certo aprendizado importante sobre ecologia nessa situação, que vale uma reflexão e até um trabalho terapêutico: a não existência somente do cosmo — a ordem do quarto — ou do caos — a desordem do quarto. Existe outro estado, o caórdico, que se apresenta como um desafio, por vezes acompanhado de crises, e que é bem peculiar na fase adolescente, a saber, que ali, naquele quarto e na vida, ele encontra suas coisas e vai experimentando, diante dos desafios, o que dá e o que pode. Provavelmente o coiote diria que a imperfeição faz parte, que o quarto, o filho adolescente, os comportamentos daquele momento — por mais que você não goste — são ensinamentos para renovar a inocência, a simplicidade, o riso diante das situações conflituosas; eles são uma porta que se abre para perceber o ridículo nas situações de extrema e exagerada seriedade. Lembre-se: a vida é um espelho de fumaça. O que é o caos? O que é a ordem? O que é caórdico no quarto da sua vida?

Será que sou só eu no fluxo visionário ou teria ressonância por aí? Não sei para você, mas parece que está tudo conectado. É nesses momentos que faz todo sentido, para mim, a compreensão de que estamos vivendo o Sonho do Grande Espírito. Somos os reflexos de sua essência, espelhos de si mesmo, vivendo e sentindo seus sonhos, dançando sonhos, interpretando histórias. Importante dizer que cada um é responsável pelo que projeta no mundo, por seu papel e sua atuação, assim como é responsável pelo seu próprio quarto. Podem existir caminhos de inspiração, pessoas que compartilham fotografias de seus respectivos quartos. Fotografias são somente fotografias, não são o quarto. Caminhos são somente caminhos, não são o mesmo que caminhar o caminho. A inspiração pode existir, no entanto, autorresponsabilidade é um comportamento que tem que partir da pessoa que usufrui dos móveis, gavetas, roupas e objetos do quarto. Melhor ainda é quando essa responsabilidade está mergulhada na essência do Grande Espírito, quando se reconhece que há coração na arrumação, na experimentação, na disposição e na vida que se vive. Afinal, você é um guardião do fogo, então honre a chama da sua presença. A fogueira está acesa. Você está escutando o chamado?

O CHAMADO XAMÂNICO: VOZ DO GRANDE ESPÍRITO

Em muitas tradições se diz que a Voz do Grande Espírito está ecoando a todo momento, de modo constante, ininterruptamente se conectando ao coração — e que é o próprio coração. O chamado pode ser esta voz interna que se apresenta como o início de uma mudança significativa, um despertar para uma nova visão de mundo, um novo pensamento, novas energias e sintonias, novos comportamentos e a renovação dos caminhos. Pode ser que tenham se passado milênios de espera, com o chamado ecoando em seu coração, e nada de dar ouvidos. É como se existisse naturalmente um xamã, um xamã interno, um xamã adormecido à espera do despertar. Diante dessa perspectiva, é uma questão de tomada de consciência, de abertura e reconhecimento do dever próprio, individual, de seguir o caminho do despertar.

No âmbito coletivo, nas relações da teia da vida, existem comumente quatro formas transculturais de reconhecimento de um xamã por uma comunidade: hereditariedade, vocação espontânea, imposição acidental e vontade própria.

1. Caminho da hereditariedade: são aquelas pessoas que se tornam xamãs por herança familiar, ou seja, herdam esse papel de seu pai, mãe, avô ou avó. Em algumas etnias desde muito jovens; em outras, são reconhecidos como xamãs na adolescência e início da vida adulta — período em que passam por iniciações. Esse sistema é muito semelhante à prática de benzimento propagada pela tradição oral, principalmente entre as mulheres, de avó para neta, de mãe para filha.

2. Caminho da vocação espontânea: são aquelas pessoas que não necessariamente têm algum parentesco com o xamã da comunidade; em alguns casos e etnias, demonstram algum tipo de marca de nascença, a "marca do xamã". Naturalmente têm visões, clarividências, sonhos lúcidos ou proféticos, inspirações mediúnicas; realizam voos xamânicos (experiências fora do corpo), têm percepções extrassensoriais em geral — uma ou várias dessas características —, e é bem comum receberem algum tipo de mensagem ou confirmação transmitida pelos espíritos para que desenvolvam um trabalho xamânico.

3. Caminho da imposição acidental: são aquelas pessoas que, após sobreviver a um acidente ou a uma doença que colocou em risco a sua vida física, voltam e se percebem diferentes, passando por uma espécie de revelação que envolve algumas das características da vocação espontânea, incluindo um chamado de espíritos, entidades, Deus, Força Superior ou de seu próprio coração, convocando uma mudança de vida e um servir xamânico. Este caso se assemelha em muito aos diversos relatos de pessoas que, mesmo não inseridas em uma comunidade xamânica, passaram por experiências de quase morte.

4. Caminho da vontade própria: são aquelas pessoas autosselecionadas, que são recebidas e treinadas por um xamã mais velho e experiente; algumas vezes são "adotadas" por uma família de xamã, passando inclusive a cumprir os compromissos de parentesco. São pessoas interessadas que buscam o modo de vida nativo de sua cultura, com sua filosofia e suas práticas xamânicas, e procuram vivê-lo em seu cotidiano.

Independentemente do caminho trilhado, seja ele hereditário, vocacional, por imposição ou vontade própria, tenho aprendido que todos, sem exceção, passam por algum tipo de treinamento no desenvolvimento dos seus potenciais xamânicos. Ou seja, recomenda-se, na maioria dos casos, certo interesse e dedicação, seja nesta ou em outras vidas. Nesse ponto, penso ser interessante fazer as seguintes perguntas: tenho interesse em aprender com os toques espirituais da sabedoria xamânica? Estou disposto a me dedicar ao desenvolvimento das minhas potencialidades? Existe alma/coração no que estou fazendo?

CAMINHO SIMPLES DO CORAÇÃO DEDICADO

Eu me lembro! Já faz alguns anos... Sim, foi em 1996 que ouvi um amigo espiritual dizer as seguintes palavras: "Aprende a cultivar uma atitude de respeito para com todos os caminhos espirituais existentes. Se você mantém essa atitude, se você respeita, está honrando a sua própria integridade, a sua própria espiritualidade. Cada um tem sua própria visão, seu próprio rito, seu próprio meio de reconexão. Mas o que aconselho hoje é a experiência da compreensão, viva, inteligente, que faz ampliar a consciência e o próprio coração".

Anotei as suas sábias palavras em um diário espiritual e agora as compartilho pela ressonância com esta trilha, com este caminho. Sempre que me perguntam quando comecei a trilhar o caminho xamânico ou como me iniciei nos caminhos espirituais, gostaria de responder que foi tudo um mar de rosas e facilidades, mas não foi bem assim. Gostaria de dizer que tive total clareza do porquê estar neste planeta, que ouvi a voz do Grande Espírito e que os espíritos me ajudavam em tudo, mas não foi bem assim. Gostaria de dizer que já nasci sabendo, que tenho a marca do xamã e que escutei o chamado, mas não foi bem assim.

Quantas vezes me senti caminhando no escuro, me vi em crise diante dos desafios materiais, diante da falta de clareza e das muitas dúvidas sobre o motivo de estar aqui. Aquela fase da infância e adolescência na periferia de São Paulo, os gritos do mundo, a pressão do meio, as exigências da sobrevivência pareciam querer abafar a voz do meu coração. Sentia como se minha chama estivesse se apagando — tanto que, durante muitos anos, fui considerado uma pessoa tímida, calada, reclusa, isolada. Os livros e os temas que me interessavam, estes sim, eram uma das ferramentas que me impulsionavam a viver um outro mundo. Um mundo muito diferente do meu cotidiano, mas que me parecia muito mais familiar.

Comecei a trilhar o caminho xamânico — vejo em retrospectiva — impulsionado pelas inspirações e pelo interesse em temas espirituais. Desde aquela época primeva da infância e adolescência, venho catando sementes de inspiração pelo chão ao me levantar após uma queda, um tombo, um desafio. Venho trabalhando, percebendo e conectando pequenos trechos e linhas de pensamento espiritual; cultivando ideias, tecendo reflexões, alinhavando possibilidades. Confesso que meus momentos de alegria, verdadeiros oásis no deserto, ocorriam quando algumas coisas faziam sentido. Existia um frescor, um aconchego, uma carícia sutil de uma realidade que me fazia respirar fundo, mesmo me sentindo perdido em diversas situações. É claro, era notória a existência de uma separação, de um muro gigante entre o que eu demonstrava no cotidiano e o que eu vivia num mundo de temas e repertórios que faziam meus olhos brilharem e a chama do meu coração continuar acesa.

Ah, e quais temas faziam meus olhos brilharem e a chama do meu coração manter-se acesa? Escrevi, certa vez, ainda com um corpo de 17 invernos vividos na periferia, meio que profetizando: “Se a alma anseia por conhecimentos e mistérios... Se o coração pulsa e se empolga na busca por informação... E se o corpo responde com o sim em vez do não... Bom sinal! Bons encontros virão!” Na maioria das vezes, a temática que me encantava, e encanta, incluía bioenergia, experiências fora do corpo, mediunidade, sabedoria perene, filosofia oriental, ocultismo, estudos parapsíquicos, xamânicos, celtas e universalistas — bem no estilo de interesse do nosso amigo e professor Wagner Borges. Ou seja, o foco está no despertar da espiritualidade: a consciência vivendo a experiência humana. Sou muito grato pelos interesses da minha alma que, na busca, me possibilitaram valiosos encontros pelo caminho, inclusive o encontro com o Wagner, assim como este encontro com você e este livro. Místico demais? Tudo bem, está tudo certo, este é apenas um caminho simples de coração dedicado.

Posso dizer, diante das sincronicidades do caminho, que a informação ajuda e boa parte das vezes chega na hora certa, tal como um livro, um filme ou convite. Sim, a informação ajuda e o conhecimento liberta — conhecimentos que fazem com que nós, seres humanos, possamos compreender e cultivar princípios, em razão das diversas experiências que mostram que a vida não é somente aquela vivida na matéria física. Não é apenas o que a gente vive, como desafios do cotidiano, pois estes são copartícipes da experiência da existência — e isso tem tudo a ver com o pensamento xamânico. Portanto, antes de adentrar neste caminho como um condutor xamânico, algo ou alguém, de alguma forma, facilita com apontamentos durante o caminhar. Para alguns, nesta encarnação, isso acontece por meio da hereditariedade; para outros, por vocação espontânea ou imposição acidental, por vontade própria ou por caminhos simples de coração dedicado. Pode não ser tão diferente no seu caso, afinal, este *Na Luz dos Xamãs* não chegou por acaso a suas mãos, nem ao seu caminho e coração.

Boa parte da chegada aos caminhos xamânicos se dá, em meio às buscas, no encontro com uma revelação espiritual, que pode ser sutil, na qual um ser, amigo ou mestre espiritual traz uma mensagem para aquela pessoa. Simplesmente uma mensagem, um toque espiritual da sabedoria xamânica é suficiente para ouvir o chamado. Nessas décadas de estudo e prática, depois de muitos encontros, notei a existência de histórias similares na jornada de muitos condutores xamânicos. Grande parte chega a esse caminho em decorrência de uma crise, de uma busca, do resgate de uma descendência nativa, de uma revelação espiritual, de uma trilha realizada com algum líder cerimonial ou com o próprio Espírito da Floresta ou Grande Mistério.

Cada pessoa tem sua própria história, algo que a motiva a estudar, a percorrer um caminho e a se sentir no caminho — e aí vem uma sensação quentinha no coração, a de que se está no caminho certo. Na minha própria história percebo uma conexão via contato com o invisível. Contudo, nada impede um chamado de surgir a partir de um livro, e os livros são portais que se abrem para um mundo de ideias, para um mundo invisível. Nada impede um chamado de surgir a partir de um curso, uma viagem, uma crise, uma dor ou uma grande alegria. Qual é o seu chamado?

SONHOS SÃO SAGRADOS

Na maioria das tradições de conexão xamânica, os sonhos não são miragens nem ilusões ou pesadelos que se quer afastar completamente. Os sonhos são sagrados e respeitados como espíritos mensageiros. Independentemente do enredo, das sensações, de sua intensidade, os sonhos são convidados especiais para estarem bem pertinho da fogueira da consciência; para fazerem uma caminhada pela manhã e esticarem seus significados; para se alimentarem e ficarem mais fortes. São convidados às cerimônias em que há danças, pinturas, cantos e a criação de um campo de manifestação. Os sonhos são sagrados.

Desde muito jovem, sempre tive muitos sonhos — alguns mais nítidos, bem lúcidos; outros, nem tanto. Posso dizer que minhas noites não eram perdidas. No cotidiano, meus dias podiam ter sido um tanto sombrios, porém as noites, enquanto meu corpo dormia, eram brilhantes. Na época eu não sabia, mas todas aquelas experiências que eu chamava de sonhos, e que para os nativos são consideradas sagradas, eram estudadas por pesquisadores parapsíquicos como experiências fora do corpo.

Nessas experiências eu me encontrava com amparadores, seres espirituais; eram noites de aprendizado, de serviço, de trabalho. Em 1996, em diversas experiências de resgate ocorridas fora do corpo, era comum encontrar-me com o amparador xamânico Águia Dourada, amigo espiritual que foi ponte e presença em algumas vivências marcantes. Era quase um rito obrigatório, quando voltávamos dos trabalhos de assistência espiritual em regiões chamadas de umbral nos relatos do espírito André Luiz, pararmos em um ponto de força. Na maioria das vezes, o ponto de força era uma cachoeira energética, e era impressionante como ela renovava minhas energias, despertava uma força interior e aumentava a clareza de pensamentos. Como aquele ponto de força era uma constante, notei que algumas presenças zelavam pelo ambiente: eram especialistas em manipulações energéticas, como um senhorzinho que tinha uma energia encantadora e que eu sempre via.

Certa vez, Águia Dourada me disse que aquele senhorzinho tinha um presente para mim, e que seria entregue na noite seguinte. Voltei ao corpo com certa curiosidade, falava comigo mesmo: "Quem era aquele senhorzinho? Que presente ele me daria? Se a percepção de tempo fora do corpo é relativa — em que a experiência se apresenta com uma longa extensão de acontecimentos em curto período de tempo, assim como o oposto —, por que esperar até a noite seguinte?" Confesso que, na minha imaturidade, aquele dia foi vivido com certa ansiedade. Esta tendência de querer resolver as coisas, somada ao querer tudo para ontem, parece gerar certa desconexão do ritmo natural da vida. Como eu estava lendo os livros *Ciência Hindu-Yogue da Respiração* e *14 Lições de Filosofia Yogue,* de Ramacharaca, realizei diversas vezes durante o dia uma prática respiratória para manter-me centrado. Naquele mesmo dia, anotei no diário a seguinte frase de Lao-Tsé: "Sem pôr o pé fora de casa, pode-se conhecer o mundo inteiro". Que casa era esta e que mundo era este que se abriria à minha frente?

Na noite seguinte, já fora do corpo, ocorreu um trabalho de assistência espiritual; logo após o término, como de praxe, passamos pelo ponto de força da cachoeira. O senhorzinho estava ali e aproximou-se em silêncio, olhando-me nos olhos, olhos extrafísicos, podemos dizer, e deu um toque na minha testa. Naquele exato momento, eu me lembrei, eu tive uma experiência retrocognitiva fora do corpo. Veio instantaneamente a recordação de uma encarnação em que fui um nativo da América do Norte. Era como uma descarga energética misturada com imagens, sons, sensações... Eu via, e vivia, com os olhos daquela encarnação, além de ver pela perspectiva de terceira pessoa, de fora. Um dos fatos marcantes dessa experiência foi reconhecer tanto o Águia Dourada como aquele senhorzinho, também encarnados naquela época e na mesma etnia. É difícil descrever quanto tempo durou a retrocognição ou quanto tempo fiquei parado no ponto de força da cachoeira.

Quando voltei para o corpo, sentia num crescente que tudo estava conectado; que, por mais que a experiência tenha sido mística e subjetiva, ela deu impulso a possibilidades de abertura que, posso dizer, são no mínimo interessantes. A partir daquela experiência, entre 1996 e 2000, foram cinco anos até eu começar a facilitar uma roda de cura xamânica pública. Todas as rodas, aulas ou vivências xamânicas nesse período — que percebo como um treinamento de base — foram convites que aceitei de espaços holísticos, terreiros de umbanda e casas espiritualistas. Como sou grato por aquele aprendizado, pela oportunidade de servir e pela confiança que essas pessoas depositaram em um trabalho tão simples e de coração dedicado.

Eu sabia que existiam bons condutores xamânicos, pioneiros na partilha desses conhecimentos, mesmo na cidade onde eu residia. No entanto, por uma questão financeira, não pude fazer cursos, workshops ou iniciações. Morava na periferia de São Paulo e tinha minhas dificuldades. Todo o dinheiro praticamente era direcionado às despesas cotidianas e, eventualmente, me dava um presente — quase sempre um livro. Em nossos dias, é fácil encontrar uma infinidade de cursos, publicações e, com o avanço da tecnologia e dos meios de comunicação, diferenciados acessos aos conteúdos xamânicos. Naquela época, no entanto, eu vivia, aprendia, buscava, estudava e praticava com o que era possível ter em mãos.

Uma das minhas grandes alegrias nesta encarnação é dar aulas. É quando eu tenho a oportunidade de compartilhar informações, conhecimentos, experiências e inspirações visionárias. Já ocorreu de me perguntarem se eu acredito em espíritos, em entidades desencarnadas, em coisas do além. Costumo responder, com base nas mais variadas experiências pessoais, que não acredito em tudo. Contudo, há alguns espíritos que são bem confiáveis. Isso mesmo: há entidades invisíveis que irradiam uma potência bastante coerente e vivaz. Além disso, no extrafísico há coisas que se apresentam bem mais reais do que a experiência vivida no corpo físico.

Para ter uma ideia, compartilho uma dessas rápidas experiências. Em 2003, um grande salto após aquela experiência retrocognitiva, eu já atuava há três anos como condutor xamânico, participando de grupos de estudo e assistência espiritual. Concomitantemente aos estudos e práticas universalistas, realizava uma função administrativa durante o dia. À noite, em uma das minhas experiências fora do corpo, estava parado diante do Ancião das Estrelas (este era o nome daquele senhorzinho), quando ele me disse: "Amanhã uma pessoa vai te ligar no escritório e vai te convidar para uma cerimônia xamânica, acho que você vai gostar". Interessante notar que geralmente as mensagens destes amigos espirituais têm um direcionamento coletivo, e, em poucas ocasiões, pelo menos nas minhas experiências, são de cunho pessoal. Neste caso, tratava-se de uma mensagem direta e pontual.

No dia seguinte, continuei cumprindo minhas funções no escritório e, no decorrer do dia, recebi uma ligação no telefone fixo. E, pasmem, era um convite: "Você não quer participar de uma roda xamânica?" Lembrando o que tinha acontecido fora do corpo, eu respondi sem titubear: "Sim! Eu vou!" Fui e gostei! Era simples e acolhedor, tinha tambor e canções. Em dado momento, o próprio Ancião surgiu sorrindo em meio à cerimônia. Em decorrência da antevisão do Ancião das Estrelas, passei a fazer parte do movimento Dançando a Luz, com cerimônias como Sun Moon Dance, Drum Dance e Long Dance, e muitas outras conexões vieram desse ponto conectivo da história. É por isso que, quando me perguntam se acredito em espíritos, respondo: "Em alguns eu acredito!" Mesmo sem saber se o próprio Ancião das Estrelas soprara nos ouvidos daquela pessoa para me ligar (e ela não lembrava), se foi uma peça comprobatória de sincronicidade ou se simplesmente foi um fato misterioso, o importante para mim é o que resultou da experiência, um efeito borboleta que me levou a viajar para outros países, a conhecer diversas etnias e estilos de trabalhos xamânicos, e a viver com maior consciência o meu propósito. Um bater de asas no seu jardim pode gerar um furacão no outro lado do mundo. Uma pequena atitude pode transformar uma vida. Um pequeno sim pode gerar miríades de possibilidades. Uma pequena semente pode gerar uma frondosa árvore. Uma sutil experiência espiritual pode gerar um bom caminho. Sonhos são sagrados. Sim, eu acredito em espíritos!

OPA! GOSTEI DISSO!

Algumas pessoas chegam a uma roda, sala de aula ou palestra e dizem: “Não sei meu propósito de vida, o que preciso fazer?” Tenho tendência a responder, nesses cenários com curtos espaços de tempo, seguindo o caminho da simplicidade dedicada: “Pense naquilo que você gosta e que o ajudou, e tente compartilhar com os outros. Compartilhe seus conhecimentos e experiências com as pessoas que talvez estejam vivendo momento semelhante ao que você passou. O que o ajudou a sair do buraco? O que o inspirou e tornou-se luz no caminho? O que foi importante para você se levantar e seguir em frente? Você não precisa ajudar todo mundo, de uma só vez, só precisa começar ajudando”. O que tenho feito, como postura mesmo, é manter uma atitude de agradecimento. Minha ação de graça tem sido oferecer projetos na temática e nos caminhos que me ajudaram. Ao idealizar e coordenar o primeiro Congresso Internacional de Xamanismo, o XamãsConet, com mais de 180 condutores xamânicos, estou honrando esse aprendizado. Ao coordenar o Simpósio de Mediunidade, ou o Simpósio sobre Experiências Fora do Corpo, ou ao definir os temas que compartilhamos pela TV Consciência Próspera, estou honrando aprendizados que me foram preciosos, possibilitando que outros se inspirem também. Da mesma forma, quando escrevo livros para compartilhar minhas experiências, estou honrando aquilo que me ajudou a tornar-me um ser humano um pouco melhor — meus amigos espirituais, as inspirações, aquilo que chegou até mim e me beneficiou.

“Compartilhar é o mesmo que multiplicar. Multiplicar é um estado abundante de consciência. É como o amor: quanto mais doamos, mais amorosos somos.”

– Samuel Souza de Paula

Uma sugestão: se você sentia que não tinha os pés no chão e precisava de um aterramento, se utilizou as práticas xamânicas e elas funcionaram, compartilhe essas práticas. Se você estava com dificuldade em lidar com a sua mediunidade, se entrou em um grupo de educação mediúnica e isso funcionou, compartilhe esse caminho. Se você não sabia que aquilo que acontecia com você eram experiências fora do corpo, se encontrou pessoas com experiências semelhantes e que o ajudaram, compartilhe o trabalho dessas pessoas. Se você estava precisando de clareza em alguma área da sua vida, e se leu um livro que o ajudou, indique esse livro. Honre aquilo que o auxiliou. Pare, sinta, reflita, veja se isso faz sentido para você.

Observe o que é útil, interessante, importante em cada um desses caminhos. No caso das práticas xamânicas, se observar bem todos os toques espirituais, o que eles são? Caminhos! Caminhos que despertam a inspiração, que acordam o coração, que ampliam a visão. Caminhos são xamãs adormecidos esperando serem tocados, acordados e vividos, para o despertar da consciência.

Eu costumo dizer que esses pensamentos, filosofias, religiões ou mesmo as funções humanas no dia a dia são formas de se praticar a espiritualidade, são sinalizações do nosso caminho. São setas que vão direcionando para onde podemos seguir a partir de agora. Você pode sentir e dizer: "Opa, gostei disso! Então vou por aqui". E está tudo certo: você está seguindo um chamado! Lembre-se de que não existe — pelo menos é o que parece neste planeta — uma verdade absoluta. Então, encare o chamado como uma verdade relativa, algo importante neste seu momento e no seu tempo. Como sugestão, diante das verdades que carrega em sua cachola, reconheça que elas também são um chamado. Elas são crenças limitantes à espera de transcendência. Compartilhe-as e deixe que elas sigam em transformação.

DEZ MOTIVOS PARA TRILHAR A ESPIRITUALIDADE XAMÂNICA

Quantas vezes você já se perguntou sobre o sentido da vida, não é mesmo? Quantas vezes, ao olhar para o céu estrelado, sentiu-se pequeno diante da vastidão do universo? A busca pela espiritualidade é uma jornada única, cheia de reviravoltas e revelações, e poucos caminhos oferecem uma experiência tão vívida e multifacetada quanto a espiritualidade xamânica. Ao trilhar esse caminho, há diversas razões que podem ressoar com a sua essência interior e inspirá-lo a aprofundar-se nesse universo ancestral e, ao mesmo tempo, contemporâneo. Não se trata apenas de aprender técnicas ou rituais, mas de despertar algo que já existe dentro de você. É como se estivéssemos desembrulhando um presente que sempre esteve ali, esperando para ser descoberto.

Compartilho com você dez motivos interessantes para mergulhar na filosofia do xamanismo ou nas terapias bioxamânicas, mas lembre-se: cada jornada é única, e o que ofereço aqui são apenas sementes. Cabe a você regá-las com sua própria experiência e ver o que floresce.

1. Conexão com o Grande Espírito

Seria possível sentir o reencontro com algo muito maior do que nós mesmos? Imagine-se diante de um lago cristalino, onde a superfície da água reflete não apenas sua imagem, mas também todo o céu acima. É assim que podemos pensar na conexão com o Grande Espírito. Através das práticas xamânicas, você começa a perceber que não está separado dessa força divina, do Grande Mistério, Eu Superior, A Fonte, Grande Mãe, ou como quer que você a chame. Essa conexão não é distante ou abstrata, e sim uma presença viva e palpável que permeia cada aspecto da sua existência. À medida que você se aprofunda nesse caminho, começa a perceber que não está separado dessa força divina, pelo contrário: você é parte integrante dela. O belo dessa jornada é que ela não se limita a momentos extraordinários ou rituais elaborados. Com tempo e prática, você começa a sentir essa presença sagrada no seu dia a dia. Pode ser ao observar o nascer do Sol, ao sentir a brisa no rosto ou mesmo ao realizar tarefas cotidianas. Cada experiência se torna uma oportunidade de conexão, uma celebração da vida em todas as suas formas.

2. Trilhar um caminho ampliado de autoconhecimento

Ao mergulhar nos mistérios da prática xamânica, somos convidados a olhar para dentro e descobrir nuances que, muitas vezes, permanecem ocultas sob as camadas da rotina. Lembro-me de quando comecei a praticar a "Arte e Magia Xamânica do Coração Inteiro". No início, confesso, me senti um pouco perdido. Pude entrar em contato com aspectos da minha personalidade que eu nem sabia que existiam. Era como se estivesse aprendendo uma nova língua. Aos poucos, fui percebendo que não se tratava apenas de aprender algo novo, mas de despertar algo que já existia dentro de mim — a linguagem do coração.

Não pense que é um caminho fácil. Por vezes, nos deparamos com verdades sobre nós mesmos que são difíceis de aceitar, mas é justamente nesse confronto que reside o crescimento. É como lapidar uma pedra bruta até que ela se torne uma joia preciosa. Nessa jornada, você começa a enxergar, além de suas qualidades, também suas sombras. Pode parecer inusitado, incrível ou desconcertante, mas você aprende a abraçar ambas — luz e sombra. É como se estivéssemos integrando todas as partes de nós mesmos, criando um ser mais completo e consciente. Cada passo nessa trilha de autoconhecimento converte-se em um ato de coragem e de reconhecimento da nossa própria humanidade.

3. Lidar melhor com as crises

Não há garantia de facilidades, de conquistas sem esforço, de resultado sem ação, e é comum ver-se diante de mudanças. Mudança de hábitos, mudança de comportamentos, mudança de rotina. Por vezes, esse processo de transformação vem acompanhado de sensações corporais, intensas ou suaves, ou desconexão e desapego de coisas que você julgava normais. Talvez comece a questionar tudo o que pensava que já sabia, fazendo você mudar de ideia, de sentimentos, levando a momentos em que parece faltar o chão. Pode chamar de crises, mas, na real, é um ponto de virada.

Quem nunca passou por uma crise que atire a primeira pedra, não é mesmo? Preste atenção e não se engane: as crises continuarão acontecendo. Uma prática que me ajudou muito foi o "Ritual de Morte e Renascimento". Nele, simbolicamente, morremos para velhos padrões e renascemos para novas possibilidades, perpassamos a crise. É um processo intenso, às vezes até assustador, todavia profundamente transformador. As crises fazem parte da vida, são como as ondas do mar: às vezes suaves, às vezes turbulentas. De certa forma, as inspirações xamânicas nos ensinam a surfar essas ondas, a encontrar equilíbrio mesmo em meio à tempestade. Então, você cresce e se cura à medida que descobre novas rotinas e rituais que funcionam para você. É um verdadeiro caminho de superação.

4. Reconhecimento e elevação do padrão de energia

Você já parou para pensar que somos seres de energia? Que tudo ao nosso redor, desde a cadeira em que estamos sentados até o ar que respiramos, é energia em diferentes níveis de vibração? Você já se perguntou por que às vezes sente uma conexão instantânea com certas pessoas ou lugares, como se houvesse uma ressonância invisível?

Provavelmente você já deve ter ouvido falar que a visão de mundo do xamanismo tende ao animismo, em que tudo na natureza possui força vital, ou seja, a percepção de mundo xamânica transcende o mero entendimento físico para adentrar os reinos sutis da energia. Pensar que tudo — desde os mais simples elementos naturais até as entidades que habitam o nosso imaginário — possui alma, vida e essência é compreender a vasta rede de conexões que permeia o universo. As práticas bioxamânicas são um convite ao reconhecimento dessas energias, à sua ativação, movimentação e integração. E, claro, isso irá exigir constante manutenção e elevação dos mais diversos padrões de energia.

Há momentos em que parece que a energia não flui, que a estagnação tomou conta, que a pessoa está carregada de energia negativa. Em uma das minhas primeiras participações numa prática de limpeza xamânica com bate-folha, comecei a perceber meu próprio campo energético, minha aura — e como ela estava carregada. Bom, as desculpas e os motivos que eu atribuía eram infindáveis. Não tinha nem como pensar que era culpa do lugar, de alguém ou da minha imaginação: era eu o atrator da coisa toda, fui eu que deixei minha aura carregada. À medida que o pajé rezava e utilizava as ervas como instrumento energético, comecei a sentir as mudanças em meu padrão energético. Tanto que, após a sessão de limpeza xamânica, senti-me tão leve que tive a impressão que poderia flutuar. Era como se todas as preocupações e tensões tivessem sido lavadas, deixando apenas uma sensação de paz e bem-estar.

O que posso dizer é que, com as práticas bioxamânicas, aprendemos a reconhecer bloqueios energéticos e a trabalhar para dissolvê-los. O mais incrível é que, à medida que elevamos nosso padrão vibratório, naturalmente atraímos situações e pessoas que vibram na mesma frequência. É como se estivés-semos sintonizando uma rádio, buscando a melhor estação para ouvir a música da vida. Sim, aquela música que agrada aos seus ouvidos e ao seu coração, a trilha sonora que comprova com alegria e felicidade que você está seguindo no ritmo e nos passos certos. Importante lembrar que este é um caminho de sintonia, um caminho de conexões vibracionais.

5. Caminhar harmoniosamente pelos estados de consciência

Estamos entendendo que nos utilizamos de veículos, envoltórios e ferramentas que expressam frequências e padrões de energia. De alguma maneira influenciamos e somos influenciados pelos padrões de energia cultivados. Além disso, existem os estados de consciência, que são os diferentes níveis de percepção da realidade, ou melhor, são as realidades que podemos experimentar. Esses estados podem variar em termos de atenção, memória, intento, pensamento, emoção, presença, informações e experiências. E o xamã é aquele que caminha entre mundos. As práticas bioxamânicas tendem a ser um convite à experimentação, à dança cósmica de consciência, em que cada passo é uma oportunidade de expansão e descoberta. Nessa dança e caminho há uma variedade de práticas e recursos para entrar em estados xamânicos de consciência, notadamente, por meio de tambores, chocalhos, respirações, cantos, danças, jejuns, plantas enteógenas, rituais e cerimônias. Lembro-me da primeira vez que experimentei uma jornada xamânica ao som do tambor. Era como se eu estivesse entrando num filme, vivendo uma outra realidade, em que cada cena era carregada de profundos significados. Vi-me rodeado de espíritos e percebi as mensagens do Espírito do Tambor, que parecia afirmar: “Somos um!” E fez todo o sentido: nesta jornada, você não é unicamente o dançarino, mas a própria dança, fluindo entre os véus da realidade com presença, muitas vezes transcendência e propósito.

Tecnicamente, caminhar de maneira harmoniosa por essas realidades é passo posterior a estar presente. Por esse motivo, boa parte das tradições sugere que se cultive a atenção plena em cada passagem entre os estados de consciência. Cada sonho vívido, cada intuição aguçada, cada sincronicidade no cotidiano torna-se uma harmoniosa mensagem do universo. Então, sua percepção pode se expandir, permitindo que você veja além do véu do ordinário, reconhecendo a magia que permeia cada instante da existência. Cada experiência, seja em vigília, sonho ou transe, torna-se um convite para repensar suas crenças e remodelar sua realidade.

6. Reconhecimento e ativação das capacidades interiores

Nenhuma percepção, por mais mirabolante que seja, é privilégio de pessoas específicas. A percepção é uma das capacidades humanas que abrangem desde as sensações básicas até as mais sutis. Capacidades podem ser inatas, desenvolvidas ao longo do tempo através de experiências e aprendizados, ou aprimoradas deliberadamente através de treinamentos e práticas. Sabe aquela sensação de que há algo adormecido dentro de você, esperando para ser despertado? Pois é, este caminho instiga a explorar essas potencialidades, despertar, reconhecer e honrar seus dons e talentos.

As práticas bioxamânicas podem ser uma poderosa ferramenta para fortalecer seu poder pessoal, ativar o espírito da força de vontade, aumentar a autoestima. Este caminho promove uma reconexão com a intuição, aquela parte de você que sabe sem precisar de provas, que sente sem necessitar de palavras. E à medida que reconhecemos e honramos nossos dons, naturalmente sentimos o desejo de colocá-los a serviço de outros. É como se estivéssemos cumprindo um propósito maior, algo que transcende nossas necessidades individuais.

7. Ativar o sentido de pertencimento

Em um mundo cada vez mais digital, onde pairam dúvidas sobre se dominamos as telinhas ou se por elas somos dominados, os caminhos xamânicos surgem como um sussurro da natureza, como se dissessem: "Escute o vento, ele fala. Escute o silêncio, ele fala. Escute seu coração, ele sabe". É como se cada folha, cada pedra, cada gota de chuva carregasse uma mensagem codificada de nossos ancestrais.

Pense nas pinturas rupestres do Paleolítico, naquelas mãos impressas nas paredes das cavernas. Não é como se nossos antepassados estivessem dizendo "Estamos aqui, somos parte disso tudo"? O xamanismo nos convida a deixar nossas próprias marcas, não em cavernas, mas em nosso coração e no mundo ao nosso redor.

É como os antigos já diziam: "Nós não herdamos a Terra de nossos ancestrais, nós a tomamos emprestada de nossos filhos". Qual é o nosso olhar e atitude em relação à Terra? O que deixaremos depois de nosso pequenino tempo? Seremos lembrados como depredadores ou guardiões? Como afirmava o Chefe Seattle, "A Terra é nossa mãe. O que acontece com ela, acontece com todos os filhos da Terra".

Nos caminhos xamânicos redescobrimos nossa Família Universal. O céu torna-se o pai que ensina o caminho das estrelas e das origens ancestrais. A Terra torna-se a mãe que ensina os caminhos das relações, das integrações e da evolução na matéria. O grande avô é o Sol que, com seu sorriso caloroso, ensina todos os dias a sabedoria dos ciclos e do círculo da vida. Então, a avó Lua, com sua serenidade peculiar, ensina a arte de sonhar e os mistérios que iluminam os caminhos pelas noites da vida. As árvores e vegetais tornam-se o Povo em Pé; as águas, o Povo das Águas; o trovão, o Espírito do Trovão; as pedras, o Povo de Pedra; e todos os animais tornam-se os irmãos mais jovens, cada um com sua medicina particular. Ao nos sentirmos parte desse todo, filhos da Terra, parentes de toda vida, naturalmente começamos a cuidar melhor de nós mesmos e do mundo ao nosso redor.

8. Descobrir e manter excelentes aliados espirituais

Dentro do universo xamânico, a ideia de aliados espirituais vai muito além de simples entidades imaginárias. Eles representam forças e energias que, se reconhecidas, podem nos ajudar a navegar pelos desafios do cotidiano com mais leveza e sabedoria. Conectar-se com esses aliados é, na prática, abrir um canal de comunicação com o mundo invisível, em que cada ser, cada entidade ou presença energética revela-se um potencial auxiliar na caminhada espiritual.

Com a propagação dos conhecimentos xamânicos desde a década de 1960, bem como de alguns movimentos espiritualistas de 1980, surgiu uma busca frenética (muito divulgada nas grandes metrópoles) pelos animais de poder. Mas não são apenas eles que nos auxiliam: há também os guias espirituais, os espíritos ancestrais, os seres da natureza, o povo pedra, o povo vegetal, o xamã interior, os seres interdimensionais e tantos outros. Cada um deles traz uma sabedoria única, um olhar diferente sobre as situações que enfrentamos.

A grande maioria das práticas com os aliados é uma construção de relações. Ao desenvolver uma relação de confiança com esses aliados, você se torna mais empático, mais capaz de sentir a verdade das pessoas ao seu redor, discernindo intenções verdadeiras de manipulações. Essa consciência elevada é descrita como uma "magia conscien-cial", na qual você aprende a navegar com sabedoria, com poder ou com as qualidades de ressonância com esses aliados.

Quando você fortalece essa conexão, recebe suporte e orientação que enriquecem sua vida e a vida daqueles com quem você interage. Ao desenvolver essa capacidade de perceber quando alguém age de forma manipuladora ou quando se aproxima algo dissonante — ou até um embate —, os aliados espirituais se tornam uma ferramenta valiosa para manter o equilíbrio.

9. Compreender melhor a linguagem simbólica

A natureza simbólica do xamanismo transforma cada sinal, cada coincidência e cada visão em um convite para compreender as mensagens do universo de forma aprofundada. Ainda que a linguagem simbólica seja, de modo geral, enigmática, ela se revela como um mapa que indica os caminhos secretos e os portais interdimensionais da nossa própria alma. Quando passamos a ser mais atentos aos detalhes — àquela sensação inexplicável ou ao sonho que se rememora em momentos de silêncio —, percebemos que o universo está constantemente se comunicando conosco, de maneira sutil e encantadora.

Uma prática xamânica que me auxiliou muito nesse aspecto foi o “Oráculo Natural”, que consiste em sair para um passeio na natureza, seja em um parque, praça ou mesmo na selva de pedra, com uma pergunta em mente — e estar atento aos sinais que surgem. Uma folha que cai no seu caminho, um animal que cruza sua trilha, tudo pode ser uma resposta se estivermos abertos a interpretar.

O xamanismo abre portas para estados ampliados de consciência, guiando-o a um reino onde mitos, símbolos, sonhos e verdades interiores podem ser explorados com liberdade e curiosidade. Percebemos que os sonhos não são apenas devaneios noturnos, mas portais para o inconsciente, mensagens da alma que pedem para serem decifradas.

Essa habilidade de ler os símbolos torna-se uma ferramenta indispensável à recalibração da alma. Ela permite lidar com as nuances do ego e com os desafios da vida sob uma perspectiva que transcende o óbvio. Assim, a prática da espiritualidade xamânica amplia nosso senso de percepção e nos ensina a interpretar as sincronicidades como convites a uma nova compreensão da realidade. Cada sinal é, então, uma mensagem que nos empurra para questionar, refletir e, por fim, evoluir.

10. Expandir o discernimento e a compreensão da realidade

Como uma porta para novos interesses e caminhos, o xamanismo nos desperta para os verdadeiros rumos de nossa vida. Vira quase uma constante perguntar se este caminho que seguimos agora tem coração. Se sim, segue. Se não, muda. A vida é uma espiral evolutiva. Ao reavaliar nossas crenças e abrir espaço para novas verdades, descobrimos que somos eternos aprendizes em uma jornada contínua de evolução espiritual. Professores visíveis e invisíveis se apresentam em nosso caminho, guiando-nos a uma visão ampliada do mundo.

Quase como se necessitasse de uma permissão interna, nossa intuição se fortalece, e começamos a compreender a realidade sob uma nova luz, com a disposição de sermos mais compassivos e de estarmos a serviço. Esse é um dos legados dos ensinamentos xamânicos, que oferecem a você uma ampliação da visão de mundo e um discernimento mais apurado sobre seu lugar no universo.

Lembre-se de que, nesta jornada xamânica, você não apenas descobre novos horizontes, mas torna-se o próprio horizonte, expandindo-se infinitamente em todas as direções da consciência. Você desperta a sua medicina interior. Ao se reconectar com essa essência, você naturalmente sente o desejo de compartilhar essa luz com os outros. É como se você se tornasse uma tocha, iluminando não apenas o seu caminho, mas também o dos que estão ao seu redor.

Em resumo, os dez motivos para trilhar o caminho da espiritualidade xamânica são convites profundos para:

- Reconectar-se com o divino e com a essência interior;
- Expandir o autoconhecimento e transformar crises em pontes de evolução;
- Elevar a energia pessoal e reconhecer a beleza dos campos sutis que regem a vida;
- Desvendar a linguagem dos símbolos e sincronicidades que apontam para um universo interconectado;
- E, sobretudo, cultivar um sentimento de pertencimento e amor universal, compartilhando sua luz para que outros também possam encontrá-la.

TRIBOS DA TERRA E DO ESPAÇO: PEQUENA INTRODUÇÃO AOS XAMANISMOS

QUANDO NASCE A ESPIRITUALIDADE XAMÂNICA?

No momento em que nos sintonizamos com a história escrita na pele da Mãe Terra e honramos as memórias na doce cabeleira branca da velha anciã, encontramos possibilidades. Possibilidades de ouvir, de estudar os acervos arqueológicos — vestígios da pluralidade de culturas já desaparecidas — e de tecer no imaginário o modo de vida dos povos originários. Os que se debruçam sobre os estudos ancestrais observam que há indícios de práticas xamanísticas desde a era Paleolítica, quando os seres humanos, hominídeos, eram nômades e viviam da caça e da coleta, e começaram a produzir os primeiros artefatos em pedra lascada, além de uma diversidade interessante de pinturas rupestres que retratam ritos, ensinos, anseios, comportamentos e mistérios. Estamos falando de um período muito extenso da Pré-História, com início há cerca de 2,5 milhões de anos e duração até 10.000 a.C. Os registros ancestrais desse período vêm contar histórias, imaginárias ou coerentemente resgatadas, e expressam uma dança da vida. Aqui, a espiritualidade xamânica está profundamente atrelada ao surgimento da arte e ao desenvolvimento de uma consciência cosmológica, do pensamento simbólico, da relação do ser humano com as intempéries dos deslocamentos e com a busca de recursos para sua sobrevivência.

De maneira mais simples, a espiritualidade xamânica nasce com os seres humanos. Sim, com os seres humanos. Na realidade, inicia-se quando o ser humano começa a descobrir o mundo invisível e os mistérios da natureza, a sentir com maior intensidade o sagrado, a sonhar, a se comunicar com a natureza e com os espíritos. A espiritualidade ancestral tem como templo a própria natureza, o ambiente no qual o ser humano interage em seu cotidiano. Tudo se torna sagrado na espiritualidade natural.

Apesar de boa parte dos pesquisadores atribuir a consolidação da religião ao período Neolítico, já existia, no Paleolítico, um certo comportamento artístico religioso primitivo. Alguns amigos no caminho afirmam inclusive que "a espiritualidade xamânica é a mãe das religiões!" Não que a espiritualidade xamânica seja uma religião institucionalizada como outras que conhecemos, afinal, não há livros canônicos nem uma mitologia específica, um fundador, mestre ou avatar, a exemplo do que ocorre no cristianismo, com Cristo; no taoísmo, com Lao-Tsé; no budismo, com Buda. Nos caminhos de revelação das sabedorias, encontramos representações avatáricas que espelham ideais religiosos e seus respectivos ensinamentos.

Você quer conhecer uma coisa interessante daquela época? Nos túmulos do Paleolítico podemos encontrar uma associação entre o feminino, a Grande Mãe e o poder de dar a vida. Por exemplo, em 1868, foram encontrados os primeiros restos de nossos ancestrais do Paleolítico Superior. No abrigo de rochas conhecido como Cro-Magnon, em Les Eyzies, Dordonha, França, em volta e por cima dos cadáveres havia conchas de cauri cuidadosamente dispostas. Essas conchas, cujo formato foi discretamente denominado de "o portal através do qual uma criança vem ao mundo", parecem ter sido associadas a algum tipo de culto primitivo a uma deidade feminina, uma deusa. O historiador E. O. James escreve que "o cauri era um agente proporcionador de vida". E as conchas de cauri eram cobertas por um pigmento de cor vermelho-ocre, que simbolizava o poder vivificante do sangue, evidenciando a função da mulher no período: procriar, preservar e realizar a manutenção da vida. Nas representações são encontrados úteros grandes, entendidos como gravidez, e seios também grandes, evidenciando a amamentação. Esses registros psíquicos primitivos representam, assim, o espantoso milagre do nascimento, personificado no corpo da mulher.

A vida e a morte, assim como o culto à feminilidade, parecem ser um tema religioso central naquela época. Aqui, quero lembrar que a religião é vista como fruto da natureza humana, resultado das experimentações, dos significados simbólicos e prováveis, do hábito ritualístico e dos comportamentos funcionais do cotidiano. Parece-me coerente pensar que vou cultuar aquilo que me é importante, uma tecnologia facilitadora, muitas vezes espantosa, selvagem, e que proporciona ou reflete algum tipo de resultado — no caso, a preservação da vida.

A presença de xamãs, homens ou mulheres que atuavam como intermediários entre o mundo terreno e o espiritual, reforça essa conexão com as forças da natureza e o sentido de preservação. Através de rituais, essas culturas estabeleciam laços com a natureza e o cosmos, buscando compreender os mistérios da vida, da morte e do renascimento. As Vênus do Paleolítico e os rituais xamânicos simbolizam um elo profundo com o feminino sagrado, refletindo a importância da mulher como portadora da vida, guardiã de segredos ancestrais e protagonista em uma cosmologia que honrava a natureza em sua totalidade. Essa riqueza cultural destaca a espiritualidade como uma força vital e integradora, celebrando os ciclos naturais e o papel da mulher como matriarca do mundo.

Vamos um pouco mais fundo no resgate dessa época histórica. Tal como num filme, imagine aqueles seres humanos mirradinhos em comparação com os grandes mamutes. Mamutes com tamanha força que uma patada e pronto, desencarne garantido para o ser humano: morte. E o que os humanos tinham a seu favor? Penso que era algo chamado magia.

E que magia era essa? Magia, no pensamento da espiritualidade xamânica, é consciência. Repito: *magia é consciência*. É a tomada de consciência da sua relação com as forças da natureza, com as forças da *sua* natureza, com as forças do *seu* universo em relação ao universo. E de que forma eles utilizavam a magia? De modo geral, as práticas mágicas eram realizadas como rituais. Eles desenhavam no chão, por exemplo, um mamute. Dançavam e emitiam sons a noite inteira em volta do desenho do mamute. Era intenso, com homens munidos de suas lanças e envolvidos pelo espírito da cerimônia, pelo espírito da arte; havia a teatralização, o canto, os sons, a dança, os verdadeiros movimentos como se o mamute já estivesse ali. No ápice daquele ritual, as lanças eram certeiras no desenho ou no ponto escolhido para representar o mamute. Então celebravam felizes. Toda a comunidade celebrava a “caça imaginada”, a entrega do espírito do mamute para que eles pudessem sobreviver. Como eles, interiormente, se sentiam depois de uma prática como essa? Sentiam-se empoderados, plenos de magia, de consciência e energia. Agora, sim, eles sentiam que podiam sair à caça.

Existe uma variedade de processos mágicos semelhantes a esse exemplo hipotético, os quais são realizados até os dias de hoje. Encontramos exemplos, inclusive, nas práticas do pensamento positivo, nas afirmações, nas preces — algumas com mais, outras com menos símbolos mágicos, porém sempre ativando uma certa magia, a magia da consciência. Na programação neurolinguística vemos processos semelhantes: notadamente, a ponte para o futuro é um roteiro de caçada de mamute, em que você desenha, mental ou fisicamente, os signos ou símbolos para uma funcionalidade, uma conquista. Esse desenho é um caminho para a tomada de consciência, para a manifestação e materialização daquela tomada de consciência. Esta é, portanto, uma das razões do crescente interesse pelo xamanismo nas últimas décadas: porque é funcional.

Naquele período histórico em que o homem passou a interagir com os elementos da natureza, ele percebeu as forças espirituais e as entendeu como forças divinas ou espíritos — o que chamamos de energia na linguagem atual. Ele começou a ver o fogo como Espírito do Fogo; a água, como Espírito da Água; o trovão, como Espírito do Trovão. Caía um raio, Espírito do Raio. Essa é uma das premissas que nos levam a classificar o pensamento xamânico como os primórdios das religiões e das conexões espirituais. Ou seja, é uma herança da humanidade, uma tecnologia de ampliação das percepções para outras realidades, uma forma de caminhar entre as múltiplas realidades e os estados de consciência. É um caminho, um caminho no qual você pode expressar a sua espiritualidade, a sua espiritualidade natural e selvagem. É a expressão mais arcaica da espiritualidade.

O QUE É UM XAMÃ?

É incrível como a definição de xamã tem gerado uma série de polêmicas e controvérsias. Dependendo do estudioso e praticante, a tendência quase sempre é formar e compartilhar sua própria opinião do que vem a ser um xamã. Mesmo com o intento de viabilizar uma perspectiva mais ampla, histórica, transcultural e, mais especificamente, espiritual, já que este é um livro de toques xamânicos, confesso não estar isento de cair nas armadilhas de seguir o viés daquilo com que sinto profunda afinidade. Vale então, mais uma vez, caro leitor, manter seus próprios questionamentos e o discernimento diante de tudo o que aqui é exposto. Talvez o mais sensato, para não nos perdermos no caminho, seja começar com a definição da palavra em si.

A palavra "xamã" tem sua origem em *saman*, termo utilizado pelos tungu e pelas tribos altaicas da Sibéria. Ela define um praticante espiritual que faz viagens ao mundo dos espíritos em prol de sua comunidade. Esses seres humanos que antigamente se comunicavam com o invisível eram chamados de xamãs. A palavra foi adaptada para *shaman* em inglês, designando "aquele que voa" (voos xamânicos), "aquele que é inspirado pelo espírito" (anímica e mediunicamente), "aquele que sabe" (por inspiração multidimensional), "aquele que não perdeu a integração" (percepção expandida das realidades), "aquele que está em conexão" (caminhando entre mundos e suas energias), "aquele que enxerga no escuro" (clarividência). Valendo-nos da associação livre de papéis antigos e modernos, ele é o curador, o poeta, o músico, o psicopompo, o palhaço, o intuitivo, o conselheiro, o terapeuta, o sensitivo, o paranormal, o contador de histórias, o dançarino, o visionário, o guardião da Mãe Terra, o guerreiro, o *medicine man*. É aquele que compartilha sua medicina interior, seu poder pessoal, sua energia, seus conhecimentos e sua sabedoria de vida em benefício de outros.

Podemos dizer que, modernamente, o termo "xamã" é uma convenção social, uma palavra que tem sido utilizada por antropólogos, arqueólogos, psicólogos, psiquiatras e cientistas da religião para designar uma pessoa, homem ou mulher, que atende às necessidades espirituais e psicológicas da sua comunidade. É alguém que está a serviço, em sua maioria, 24 horas por dia. Tradicionalmente, não é habitual que alguém se apresente voluntariamente para assumir o papel de xamã: geralmente alguém é escolhido pelos espíritos para se tornar um xamã e servir à sua comunidade. Inclusive, veremos muito em breve os motivos pelos quais a maioria das pessoas não querem ser xamãs.

Um pequeno parêntese histórico: o termo derivado de *shānmán*, da língua evenki, surgiu no chinês escrito já no século XII, para designar os "bárbaros" que fizeram a corte chinesa recuar durante a Dinastia Jin. O mesmo aconteceu com os celtas, que que eram chamados assim (isto mesmo, de "bárbaros") por gregos e romanos — estes se referiam a tribos que habitaram regiões abrangendo desde a Península Ibérica e as Ilhas Britânicas até a Ásia Menor, entre 1200 a.C. e 500 d.C. Quer mais um exemplo desse jeitinho carinhoso de denominação? Provavelmente você conhece ou já ouviu falar dos navajos, nativos norte-americanos que vivem numa grande área do noroeste do Novo México, sudoeste do Colorado, sudeste de Utah e nordeste do Arizona. Este povo despertou profundo interesse no psiquiatra e psicanalista Carl Gustav Jung, que centrou seus estudos principalmente nas mandalas de cura e nas cerimônias com areia. O termo "navajo" foi empregado por missionários e historiadores espanhóis que se referiam aos nativos pueblo, de maneira pejorativa, como "bárbaros". Somente no final do século XVII ele adquiriu um novo sentido, proveniente da língua tiwa: *navahu* passou a significar "grande área de terras cultivadas". Os próprios navajos não se denominam assim, mas *dinéh*, que significa simplesmente "povo". No fundo, os xamãs, os celtas e os navajos são seres humanos, povos considerados bárbaros por manterem sua cultura, sua língua, suas formas de se vestir e jeitos de ser diferentes daqueles que os denominaram. Esta é uma das complexidades presentes principalmente no âmbito dos povos originários, quando a história é contada tão somente pela perspectiva dos colonizadores ou detentores do chamado poder civilizado.

Já vimos que o termo *saman* foi utilizado no século XII em escritos chineses, embora pejorativamente. Daí encontrarmos um grande hiato de registros, provavelmente causado pelo movimento político-religioso ocorrido entre os séculos XII e XVII na Europa e nas Américas: o Santo Ofício ou a Inquisição. Séculos depois, em 1672, o termo *saman* foi inserido na literatura russa pelo sacerdote e mártir russo Avvakum Petrov, ao escrever sua autobiografia. Vinte anos depois, em 1692, o navegador e explorador holandês Nicolaes Witsen publicou o livro *Noord en Oost Tartarye* (Tartária Norte e Leste), contando suas viagens entre os povos nativos da Sibéria de língua tungúsica e samoyedic. Witsen realizou o primeiro desenho pictórico de que se tem conhecimento de um *saman*. Foi também um dos primeiros a adotar a palavra em seu sentido genérico e a atribuir o título de "o sacerdote do diabo" à representação pictórica. Guarde bem esta informação, pois, quando estivermos falando propriamente de xamanismo e de sua propagação no mundo contemporâneo, o contexto e a conexão histórica podem trazer maior clareza e compreensão diante de algumas escolhas e estilos utilizados no decorrer do tempo. Seis anos depois, em 1698, um comerciante alemão chamado Adam Brand, que trabalhava como secretário da embaixada russa na

China, publicou um relato apresentando a palavra *shaman* aos falantes do idioma inglês, cuja tradução é *xamã*, em português. Perceba que estamos tecendo esse movimento com um olhar curioso, para saber aonde essa palavra nos leva. As três datas e referências seguintes podem não parecer conectadas, mas adianto que estão.

Na década de 1740, o imperador chinês Qianlong temia que as tradições xamânicas estivessem se perdendo. Ele já sabia que seus ancestrais realizavam cerimônias xamânicas imperiais e que xamãs entravam em transe, que se deixavam possuir pelos espíritos e que realizavam sacrifícios regulares ao céu, aos ancestrais de um clã ou aos espíritos protetores do clã. Convenhamos: quem não quer respostas e sabedoria? Proteção e aliados? Boas energias, conquistas e prosperidade em seu caminho? O imperador, além de ser um preservador e restaurador da cultura confucionista, levou bastante a sério a preservação da herança da cultura manchu — uma cultura e língua falada ao sul da China, além de língua irmã do evenki, falada pelos tungu do Norte. Veja que interessante: secretamente, em 1747, ele ordenou a compilação do Código Xamânico. Observe como as coisas são e o movimento que acontece até que os sonhos se manifestem. Embora o Código Xamânico tenha sido inicialmente mantido em forma manuscrita, o jesuíta francês Joseph-Marie Amiot, que foi o tradutor oficial das línguas ocidentais para o imperador Qianlong, fez um estudo do Código e o publicou em 1773, pela primeira vez na Europa, em Amsterdã, com o título *Rituels des Tartares Mandchous déterminés et fixés par l'empereur comme chef de sa religion* (Rituais dos tártaros manchu determinados e fixos pelo imperador como chefe de sua religião). Quatro anos depois, em 1777, o imperador Qianlong ordenou que o Código fosse traduzido. Assim, uma versão manchu foi impressa em 1778, e outra versão em chinês em 1780, para inclusão na

Biblioteca Completa dos Quatro Tesouros. Podemos perceber que o interesse pelo Código Xamânico já não é pejorativo, mas focado nos resultados e benefícios que essas práticas poderiam propiciar.

Agora você já conhece o significado da palavra, os papéis atribuídos ao xamã, alguns fatos históricos sobre as publicações. Mais à frente, quando falarmos de xamanismo, seguiremos a partir deste ponto. Neste momento quero compartilhar uma perspectiva mitológica, uma lenda que se perpetuou por tradição oral e foi registrada na modalidade escrita no século XIX. Trata-se da lenda siberiana do primeiro xamã:

"No início dos tempos a Terra era povoada por Espíritos Celestes. Conta-se que havia dois Povos Celestiais na Terra: os bons e os maus. Os Espíritos Celestes bons criaram os seres humanos, que passaram a chamá-los de Deuses, tanto os espíritos bons como os maus, e tudo ia bem. Eles viviam em paz e harmonia, mas os Deuses maus enviaram as doenças e a morte. Os seres humanos clamavam por ajuda e, para aliviar o sofrimento das pessoas, os Deuses bons enviaram um Deus em forma de Águia com o poder da medicina. A Águia foi até os homens, mas os homens não entendiam sua linguagem, de forma que ela não conseguia transmitir a ciência e o dom da medicina. Mesmo sem ser compreendida, ela seguia voando com a firme convicção de transmitir seus conhecimentos aos seres humanos. Até que um dia a Águia viu das alturas uma bela mulher dormindo nua, nas sombras de uma árvore. A Águia pousou e fez amor com essa mulher, agora desperta, e do fruto desse amor nasceu o primeiro xamã."

A primeira vez que ouvi a lenda do primeiro xamã, fiquei pensativo e encantado. Por mais simples e breve que seja, algumas análises reflexivas estão presentes. Essa metáfora ilustra a ligação divina (Deus), animal (Águia) e materna (Mulher) que compõe o xamã. A história retrata que este caminha simultaneamente entre mundos, na busca pela manifestação da sua medicina na Terra e, para além de um ser humano, revela que a sua essência é divina e celestial. Seu caminho é um tornar-se, e, como não é totalmente uma divindade, é gerado por uma força animal, intuitiva. Para que possa nascer, gestar e cocriar a sua medicina, o xamã precisa honrar a Mãe Terra, porque, ao mesmo tempo que ele é das estrelas, é também Filho da Terra. Afinal, ele é um mensageiro, um elo entre o Céu e a Terra. Pode ser que ele não consiga fazer seu corpo físico voar como a águia, mas seu espírito pode alcançar alturas inimagináveis e trazer os conhecimentos dos céus. Ele pode ir ao mais profundo recôndito da natureza, a Alma da Mãe Terra, e trazer consigo a visão, a organização, a medicina. Ele pode ser inspirado pelos espíritos amigos, pode aprender linguagens secretas, símbolos, forças e ensinamentos que ampliam sua visão de mundo. E ele pode ser simplesmente um bom ser humano que compartilha o seu melhor, e os Deuses caminharão em suas veias, pensamentos, sentimentos e energias.

Esses seres humanos, personagens, xamãs, fazem parte da história da humanidade. Seja entre tribos caçadoras-coletoras ou pescadoras, ou em sociedades nômades-pastoris, agrícolas e urbanas, sempre existe a presença desses mensageiros entre mundos. Ao mesmo tempo que podemos encontrar a presença desses seres em todas as épocas e em diversos lugares do planeta, paradoxalmente, nos dias atuais, fora da Sibéria, se chegarmos em uma etnia específica e chamar alguém de xamã, é muito comum a seguinte afirmativa: “Eu não sou xamã!” Por que isso ocorre? Porque cada povo tem em sua língua uma palavra que determina tal função. Eles poderiam dizer que neste local não há xamãs, que xamã é coisa de russo e que ali há homens ou mulheres de magia, homens ou mulheres de medicina, mensageiros ou mensageiras da Natureza. Ou seja, se você fizer a mesma pergunta aos sioux, eles vão responder em língua lakota *Pejuta Wichasha* (Homem Medicina, curador) ou *Pejuta Winan* (Mulher Medicina, curadora), ou até mesmo *Wicasa Wakan* (Sacerdote, aquele que fala com os seres invisíveis, *Wakan*). Da mesma forma que neste exemplo há duas diferentes funções, *Pejuta* e *Wicasa*, podemos entender que existem tipos distintos de xamãs. Entre os esquimós, temos aquele que sabe curar (*siurku*), aquele que faz rituais para a alma de uma pessoa desencarnada (*nyemanti*) e aquele que ajuda os xamãs-curadores a conduzir recém-desencarnados ao mundo espiritual (*kasati*). Já no Panamá, entre os cuna, há aquele que cura por intermédio do canto (*abisua*), o especialista em cura com ervas (*inaduledi*) e aquele que é dedicado a realizar diagnósticos (*nele*).

Nota-se que a forma como as pessoas utilizam a própria palavra "xamã" no cotidiano também é variada — em sua maioria associada a todos e a qualquer povo originário ou nativo, mesmo que este povo tenha suas respectivas palavras. E isso ocorre porque, feito um ímã atrator no decorrer dos últimos séculos, essa palavra foi adquirindo diversos atributos e valores, tornando-se um termo guarda-chuva. Nessa dança de liberdade poética e funcional é comum dizer que o xamã é aquele que tem um certo jeito de surfar nas ondas da consciência, por entre os desafios internos e externos, em busca das possibilidades de transcendência. O xamã se utiliza da sua competência de entrar em outras dimensões, ou realidades, e trazer conhecimentos de maneira planejada e consciente para benefício de outras pessoas. É aquele que realiza o sonho do espírito ou que está buscando manifestar os sonhos nas múltiplas realidades. É aquele que morre muitas vezes em vida, que entendeu que vida e morte são irmãs gêmeas que caminham de mãos dadas — a vida é a consciência, e a morte, o desafio da consciência, uma passagem para outra fase da existência.

É aquele que enfrenta as suas sombras e mantém sua chama acesa para iluminar o caminho. É aquele que busca curar a si mesmo no caminho do autoconhecimento e, como curador-curado, obtém um conhecimento essencial para poder ajudar outros. É aquele que visita suas trevas, que entra em contato com seus medos mais profundos. E, como guerreiro da luz, recebe uma visão de esclarecimento, ilumina suas partes escuras — agora consegue enxergar no escuro — e se coloca a serviço daqueles que precisam.

Em síntese, os xamãs foram os primeiros sacerdotes, as primeiras sacerdotisas, sementes das religiões primitivas. Foram os primeiros contadores de histórias, psicoterapeutas, curadores, médicos, psicopompos, médiuns, bruxas, benzedeiras, feiticeiros, adivinhos e seres humanos-oráculos que percebiam as probabilidades de acontecimentos nas realidades. Os xamãs sabem como entrar em estados de consciência específicos e, por mais intensa que seja a experiência, este entrar e sair, caminhar entre os mundos é uma de suas funções.

POR QUE OS XAMÃS NÃO QUEREM SER XAMÃS?

A pergunta e a resposta a esta questão nasceram do diálogo e da queixa de quase duas dezenas de *elders* (anciões) em suas respectivas comunidades nativas. Eles observaram que com frequência e em sua maioria "os jovens não querem ser xamãs, nem caciques, pajés ou curadores". Com a chegada dos meios de comunicação e a interlocução com os povos da cidade — "os estrangeiros" —, seus anseios tornaram-se outros, mais conectados aos desejos propagados por aqueles que moram na selva de pedra. Por outro lado, nos dias de hoje, é comum encontrar pessoas que moram na selva de pedra e querem se tornar xamãs, talvez por cultivar uma ideia errônea de que ser xamã é ser poderoso, ter fama, sentir-se especial, ser o centro das atenções. Na verdade, majoritariamente, os xamãs tradicionais que conheci não esperam ganhar *status* social ou fama.

Um pequeno parêntese neste ponto. Existem o xamã, o praticante xamânico e o praticante xamanístico. A maioria dos xamãs não queria ser xamã, nem se proclama xamã (xamanismo tradicional). Um praticante xamânico tem a aprovação da comunidade e a habilidade de entrar em estados de consciência (seja ele adotado ou treinado em algum caminho xamânico). Um praticante xamanístico faz uso de ferramentas ancestrais adaptadas para seu meio, situações e relações (neoxamanismo). Pode ser que este parágrafo tenha se tornado uma charada e você pense que: quem tem não quer ter — e com razoáveis motivos —, e quem não tem quer ter. A pergunta, porém, é: quais são os seus motivos? Ou seja, por que você quer se tornar um xamã? É sempre importante refletir sobre as escolhas no caminho.

Agora vamos à resposta mais direta para explicar por que as pessoas que vivem em suas comunidades nativas se negam a ser xamãs: porque ser xamã é sinônimo de trabalho, trabalho, trabalho. Um xamã não é xamã somente quando está liderando uma cerimônia, quando está conduzindo um rito, celebrando uma prática sazonal em um determinado dia e horário. Um xamã é um xamã 24 horas por dia. Ele está a serviço dentro e fora do corpo: não há tempo de descanso neste sacerdócio multidimensional. Por isso, são bastante compreensíveis tanto a recusa ao chamado quanto a afirmação da maioria dos xamãs que dizem ter sido escolhidos pelos espíritos para servir — notadamente por compromissos anteriores, lembrados ou não. Isso inclui a passagem por iniciações de morte e renascimento amparadas ou incentivadas pelos espíritos.

Quem pensa que veio para este planeta tão somente para curtir e descansar, me parece que pegou o bonde interdimensional errado. Provavelmente exista em outro planeta, em outro lugar do universo, mas não me parece ser a Terra esse lugar. E, na hora de assinar o contrato para baixar por aqui, não prestou atenção nas letras miúdas ou se esqueceu do trecho que dizia: "Trabalho, serviço e crescimento com isso". Portanto, um xamã — assim como todo ser humano encarnado por aqui — não vem a passeio, mas sim para trabalhar, servir e estar a serviço. Tenho aprendido que essa postura, uma verdadeira tomada de consciência de que se está a serviço, minimiza o autocombate, os murros em ponta de faca, a ação de culpar os outros ou culpar a si mesmo. Talvez o melhor conselho neste caso seja: assuma e pronto. Faça o seu melhor!

O QUE É XAMANISMO?

Para responder a esta pergunta relembre a nossa linha do tempo, desde o nascimento da chamada espiritualidade xamânica — que nasce com os seres humanos — até os registros da palavra "xamã" em textos históricos: século XII, registrada pela Dinastia Jin; um grande hiato entre o século XII e XVII (Inquisição); 1672, pelo sacerdote russo Avvakum Petrov; 1692, pelo holandês Nicolaes Witsen; 1698, pelo alemão Adam Brand; 1747, incentivado pelo imperador chinês Qianlon; 1773, pelo francês Joseph-Marie Amiot; 1780, com a publicação do Código Xamânico em chinês.

E é neste mesmo ano da publicação do Código Xamânico em chinês, 1780, que na Europa surge o primeiro registro da palavra *shamanism* — "xamanismo" em português —, que passa a denominar um conjunto de práticas realizadas pelos xamãs da Sibéria. Esse marco está presente em uma tradução do escritor William Tooke, clérigo britânico e historiador da Rússia.

Como ocorreu com a palavra "xamã", a palavra "xamanismo" também passou por um processo de ampliação do seu significado até ser adotada pelos antropólogos como um termo guarda-chuva, abarcando não somente as práticas dos xamãs da Sibéria, mas também o conjunto de práticas de outros povos. Podemos situar o nascimento da antropologia como um campo de estudo da sociologia, com a publicação do livro *As Regras do Método Sociológico*, em 1895, por Émile Durkheim. Até hoje, antropólogos discutem a definição de xamanismo como experiência biopsicossocial do transe e êxtase religioso, bem como as implicações sociais da definição do xamanismo como fato social.

Quando se pergunta o que é o xamanismo, é comum primeiro trazer o significado de xamã, termo proveniente das línguas siberianas tungúsicas (evenki, even e nanai), e posteriormente conceituar: "xamanismo é conjunto de práticas rituais e ancestrais que tem como objetivo estabelecer contato com o mundo espiritual". E esta resposta se relaciona com o caminho histórico que estamos construindo.

Em 1910, um dos primeiros exploradores do povo tungu da Sibéria, o russo Sergei Mikhailovich Shirokogoroff, publicou sua pesquisa acadêmica pela Universidade de São Petersburgo. Ele compartilhou em seus estudos que xamãs são homens e mulheres que dominaram a interação com os espíritos — podendo inclusive incorporá-los —, usando seu poder principalmente para ajudar outras pessoas que sofrem de assédio espiritual. Da mesma forma que, na década de 1740, o imperador Qianlong se interessou pelo Código Xamânico dos manchus, em 1912, Shirokogoroff iniciou suas pesquisas sobre a etnografia do povo manchu. Todas as suas publicações foram escritas em russo, exceto um livro publicado em 1935, no idioma inglês, com o título *Psychomental complex of the tungus* (Complexo psicomental dos tungu).

Certa vez, numa das minhas aulas sobre a sabedoria dos povos na Universidade Aberta do Meio Ambiente e Cultura de Paz (UMAPAZ), uma das participantes indagou se não havia autoras que escreveram sobre práticas xamânicas. Citei algumas pesquisadoras e condutoras que são, para mim, muito preciosas: Jamie Sams, Sandra Ingerman, Mirella Faur e Carminha Levy, com as quais tive a oportunidade de trocar cartas, gravar entrevistas sobre seus respectivos trabalhos e cultivar o espírito de gratidão e amizade. Todas elas são contemporâneas e, como na semana seguinte daria aula em outra universidade, a Universidade Paulista (UNIP), resolvi pesquisar mais a fundo e encontrei a próxima personagem que chega agora à nossa linha do tempo.

Seu nome é Marie Antoinette Czaplicka, antropóloga cultural polonesa, ainda pouco conhecida no Brasil, e grande estudiosa da etnografia do xamanismo siberiano. Em 1914, ela publicou sua pesquisa com o título *Aboriginal Siberia: A Study in Social Anthropology* (Sibéria Aborígine: Um estudo em antropologia social). Assim, ela consegue uma bolsa parcial para pesquisa de campo e vai liderar, na Sibéria, uma equipe da Universidade de Oxford e do Museu de Arqueologia e Antropologia da Universidade da Pensilvânia. Ela escreveu um diário de sua viagem intitulado *My Siberian Year* (Meu ano siberiano), publicado em 1916, mesmo ano em que se tornou a primeira professora de antropologia da Universidade de Oxford. Seu único trabalho publicado em português, atualmente com edição esgotada, mas possível de ser encontrado usado, é um compilado de trechos do livro *Aboriginal Siberia: A Study in Social Anthropology*, lançado em 2005 com o título *Xamanismo: origens e mistérios*.

Se possível, preste atenção a nossa linha do tempo, honrando alguns personagens importantes na propagação dos conhecimentos xamânicos. Sim, mais citações de personagens voltarão em breve, quando falarmos sobre os motivos da chegada do xamanismo às grandes metrópoles. Antes de fecharmos esta seção, quero relembrar em síntese que o xamanismo é um conjunto de técnicas, portais de acesso, tecnologias que o xamã utiliza para entrar em estados de consciência diferentes da realidade comum, ou seja, em realidades invisíveis, espirituais.

EXISTE UMA DIVERSIDADE DE XAMANISMOS?

O xamanismo é uma prática espiritual tão diversificada quanto a própria humanidade. Não existe apenas um xamanismo. Se alguém me perguntasse quantos xamanismos existem, eu diria que há tantos quantas são as almas encarnadas e desencarnadas que interagem com a evolução do planeta. Cada indivíduo tem o potencial de desenvolver um conjunto pessoal de técnicas e portais de acesso a estados de consciência alternativos, diferentes dos estados ordinários vivenciados na nossa realidade cotidiana. Essas realidades invisíveis ou espirituais são frequentemente acessadas através das práticas xamânicas, que se espalharam por lugares tão distantes quanto Sibéria, América do Sul, América do Norte, China, Índia, Tibete, África e Austrália. Apesar dos muitos nomes e culturas associadas, todos compartilham um núcleo de crenças sobre a conexão entre o mundo físico e o espiritual. É fundamental, então, em relação aos princípios presentes nos diversos xamanismos, reconhecer o que faz sentido para você.

Nessa jornada tive a oportunidade de interagir, entrevistar, conversar e trocar experiências com mais de 180 condutores xamânicos. O XamãsConet — Congresso Internacional de Xamanismo — me possibilitou acessar várias etnias, visitar alguns países e, de alguma forma, compartilhar conteúdo e honrar o trabalho espiritual, terapêutico, cerimonial e inspirador dessas pessoas que também sentiram um chamado para determinado caminho.

O xamanismo é uma prática espiritual e cultural com variantes em diversas partes do mundo. Cada tradição apresenta suas próprias características, influenciadas pelo ambiente, pela história e pela cultura da região em que se desenvolveu. Essas influências moldam práticas, crenças e rituais específicos de cada forma de xamanismo. Em minhas aulas e no Curso Livre de

Terapias Bioxamânicas, costumo dizer, como aprendi, que existe uma diversidade de caminhos que pode gerar certa atração e afinidade. Para citar alguns em abordagem rápida: xamanismo andino, xamanismo dagara, xamanismo pueblo, xamanismo manchu-tungu, xamanismo celta, xamanismo aborígene, xamanismo tolteca, xamanismo buryat, xamanismo kahuna, xamanismo xintoísta, xamanismo bön, xamanismo seiðr e xamanismo tupi-guarani.

Xamanismo andino (Andes): os xamãs andinos, ou paqos, acreditam em uma profunda e intrínseca interconexão entre todos os seres vivos, a natureza (incluindo elementos como vento, água e fogo) e o cosmos. Nada existe isoladamente: tudo está interligado e influencia tudo o mais. O conceito de "Pacha" (mundo/universo/tempo) é central, representando a totalidade da existência em suas múltiplas dimensões. Pacha não é apenas o espaço físico, mas também o tempo, a energia e a consciência que permeiam tudo. Compartilha uma visão integrada da realidade.

Xamanismo dagara (África): os xamãs dagara, ou nganga, acreditam que o universo é composto por cinco elementos fundamentais: Fogo, Água, Terra, Mineral e Natureza. Cada elemento tem um significado espiritual e psicológico específico, influenciando a vida e o destino das pessoas. Cada pessoa nasce sob a influência de um desses elementos, que determina sua natureza essencial, seus desafios e seus dons. Por exemplo, uma pessoa "Fogo" pode ser vista como apaixonada e enérgica, enquanto uma pessoa "Água" pode ser mais emocional e intuitiva. A compreensão do elemento pessoal é fundamental para o autoconhecimento e o desenvolvimento espiritual.

Xamanismo pueblo (utes-picuris): os xamãs pueblo, ou shushu ou po'pay, acreditam que existe um equilíbrio delicado entre todas as forças naturais e espirituais, e que manter esse equilíbrio é essencial à saúde e ao bem-estar individual e coletivo. Por exemplo, uma seca prolongada não é vista apenas como um fenômeno climático, mas como um desequilíbrio que requer intervenção espiritual para ser restaurado. Os espíritos da natureza, como montanhas, rios, animais e plantas, são considerados seres conscientes e poderosos, capazes de influenciar a vida humana. Cada elemento natural é visto como tendo sua própria essência espiritual, que deve ser respeitada e honrada através de rituais e oferendas. Por exemplo, antes de colher uma planta medicinal, um xamã pode fazer uma oração e deixar uma oferenda de tabaco em agradecimento ao espírito da planta.

Xamanismo manchu-tungu (siberiano/chinês): os xamãs manchu-tungu, ou boo ou saman, reconhecem que o universo é concebido com três níveis principais: o mundo superior (céu), o mundo médio (terra) e o mundo inferior (submundo). Essa estrutura cosmológica é fundamental para entender como os xamãs navegam entre os diferentes reinos espirituais e interagem com as entidades que os habitam. Cada nível é habitado por diferentes tipos de espíritos e entidades. O mundo superior é geralmente associado a divindades celestes, espíritos de luz e ancestrais iluminados, representando a fonte de sabedoria e poder. O mundo médio é onde os humanos, animais e espíritos da natureza coexistem. É o palco das interações cotidianas e dos desafios da vida. O mundo inferior é frequentemente associado aos ancestrais, espíritos da terra e espíritos potencialmente perigosos, representando o reino das sombras e dos mistérios. A comunicação entre esses mundos é essencial para manter o equilíbrio e a harmonia.

Xamanismo celta (europeu): os xamãs celtas, ou druidas, acreditavam que todos os aspectos da natureza possuíam espírito e consciência. Árvores, pedras, rios e animais eram considerados sagrados e dotados de poder espiritual. Cada elemento natural tinha sua própria energia e propósito. Locais naturais específicos, como bosques sagrados (*nemetons*), fontes e colinas, eram vistos como portais para o outro mundo. Esses locais eram frequentemente usados para rituais e cerimônias, pois acreditava-se que facilitavam a comunicação com os espíritos da natureza. O carvalho, em particular, era considerado uma árvore sagrada, associada à sabedoria e à força, motivo pelo qual era escolhido para rituais que buscavam orientação e conhecimento. O visco, que cresce em carvalhos, também era considerado sagrado.

Xamanismo aborígene (australiano): para os xamãs aborígenes, ou ngangkari ou kurdaitcha, o Tempo do Sonho é um conceito central que se refere a um tempo mítico de criação, quando seres ancestrais formaram a terra, os animais, as plantas e as leis que governam a existência. Não é um tempo passado, mas um estado contínuo que coexiste com o presente. Os aborígenes acreditam que podem acessar o Tempo do Sonho através de rituais, sonhos e estados alterados de consciência, como o transe induzido por dança e música. Cada grupo aborígene tem suas próprias histórias do Tempo do Sonho, que explicam a criação de características geográficas específicas, animais e leis culturais. Essas histórias são passadas de geração em geração através de canções (*songlines*), danças, pinturas (como a arte rupestre) e narrativas orais. Por exemplo, uma história pode explicar como determinada formação rochosa foi criada por um ancestral canguru gigante. As *songlines* são particularmente importantes, uma vez que mapeiam a paisagem e conectam locais sagrados através de canções que narram as jornadas dos ancestrais. Conhecê-las permite navegar pelo território e acessar o conhecimento espiritual associado a cada local.

Xamanismo tolteca (mexicano): os xamãs toltecas, ou nagual, acreditam que a realidade que experimentamos é essencialmente um sonho coletivo, moldado pelas crenças, expectativas e percepções compartilhadas pela sociedade. Este "sonho da sociedade" é imposto a nós desde a infância, influenciando a forma como vemos o mundo e como interagimos com ele. O objetivo espiritual central é "acordar" desse sonho coletivo e assumir a responsabilidade pela criação consciente de nossa própria realidade individual. Esse processo é conhecido como "sonhar acordado" ou "arte de sonhar". Envolve questionar as crenças limitantes que nos foram impostas e escolher ativamente novas formas de perceber e interagir com o mundo. Esse conceito se estende à ideia de que cada indivíduo é o criador de sua própria realidade, responsável por suas experiências e percepções.

Xamanismo buryat (mongol, siberiano, russo e chinês): os xamãs buryat, ou böö (masculino) e udagan (feminino), acreditam que os seres humanos têm várias almas, geralmente três, cada uma com funções distintas: 1. Sunesun: a alma principal, a essência da individualidade. É a alma que pode deixar o corpo durante o sono, os sonhos ou os estados alterados de consciência, como em jornadas xamânicas. Acredita-se que a Sunesun resida na cabeça ou no coração; 2. Amin: a força vital, ligada à respiração. É a alma que mantém o corpo vivo e ativo. A perda da Amin resulta na morte física; 3. Sülde: a alma do corpo, que permanece com o corpo físico após a morte e está ligada ao local de enterro. É importante para a conexão com os ancestrais e a linhagem familiar. A doença é frequentemente atribuída à perda de uma dessas almas, e uma das funções principais do xamã é recuperá-las através de rituais específicos. Por exemplo, se alguém está sofrendo de depressão ou fadiga crônica, um xamã pode diagnosticar a perda da Sunesun e realizar uma cerimônia para trazê-la de volta.

Xamanismo kahuna (havaiano): os xamãs havaianos, ou kahuna, reconhecem três aspectos principais do ser humano, cada um com suas próprias funções e características: 1. Unihipili (Ku): o eu subconsciente ou a criança interior, associado a emoções, memórias e instintos. É a parte do ser que armazena experiências passadas e influencia o comportamento. Para harmonizar o Unihipili, pode-se usar técnicas de Ho'oponopono ou práticas de *inner child work*; 2. Uhane (Lono): o eu consciente ou a mente racional, responsável pelo pensamento lógico, por decisões conscientes e pela capacidade de análise. É a parte do ser que processa informações e interage com o mundo exterior. O Uhane se beneficia de práticas como meditação e exercícios mentais; 3. Aumakua (Kane): o eu superior ou o superconsciente, que conecta o indivíduo com o divino, a sabedoria universal e o propósito de vida. É a fonte de intuição, inspiração e orientação espiritual. A conexão com o Aumakua pode ser fortalecida através de meditação, oração e serviço aos outros. O equilíbrio e a harmonização desses três aspectos são considerados essenciais para o bem-estar e o crescimento espiritual. Quando esses três eus estão alinhados, a pessoa experimenta um senso de integridade, propósito e conexão com o divino.

Xamanismo xintoísta (japonês): os xamãs xintoístas, ou kaminushi ou miko, acreditam que todos os elementos da natureza — montanhas, rios, árvores, rochas — têm espírito ou consciência (*kami*). Essa crença fundamental implica profundo respeito e reverência pela natureza. Os kami são divindades ou espíritos da natureza. Eles podem ser ancestrais divinizados, espíritos de lugares específicos ou forças da natureza personificadas. O xamanismo xintoísta busca honrar e interagir com esses kami para obter bênçãos, proteção e orientação.

Essa visão de mundo se estende além do mundo natural visível, manifestando-se também na existência de um reino espiritual paralelo ao mundo físico, acessível através de práticas xamânicas. Os xamãs atuam como ponte entre esses dois mundos. Aqui se atribui grande importância à pureza espiritual e à limpeza ritual. A impureza (*kegare*) é vista como uma barreira à comunicação com os kami e pode atrair influências negativas. Rituais de purificação são essenciais para restaurar o equilíbrio e a harmonia.

Xamanismo bön (tibetano): os xamãs bön, ou shen ou bonpo, dividem seus ensinamentos em nove caminhos ou nove veículos. Essa estrutura não é apenas uma categorização teórica, mas um guia prático para o desenvolvimento espiritual gradual. 1. O Caminho da Predição (*Phyva gshen theg pa*): este é o nível mais básico, focado em práticas de adivinhação e astrologia. É o ponto de partida para muitos que buscam orientação e compreensão em sua vida; 2. O Caminho do Mundo Visível (*sNang gshen theg pa*): foca em rituais para pacificar espíritos locais e forças naturais. Reconhece a interconexão entre o mundo humano e o mundo espiritual, buscando harmonia e equilíbrio; 3. O Caminho da Ilusão (*'Phrul gshen theg pa*): lida com práticas mágicas e exorcismos. Envolve o uso de habilidades e técnicas para influenciar o mundo espiritual e para proteger contra energias negativas; 4. O Caminho da Existência (*Srid gshen theg pa*): foca nos ciclos de vida, morte e renascimento. Oferece uma compreensão profunda da natureza da existência e do processo de transição após a morte; 5. O Caminho do Leigo Virtuoso (*dGe bsnyen theg pa*): introduz práticas éticas e votos para praticantes leigos. Estabelece as bases morais e éticas para uma vida significativa e o progresso espiritual; 6. O Caminho dos Sábios Ascetas (*dRang srong theg pa*): foca em práticas ascéticas e meditativas mais avançadas. Envolve um compromisso mais profundo com a disciplina espiritual e a renúncia aos prazeres mundanos; 7. O Caminho do Som Branco (*A dkar theg pa*): introduz práticas tântricas e o uso de mantras. Utiliza o poder do som e da visualização para transformar a energia e acelerar o caminho à iluminação; 8. O Caminho do Shen Primordial (*Ye gshen theg pa*): foca nas práticas avançadas de yoga e meditação. Desenvolve habilidades para controlar a mente e o corpo, explorando estados de consciência alterados e a natureza da realidade; 9. O Caminho do Dzogchen Supremo (*rDzogs chen yang rtse'i theg pa*): o nível mais elevado de prática, focado na realização direta da natureza da mente. Representa a culminação do caminho espiritual, em que a ilusão da separação é dissolvida e a verdadeira natureza da realidade é revelada.

Xamanismo seiðr (nórdico): os xamãs seiðr, ou seiðkona ou seiðmaðr, acreditam em uma estrutura cósmica central, a Yggdrasil, que conecta os nove mundos da cosmologia nórdica. Essa árvore gigante serve como um eixo vertical que une os diferentes reinos da existência, permitindo a comunicação e a viagem entre eles. O praticante de seiðr pode viajar através desses mundos em estados alterados de consciência (*Hamfarir*), buscando conhecimento, poder ou contato com entidades espirituais. Os Nove Mundos (*Níu Heimar*, em nórdico antigo) são reinos distintos interconectados pela Árvore do Mundo, a Yggdrasil. Cada mundo tem suas próprias características, habitantes e significados simbólicos. Nesta pequena exposição compartilho, de modo bem sintético, o nome e o que representa cada um: 1. Asgard (Ásgarðr): "Recinto dos Æsir" ou "Fortaleza dos Deuses". Centro do poder divino e local de assembleia dos deuses, onde as leis são feitas e os destinos são decididos; 2. Vanaheim (Vanaheimr): "Lar dos Vanir". Representa o equilíbrio entre natureza e civilização, a importância da fertilidade para a continuidade da vida e a sabedoria inerente ao mundo natural; 3. Alfheim (Álfheimr):

"Mundo dos Elfos". Representa a inspiração artística e a beleza natural, a importância da estética e da criatividade para o bem-estar humano; 4. Midgard (Miðgarðr): "Recinto do Meio". Centro da experiência humana e palco principal das interações entre deuses e mortais, em que o livre-arbítrio e as escolhas morais moldam o destino; 5. Jotunheim (Jötunheimr): "Lar dos Gigantes". Representa as forças primordiais da natureza e o caos, a necessidade de enfrentar desafios e superar obstáculos para alcançar o crescimento e a sabedoria; 6. Nidavellir/Svartalfheim: "Campo Escuro" (Nidavellir) ou "Mundo dos Anões Escuros" (Svartalfheim) — às vezes considerados o mesmo lugar. Fonte de artefatos mágicos e tecnologia divina, representando a importância da habilidade, do trabalho duro e da engenhosidade na criação de ferramentas e armas que moldam o mundo; 7. Niflheim (Niflheimr): "Mundo da Névoa". Representa as forças primordiais do frio e da escuridão, a importância do potencial e da latência na criação e no ciclo da vida; 8. Muspelheim (Muspellsheimr): "Mundo do Fogo". Representa as forças primordiais do calor e da destruição, a necessidade de destruição para que a renovação possa ocorrer; 9. Helheim: "Mundo de Hel". Representa o destino final da maioria dos mortais e o ciclo de vida e morte, a aceitação da mortalidade e a importância de honrar os ancestrais.

Xamanismo tupi-guarani (brasileiro): neste caminho, Ñanderú não é apenas um criador distante, mas uma presença constante na vida dos guaranis, influenciando suas decisões e guiando seus caminhos. A busca pela Yvy Marã'ey, a Terra sem Males, é um tema medular, que representa tanto um lugar físico quanto um estado espiritual de perfeição e harmonia. A relação com os espíritos da natureza é baseada no respeito e na reciprocidade. O xamã, pajé, karaí ou ñanderu/ñandesy desempenha papel central na vida espiritual e social da comunidade tupi-guarani. É o mediador espiritual que tem a capacidade de entrar em transe, comunicar-se com espíritos e interpretar mensagens divinas. É o curador que, por meio de ervas, rituais e energia, trata tanto doenças físicas quanto espirituais, vistas como interconectadas. É o líder espiritual, exemplo de conduta ética e espiritual, que preserva e transmite conhecimentos tradicionais e histórias sagradas. É o conselheiro que utiliza visões, sonhos e comunicação com espíritos para aconselhar. Guardião da Tradição, mantém vivas as práticas culturais e espirituais do povo. Recomendo a leitura do capítulo *Mainó-í: nas asas do Colibri*, para mais reflexões sobre este caminho.

AS TRADIÇÕES ESTÃO COM OS DIAS CONTADOS?

Em meio à escuridão dos tempos, sempre houve aqueles que enxergavam além: os xamãs, guardiões da sabedoria ancestral. Os povos originários de diversas partes do mundo preservaram conhecimentos e práticas milenares, mantendo acesa a chama dos rituais antigos.

A alma humana, desde tempos imemoriais, encontra inspiração nas forças da natureza. Essa reverência à Fonte da Vida persiste em muitas cerimônias atuais, desafiando a visão de alguns pesquisadores que consideram tais práticas "primitivas" ou "ultrapassadas".

Contrastando com a sociedade moderna, na qual o descarte e a obsolescência programada reinam, essas tradições ancestrais valorizam a sabedoria acumulada ao longo do tempo. Enquanto objetos e até pessoas são frequentemente descartados por serem considerados velhos, as culturas xamânicas reconhecem o valor intrínseco da experiência e da idade.

Será que estas tradições estão fadadas ao esquecimento, destinadas apenas a museus virtuais? Ou será que a própria necessidade humana de preservar sua história garante a sobrevivência desses conhecimentos?

A jornada do despertar espiritual muitas vezes requer um "desaprender", um despir-se das ilusões sobre quem pensamos ser. Os buscadores frequentemente almejam mais conhecimento, mas a verdadeira sabedoria pode residir no desapego e na superação de si mesmo.

As tradições xamânicas nos lembram de que a evolução da consciência não está necessariamente ligada ao acúmulo de informações, mas à capacidade de transcender nossas limitações e conectar-nos com a sabedoria atemporal da natureza e do cosmos.

Assim, enquanto o mundo moderno avança, essas antigas práticas continuam a oferecer ensinamentos sobre nossa relação com o mundo natural e a nossa própria essência espiritual, desafiando-nos a encontrar equilíbrio entre o antigo e o novo, o primitivo e o moderno, em nossa busca contínua por autoconhecimento e evolução.

A ideia de que "o futuro é ancestral" ressoa profundamente com as perspectivas dos povos originários sobre o tempo e a existência. Essa noção desafia a concepção linear e progressista do tempo, propondo uma visão circular em que passado, presente e futuro se entrelaçam de forma indissociável.

Ailton Krenak, em suas reflexões, frequentemente enfatiza a importância de "adiar o fim do mundo", uma metáfora para resistir à destruição da diversidade cultural e ecológica. Ele argumenta que as culturas indígenas, com sua profunda conexão com a terra e a sabedoria ancestral, oferecem alternativas vitais para os desafios contemporâneos.

Nessa perspectiva, o futuro ancestral não é um retorno ao passado, mas uma reintegração da sabedoria antiga às necessidades presentes e às aspirações futuras. É um convite para reconectar-nos com os ritmos da natureza, com as práticas sustentáveis refinadas ao longo de milênios e com uma visão de mundo que prioriza a coexistência harmoniosa entre todas as formas de vida.

Abraçar um futuro ancestral é reconhecer que nossa jornada adiante é enriquecida pelo conhecimento do passado, criando um caminho de evolução consciente e sustentável para as gerações vindouras. É um chamado para honrar nossos antepassados, aprender com seus erros e acertos, e construir um futuro que seja justo, equitativo e harmonioso com a natureza. Ao fazermos isso, não apenas preservamos nosso patrimônio cultural, mas também abrimos caminho para um futuro mais próspero e significativo a todos.

XAMANISMO NAS GRANDES METRÓPOLES?

O xamanismo, uma das práticas espirituais mais antigas da humanidade, tem persistido através dos milênios, encontrando seu caminho até as grandes metrópoles dos dias atuais. Sua sobrevivência e adaptação não são acidentais, mas um testemunho da relevância contínua e da eficácia dessas práticas ancestrais em atender às necessidades espirituais e psicológicas do ser humano moderno.

A jornada do xamanismo até os centros urbanos contemporâneos foi facilitada por estudiosos e praticantes influentes. Na nossa linha do tempo, paramos na publicação de *Aboriginal Siberia* (1914), obra de Marie Antoinette Czaplicka. Agora, vamos adiante.

Mircea Eliade, em 1951, publicou sua obra seminal *Xamanismo: técnicas arcaicas do êxtase*, que explorou as semelhanças e as diferenças entre práticas xamânicas de diversas culturas. Argumentou que o xamanismo não era meramente uma prática primitiva, e sim uma forma sofisticada de espiritualidade, dotada de técnicas específicas para alterar a consciência e acessar outras dimensões. Ele identificou o êxtase, alcançado através de dança, canto, jejum ou uso de substâncias psicoativas, como um elemento central na prática xamânica, permitindo ao xamã viajar para outros mundos e interagir com os espíritos. Apesar das controvérsias oriundas de seu trabalho em certos círculos acadêmicos, esse estudioso lançou as bases para o renascimento do xamanismo no Ocidente. Foi Eliade quem estabeleceu pela primeira vez a conexão entre a palavra *saman*, do tungue, e a palavra *sramana*, do sânscrito (*samana*, do páli). Essa conexão é como uma ponte entre mundos, unindo as tradições xamânicas do norte da Ásia às antigas práticas espirituais da Índia.

Pesquisadores de etimologia, como o professor Patrick Olivelle, confirmam que *sramana* era parte da tradição védica, com o primeiro registro conhecido datando de 1000 a.C., no *Taittiriya Aranyaka* (*Yajurveda*). Essa palavra ancestral designava “aquele que se dedica a um propósito superior”, “aquele que busca conhecimento/sabedoria (*vidya*), ou asceta”, “aquele que é inspirado pelos espíritos”. Esse termo também é encontrado no *Brihadaranyaka Upanishad*, um dos textos filosóficos mais antigos e importantes da Índia. A prática de *sramana* envolvia frequentemente o ascetismo, a meditação e a busca por estados alterados de consciência, para alcançar, finalmente, a libertação do ciclo de renascimentos.

O fascinante é que esse significado encontra um paralelo perfeito com a acepção de *saman*: “aquele que sabe”, “aquele que está em conexão”, “aquele que voa”, “aquele que é inspirado pelo espírito”, “aquele que não perdeu a integração”, “aquele que enxerga no escuro”. Essa conexão linguística é como um fio dourado que une as antigas tradições espirituais da Ásia, sugerindo uma origem comum ou, no mínimo, uma compreensão compartilhada do papel do praticante espiritual.

Na década de 1960, Carlos Castañeda introduziu o xamanismo na cultura popular com seu livro *The Teachings of Don Juan: A Yaqui Way of Knowledge* (Os ensinamentos de Don Juan: o caminho Yaqui do conhecimento). É interessante observar que, enquanto o primeiro desenho pictórico do xamã foi intitulado por Witsen de *Sacerdote do Diabo*, refletindo o preconceito e o medo da época, a primeira tradução do livro de Castañeda no Brasil recebeu o título de *A Erva do Diabo*. Embora a autenticidade das experiências de Castañeda tenha sido questionada, ele inspirou muitos a trilharem o caminho xamânico. A obra, que narra as experiências do autor com um suposto xamã Yaqui chamado Don Juan Matus, despertou o interesse do público ocidental pelas práticas xamânicas e pela busca por estados alterados de consciência.

Nas décadas de 1980 e 1990, o Grande Espírito soprou novos ventos, trazendo consigo a ideia de duas correntes xamânicas: o xamanismo tradicional, que flui como um rio ancestral, seguindo as tradições nativas de cada povo, cultura e etnia, mantendo a pureza de seus rituais e a conexão direta com os espíritos da natureza; e o neoxamanismo, que, como um riacho jovem e vigoroso, adapta a essência das práticas xamânicas à realidade urbana, buscando ressignificar os rituais dentro de um contexto moderno, sem perder a essência da conexão espiritual. Neste tempo de mudanças, uma nova geração de mestres e aprendizes emergiu, trazendo o xamanismo para o coração pulsante das grandes cidades.

Em 1980, Michael Harner, como um mensageiro dos espíritos, publicou *The Way of the Shaman* (O Caminho do Xamã), um livro que acendeu a chama do xamanismo no coração dos buscadores urbanos. Essa obra foi como uma semente plantada em solo fértil, mostrando que era possível vivenciar as práticas xamânicas mesmo em meio ao concreto e ao aço das cidades. Harner, com sua abordagem focada no *core shamanism*, desmistificou muitos aspectos do xamanismo, tornando-o acessível a um público mais amplo. Ele enfatizou a importância da jornada xamânica, uma técnica central para entrar em contato com os espíritos e obter orientação.

No ano seguinte, 1981, a querida Carminha Levy foi iniciada no xamanismo por Michael Harner, em Esalen, nos Estados Unidos. Ao retornar ao Brasil, ela fundou a escola de xamanismo Paz Géia: Instituto de Pesquisas Xamânicas, em 1990. Essa escola, como uma árvore frondosa, tem suas raízes profundamente ancoradas na integração entre a psicologia, a antropologia e a sagrada sabedoria dos xamãs.

Carminha Levy, com sua visão integrativa, trouxe para o xamanismo uma abordagem terapêutica, utilizando os princípios xamânicos para promover o autoconhecimento e a cura emocional. Hoje, Carminha é reverenciada como a avó do neoxamanismo no Brasil, uma mulher cujos ensinamentos continuam a nutrir novas gerações.

O ano de 1990 trouxe mais luz ao caminho xamânico. O professor australiano Roger Walsh, da Universidade da Califórnia, publicou *The Spirit of Shamanism* (O Espírito do Xamanismo). Nessa obra, ele examinou o xamanismo à luz da psicologia moderna, buscando compreender os mistérios sobre como e por que tais práticas são eficazes. Walsh explorou os estados alterados de consciência induzidos pelas práticas xamânicas, tais como a jornada xamânica e o uso de plantas de poder, e como esses estados podem promover a cura e o crescimento pessoal.

Quatro anos depois, em 1994, Jamie Sams, uma nativa norte-americana que carrega em seu sangue a herança dos povos Seneca, Cherokee e dos franceses, nos presenteou com *Sacred Path Cards* (Cartas do Caminho Sagrado). Essas cartas abriram portas para muitos buscadores, iluminando caminhos antes obscuros. Inspiradas nas tradições nativas americanas, oferecem uma ferramenta de orientação e autoconhecimento, permitindo que os indivíduos se conectem com sua intuição e encontrem respostas para seus desafios.

Nessa época, workshops e retiros xamânicos começaram a brotar nos centros urbanos. Tais encontros ofereciam oportunidades preciosas para que as pessoas pudessem experimentar as práticas xamânicas em um contexto moderno.

A grande teia da internet também se tornou uma aliada poderosa, permitindo que pessoas do mundo todo se conectassem e compartilhassem suas experiências xamânicas.

Listas como *Xamanismo Universal* e *Terra Mística* se tornaram fogueiras de conselhos virtuais, nos quais reflexões, interpretações e conhecimentos xamânicos passaram a ser compartilhados livremente. Esses fóruns online permitiram que pessoas de diferentes culturas e tradições xamânicas se conectassem e aprendessem umas com as outras, enriquecendo o campo do xamanismo contemporâneo.

ENCONTROS SINALIZAM CAMINHOS

Em 1996, um ano especial no meu caminho pessoal, tive meus primeiros encontros em experiências fora do corpo com Águia Dourada e Ancião das Estrelas. Ainda nesse ano, nosso amigo Léo Artese lançou o livro xamânico *O Voo da Águia*, com prefácio de Carminha Levy. Esse livro inspirou muitos a alçarem voos em suas jornadas xamânicas.

Dois anos depois, em 1998, tive a honra de conhecer pessoalmente o professor — e amigo — Wagner Borges, bem como seu trabalho no Instituto de Pesquisas Projeciológicas e Bioenergéticas. No mesmo ano, Kaká Werá Jecupé, descendente do povo tapuia, nos presenteou com o livro *A Terra de Mil Povos*. Nessa obra, Kaká explorou conceitos profundos, tais como a relação entre sonhos e realidade; a influência das energias cósmicas e terrenas; e as cerimônias que fazem parte da vida dos povos originários. Tive o privilégio de conhecê-lo pessoalmente dois anos depois, em uma Escola Waldorf.

Foi nesse momento que comecei a compreender que o xamanismo é um caminho de encontros, conexões e reencontros com as energias afins. Como as raízes de uma grande árvore, que se entrelaçam no subsolo, reconhecer quem veio antes, honrar as tradições e integrar os ensinamentos sagrados oferecidos por nossos ancestrais são elementos centrais do xamanismo. É fundamental estudar as diferentes tradições xamânicas, como a tradição celta, a andina e a africana, no intuito de enriquecer nossa compreensão do xamanismo e encontrar o caminho que mais ressoa com nossa alma.

No ano 2000, guiado pelos espíritos, me tornei oficialmente condutor xamânico, lançando os cursos: Caminhos Xamânicos; Totem Bioxamânico; Curso Livre de Terapias Bioxamânicas. Nesses cursos, buscava integrar os conhecimentos ancestrais do xamanismo aos estudos e práticas de bioenergia, criando uma metodologia terapêutica inovadora. No ano seguinte, 2001, tive o privilégio de conhecer Bari Meri, xamã e fundador do *Spirit of the Healer – Continual Improvement Training*. E, em 2002, o professor Wagner Borges compartilhou seu curso Viagem Xamânica.

Em 2003, de forma mística, guiado pelo Ancião das Estrelas, conheci pessoalmente Felicity MacDonald, líder de cerimônias como a Drum Dance, a Long Dance e a Sun Moon Dance. Por intermédio de Felicity, conheci o Movimento Dançando a Luz e o trabalho do visionário Joseph Rael, *elder* nativo norte-americano cujo nome em tiwa, *tslew-teh-koyeh,* significa "Seta Pintada Bonita". Joseph Rael, com sua visão de cura através do som e da dança, trouxe ao xamanismo uma abordagem de celebração e conexão com a energia vital do universo.

No ano seguinte, 2004, participei da primeira Sun Moon Dance no Brasil, e dancei minha primeira Drum Dance — experiências que expandiram minha consciência e aprofundaram minha conexão com o Grande Espírito.

Em 2005, o I Encontro Brasileiro de Xamanismo, idealizado por Léo Artese, reuniu praticantes e interessados de todo o país, como um grande conselho tribal. Esse encontro foi um marco na história do xamanismo no Brasil, reunindo pessoas de diferentes origens e tradições com o propósito de compartilhar seus conhecimentos e experiências.

Cinco anos depois, em 2010, fui honrado com o convite de Felicity para dançar a Sun Moon Dance nos Estados Unidos. Foi nessa ocasião que tive o privilégio de conhecer pessoalmente o *elder* Joseph Rael, em sua casa. Este encontro, nas palavras do próprio *elder*, foi "uma conjunção de estrelas, alinhada ao espírito da terra e ao espírito dentro de cada um de nós".

Foi uma experiência mágica, inesquecível e emocionante; foram dias de chancela, acolhimento e familiaridade.

Em 2013, lancei meu terceiro livro: *Práticas Bioxamânicas: Despertar das Capacidades Interiores*, compartilhando de forma simples a ideia de que o xamanismo é um conjunto de práticas ancestrais que tem por objetivo o autoconhecimento e a cura — exatamente o que a maioria de nós, como seres humanos, buscamos em nossa jornada. Nesse livro, apresentei uma abordagem prática do xamanismo, com exercícios e meditações que podem ser realizados no dia a dia.

No ano seguinte, 2014, lancei o CD *Cantos Xamânicos – Por todas as nossas relações*, levando os sons sagrados do xamanismo para mais pessoas. E, em 2015, o XamãsConet – Congresso Internacional de Xamanismo, um grande *pow wow* de compartilhamento das mais diversas linhas de xamanismo, reuniu praticantes e estudiosos de todo o mundo.

Ao compartilhar essa linha histórica xamânica, meu intento é inspirar você a fazer uma reflexão, no espírito de agradecimento, visando criar sua própria linha do tempo com episódios, fatos e conexões significativos em seu caminho de vida. Por quê? Porque hoje somos herdeiros dessa longa linhagem de xamãs, curandeiros e guardiões da sabedoria ancestral. Cada um de nós carrega a responsabilidade sagrada de honrar esse legado, praticando com respeito e transmitindo esse conhecimento a gerações futuras.

É importante lembrar, como as antigas tradições nos ensinam, que a prática do xamanismo requer estudo, dedicação e respeito pelas tradições ancestrais. É fundamental buscar orientação de professores qualificados e evitar a banalização das práticas sagradas. A busca por um mentor experiente e a participação em comunidades xamânicas autênticas são passos importantes para um aprendizado seguro e profundo.

O xamanismo moderno não se limita a cerimônias ocasionais, mas representa um caminho de vida que honra os ancestrais, as tradições e as forças espirituais. Ele promove uma visão de mundo expandida, transcendendo o estado de "normose" e abraçando uma perspectiva ampliada e integrada da realidade.

Em essência, o xamanismo nas metrópoles oferece uma ponte entre o antigo e o moderno, o natural e o urbano, o espiritual e o físico. Ele convida os praticantes a verem a espiritualidade em tudo, a escutarem a sabedoria do coração e a se reconectarem com a teia sagrada da vida, mesmo em meio ao ritmo acelerado da vida moderna.

Que possamos, com humildade e gratidão, continuar esse trabalho sagrado, trazendo cura e equilíbrio para nosso mundo moderno. Que possamos utilizar as ferramentas do xamanismo para promover a cura pessoal e planetária, honrando todos aqueles que vieram antes de nós e mantiveram acesa a chama da sabedoria xamânica até nossos dias. Que possamos ser instrumentos de paz, harmonia e cura, contribuindo para um mundo mais justo e sustentável.

EXISTE UM TREINAMENTO PARA SE TORNAR XAMÃ?

Em algumas tradições não há um caminho formal traçado, nenhum mapa detalhado a seguir. O aprendizado flui como um rio, moldando-se ao terreno da vida do aspirante, nutrindo-o com experiências orgânicas e intuições profundas. Em outras culturas, o processo de formação pode ser longo e intenso, estendendo-se por anos ou mesmo por toda uma vida, como uma jornada sem fim.

No coração de todas as tradições xamânicas, encontramos uma verdade universal: o xamã está sempre pronto para aprender, sempre aberto aos ensinamentos que fluem de múltiplas fontes. Como uma árvore que estende seus galhos para o céu e suas raízes para a terra, o xamã busca conhecimento em todas as direções.

Quem são os professores dos xamãs? Os mentores humanos, xamãs mais experientes, são como anciões sábios que compartilham histórias ao redor da fogueira sagrada, transmitindo conhecimentos ancestrais através de palavras e comportamentos. Eles guiam o aprendiz por meio de rituais e práticas, revelando os segredos dos elementos e das ervas sagradas. Mas o aprendizado não se limita ao mundo visível. Entidades espirituais, ancestrais e xamãs desencarnados são como estrelas-guia nos bastidores do invisível. Através de sonhos, visões e experiências fora do corpo, eles sussurram a sabedoria perene nos ouvidos atentos do aspirante.

A própria natureza, em toda sua majestade, é uma mestra incomparável. Cada folha, cada pedra, cada gota de orvalho contém lições profundas àqueles que sabem observar e escutar. Os animais de poder e os espíritos guardiões são aliados preciosos nessa jornada, oferecendo sua força, sabedoria e proteção ao xamã em formação.

Tornar-se xamã não é apenas uma questão de completar um treinamento específico — não há um final, nem uma conclusão —, mas de embarcar em uma jornada de dedicação, autodescoberta e serviço. Na essência, o desenvolvimento xamânico é um processo contínuo.

O QUE É UM TOTEM?

É um símbolo ou objeto que representa uma conexão espiritual profunda entre humanos e elementos da natureza, geralmente animais, mas também plantas ou fenômenos naturais. A ideia central é que existe uma relação de parentesco ou proteção mútua entre o indivíduo ou grupo e essa entidade natural. A palavra "totem" tem sua origem na língua ojibwe, falada por povos originários da América do Norte, e significa algo como "ele é da minha parentela", "é meu parente" ou "ele pertence ao meu clã". É importante notar que o totem não é adorado como um deus, mas reverenciado como um ancestral, guardião ou guia espiritual.

Agora, vamos dar uma volta pelo mundo e conhecer algumas etnias famosas por suas práticas totêmicas. Na América do Norte existem os povos da Costa Noroeste, como os haida, tlingit e kwakwaka'wakw. Eles são conhecidos por seus impressionantes postes totêmicos, que podem chegar a 20 metros de altura! Eles são verdadeiras obras de arte e engenharia, esculpidos em madeira de cedro e pintados com cores vibrantes. Cada figura esculpida tem um significado específico, e a ordem em que aparecem conta uma história. Esses postes contam histórias de família, marcam territórios e até mesmo revelam o prestígio social. Por exemplo, um poste pode narrar a história de um chefe importante, seus feitos e sua linhagem, ou pode servir como um memorial para um evento significativo.

Descendo um pouco, encontramos os lakota nas Grandes Planícies. Para eles, animais como o búfalo e a águia são totens superimportantes. O búfalo, por exemplo, é praticamente tudo para eles: comida, abrigo, roupas, ferramentas e até mesmo material para rituais. A caça do búfalo era uma atividade central na vida dos lakota, e o animal era tratado com grande respeito e gratidão. A águia, por sua vez, é vista como um mensageiro entre o mundo humano e o mundo espiritual, e suas penas são usadas em cerimônias sagradas.

Dando um grande salto até a Austrália, temos os aborígenes com seu fascinante "Tempo do Sonho" (*Dreamtime*), uma dimensão espiritual na qual os ancestrais criadores estabeleceram as leis da natureza e da sociedade. Os yolŋu, por exemplo, têm totens ligados a lugares específicos e histórias ancestrais. É incrível como cada pedacinho de terra tem um significado especial para eles! Esses totens podem ser animais, plantas, elementos naturais ou até mesmo fenômenos como o vento ou a chuva. Eles são representados em pinturas rupestres, esculturas e rituais, e servem como um elo entre o presente e o passado ancestral.

Na África, a coisa fica ainda mais interessante. Os iorubás, na Nigéria, têm divindades chamadas orixás, que funcionam de forma parecida com totens. Cada orixá está associado a um elemento da natureza e apresenta características e atributos específicos. Já pensou ter uma divindade da água doce como sua protetora? Pois é, para eles, Oxum é exatamente isso! Oxum é a deusa do amor, da beleza, da fertilidade e da riqueza, reverenciada por sua doçura e poder de cura. Outros exemplos incluem Ogum, o deus da guerra e da metalurgia, e Xangô, o deus do trovão e da justiça.

E não podemos esquecer a Ásia! Na Sibéria, os evenki acreditam em espíritos animais que ajudam os xamãs em suas jornadas espirituais. Esses espíritos animais podem ser de diversas espécies, como ursos, lobos, corvos ou águias, e cada um tem habilidades e conhecimentos específicos. Imagine só a força que eles sentem com tais aliados! Os xamãs utilizam esses espíritos para curar doenças, prever o futuro e se comunicar com o mundo espiritual.

Cabe, aqui, lembrar que cada cultura tem sua própria interpretação e prática. O que é um totem para um povo pode ser algo totalmente diferente para outro. Por exemplo, algumas culturas consideram o totem como símbolo de identidade de um clã ou família, enquanto outras o veem como guia espiritual pessoal. E essa diversidade torna o assunto tão rico e fascinante!

Como diria o chefe Dan George, “Se você falar com os animais, eles irão falar com você. E, assim, vocês conhecerão um ao outro”. Essa frase resume bem a essência do totemismo: uma conexão profunda e respeitosa com a natureza. É um convite para observar atentamente o mundo ao nosso redor e reconhecer a importância de todas as formas de vida.

QUAL É A IMPORTÂNCIA DOS ANIMAIS DE PODER NO XAMANISMO?

No xamanismo, os animais de poder são vistos, de modo semelhante ao totem, como guias espirituais, professores e protetores. Eles são considerados manifestações de energias específicas da natureza, que podem nos ajudar em nossa jornada de vida e crescimento espiritual. Michael Harner afirmava que "os xamãs sempre acreditaram que seu poder era o mesmo que o dos animais, das plantas, do Sol, das energias básicas do universo". Essa perspectiva holística integra o ser humano à Teia da Vida, em que cada elemento tem sua própria sabedoria e força.

A importância dos animais de poder no xamanismo se manifesta de várias formas, cada uma contribuindo tanto para nossa própria autocompreensão quanto para a do mundo ao nosso redor:

Conexão com a natureza: os animais de poder nos lembram de nossa profunda conexão com o mundo natural. Eles nos ensinam a respeitar e a aprender com a natureza, algo que geralmente esquecemos em nossa vida moderna. Por exemplo, observar o ciclo de vida de uma borboleta pode nos ensinar sobre transformação e renovação, e a persistência de uma formiga pode nos inspirar a superar obstáculos. Essa conexão não é apenas simbólica: ela nos convida a uma relação de respeito mútuo e responsabilidade ecológica.

Guia espiritual: cada animal tem características únicas que podem nos guiar em diferentes aspectos de nossa vida. Por exemplo, a águia pode simbolizar visão e liberdade, nos inspirando a buscar perspectivas mais elevadas e a romper com limitações autoimpostas. O urso, por sua vez, pode representar força e introspecção, convidando-nos a momentos de recolhimento para acessar nossa sabedoria interior e enfrentar desafios com coragem. A escolha do animal de poder pode variar de acordo com o momento de vida e os desafios enfrentados.

Poder de cura: no xamanismo, acredita-se que os animais de poder podem nos ajudar a curar doenças físicas e emocionais, fornecendo a energia necessária para superar desafios e restaurar o equilíbrio. Essa cura pode se manifestar de diversas formas, desde o alívio de sintomas físicos até a resolução de traumas emocionais. Por exemplo, a energia calmante de um cervo pode ajudar a acalmar a ansiedade, enquanto a força de um leão pode nos dar coragem para enfrentar nossos medos. É importante ressaltar que essa cura complementar não substitui o tratamento médico convencional, porém, pode potencializar seus efeitos.

Sabedoria ancestral: os animais de poder são vistos como portadores de sabedoria ancestral. Ao nos conectarmos com eles, podemos acessar conhecimentos profundos sobre a vida e o universo. Essa sabedoria não é apenas intelectual, mas também experiencial, transmitida por meio de intuições, sonhos e *insights*. Por exemplo, ao meditar com um lobo, podemos acessar a sabedoria da comunidade e da lealdade, aprendendo a importância do trabalho em equipe e do apoio mútuo. Essa conexão com o passado nos ajuda a compreender nosso presente e a construir um futuro mais consciente.

Proteção espiritual: muitos xamãs acreditam que os animais de poder atuam como protetores espirituais, nos defendendo de energias negativas e nos ajudando a navegar pelo mundo espiritual. Essa proteção não é uma barreira impenetrável, e sim um escudo que nos fortalece e nos ajuda a discernir as energias que nos cercam. Por exemplo, a agilidade de uma pantera pode nos ajudar a evitar situações perigosas, ao passo que a percepção aguçada de uma coruja pode nos alertar sobre intenções ocultas. Essa proteção se estende também ao mundo dos sonhos, em que os animais de poder podem nos guiar e proteger de pesadelos.

Autoconhecimento: descobrir e trabalhar com seu animal de poder pode ser uma poderosa ferramenta de autoconhecimento. As características do animal podem refletir aspectos de nossa própria personalidade ou potenciais que ainda não desenvolvemos. Por exemplo, se nos identificamos com um falcão, é possível que estejamos reconhecendo nossa capacidade de foco e determinação, ou a necessidade de desenvolver essas qualidades. Esse processo de autoconhecimento é contínuo e dinâmico, evoluindo à medida que nos aprofundamos em nossa jornada espiritual.

Léo Artese, em seu livro *O Voo da Águia*, destaca a importância de descobrir o animal guardião em rituais xamânicos. Ele afirma que esse animal é "nosso alter ego, nosso duplo", e que trabalhar com ele pode nos trazer grandes *insights* e poder pessoal. Ele enfatiza que o animal guardião não é escolhido aleatoriamente: é revelado através de sonhos, meditações ou encontros significativos na natureza.

Carminha Levy, considerada a avó do neoxamanismo no Brasil, vai além e fala sobre quatro aspectos dos animais de poder, oferecendo uma visão abrangente e integrada:

Animal de Poder: representa nosso poder egoico, nossa capacidade de agir e manifestar nossos desejos no mundo.

Animal Negro: simboliza o poder de nossa sombra, nossos medos, traumas e aspectos reprimidos que precisam ser integrados.

Animal Dourado: representa nosso poder mental, nossa capacidade de pensar, aprender e criar.

Animal Alado: simboliza o poder de nosso espírito, nossa conexão com o divino e nossa capacidade de transcendência.

Essa visão multifacetada nos mostra como os animais de poder podem nos ajudar a explorar diferentes aspectos de nossa psique e espiritualidade, favorecendo um desenvolvimento integral e harmonioso.

É interessante notar que a ideia de animais como guias espirituais aparece em diversas culturas ao redor do mundo, desde os totens dos nativos norte-americanos até as divindades animais do Egito Antigo. Carl Jung, o famoso psicólogo, compreendia os animais como símbolos da natureza primitiva e instintiva do homem. Ele acreditava que reconhecer e respeitar esse aspecto animal de nossa psique poderia favorecer uma maior criatividade e sabedoria. Jung introduziu o conceito de arquétipos, padrões universais de comportamento e pensamento, e os animais frequentemente personificam esses arquétipos.

James Hillman, outro psicólogo renomado, vai além. Ele dizia que "a imaginação é, ela própria, um grande animal, ou uma arca de imagens, que estão todas vivas e se movem independentemente". Essa perspectiva nos convida a ver os animais de poder não apenas como símbolos externos, mas como partes vivas de nossa própria imaginação e psique, com suas próprias vontades e sabedorias. Hillman enfatiza a importância de honrar e cultivar essa imaginação, uma vez que ela é a fonte de nossa criatividade e intuição.

É importante lembrar que, no xamanismo tradicional, a relação com os animais de poder é vista como uma troca. Não se trata apenas de receber poder ou sabedoria do animal, mas também de honrá-lo e respeitá-lo em retorno. Muitos xamãs falam sobre a relevância de cuidar da natureza e dos animais físicos como uma maneira de honrar seus guias espirituais.

Essa reciprocidade é fundamental para manter o equilíbrio e a harmonia em nossa relação com o mundo natural e espiritual.

Em resumo, os animais de poder no xamanismo são muito mais do que simples símbolos. Eles são vistos como seres espirituais reais, capazes de nos guiar, proteger e ensinar. Eles nos conectam com as forças da natureza, com nossa própria natureza instintiva e com sabedorias ancestrais. Seja você um praticante de xamanismo ou apenas alguém interessado no assunto, refletir sobre sua conexão com os animais e a natureza pode ser uma experiência profundamente enriquecedora. Essa reflexão pode envolver a observação atenta dos animais em seu *habitat* natural, a leitura de mitos e lendas sobre animais, ou a prática de jornadas xamânicas para encontrar seu animal de poder.

COMO PODEMOS DESCOBRIR NOSSO ANIMAL DE PODER?

Como vimos, os animais de poder, espíritos animais ou espíritos totêmicos desempenham papéis fundamentais no xamanismo. Eles são vistos como aliados espirituais que fornecem sabedoria, proteção e orientação. Acredita-se que cada pessoa tenha um ou mais animais de poder que refletem características específicas de sua personalidade, seus dons ou desafios espirituais.

Recentemente, concedi entrevista a uma emissora televisiva de São Paulo e a entrevistadora fez exatamente esta pergunta: *Como podemos descobrir nosso animal de poder?* Respondi que há diversas formas, e numerei algumas que compartilho com você:

1. Podemos encontrar nosso animal de poder nos sonhos. Inclusive, ele pode trazer um significado especial dentro do próprio sonho. Os sonhos são portais por onde entramos naturalmente em estado alterado de consciência e acessamos arquétipos, intuições e resoluções inusitadas.

2. Por meio de mensagens diretas, em que a pessoa fisicamente encontra ou vê um animal mais do que duas vezes.

3. Por meio de mensagens indiretas, como ouvir ou ver o nome de um animal várias vezes no cotidiano, seja no metrô, na TV, nos jornais, em conversas com amigos, etc.

4. Algumas pessoas optam por perguntar aos xamãs o que eles percebem, quais os múltiplos sinais que resultam na identificação do seu animal de poder. De modo geral, são representantes espirituais que têm fortes poderes intuitivos e que a pessoa admira.

5. Outras descobrem seu animal de poder por instinto ou intuição. São as que se sentem atraídas por um animal específico ao longo de toda a sua vida e sentem confiança de que esse seja seu animal de poder.
6. Há aquelas que descobrem seu animal de poder, seu totem pessoal, por meio de oráculos xamânicos específicos.
7. Finalmente, uma das formas de que mais gosto para descobrir o animal de poder é por meio de jornadas xamânicas, meditação com tambor — ocasião que, em estado xamânico de consciência, o participante visualiza o animal de poder que se apresenta como tal e pode inclusive perguntar se esse é de fato o seu animal de poder.

Na verdade, todos os animais estão em nós, assim como tudo o que existe na natureza. Porém, existem diversas metodologias e trabalhos com os animais de poder, por meio dos quais focamos em certa quantidade e certas qualidades para uma determinada intenção ou reflexão. Conheço trabalhos de desenvolvimento do totem nos quais se afirma que cada pessoa tem um, três, quatro, sete, nove e até doze animais principais. No curso livre de terapias bioxamânicas, eu optei pela intenção de propósito de vida, fazendo a leitura de quatro animais — Totem Bioxamânico: Animal de Poder (Personalidade), Animal Clã (Direção na Vida), Animal de Proteção (Máscara) e Animal Auxiliar (Mensageiro).

O QUE É DOENÇA NO CONTEXTO XAMÂNICO?

A doença, no caminho xamânico, é mais do que dor no corpo ou tristeza na mente. É um grito da alma, um chamado para despertar para a verdade do seu ser, para a sua conexão intrínseca com a vida e com toda a expressão do universo.

Imagine a teia sagrada, uma intrincada tapeçaria cósmica em que cada fio representa um aspecto de sua existência: o corpo físico, o coração emocional, a mente racional e o espírito eterno. Cada fio conecta você ao seu passado, presente e futuro, bem como a todas as outras criaturas vivas. Quando um fio se rompe, seja por trauma, negligência ou desequilíbrio, toda a teia estremece. Assim é a doença — um tremor que ecoa por todo o seu ser, desde os ossos até os sonhos mais profundos, manifestando-se como doença, a falta de facilidade e harmonia em sua vida.

Somos filhos da Terra! Os antigos já diziam: "A Mãe Terra chora quando sente que nos afastamos dela, que nos desconectamos do seu abraço nutritivo". Parece que — não sei se você também percebe isso —, quando pisamos em concreto frio em vez da terra macia e fértil, quando respiramos o ar poluído dos centros urbanos em vez do perfume revigorante das florestas intocadas, nossa essência se enfraquece gradualmente. Talvez esteja aí o motivo do grito por férias, praia, montanha, banho de floresta, natureza! Nosso espírito, outrora vibrante e livre como uma águia em pleno voo, torna-se enclausurado e anseia por voar livre novamente, buscando o céu aberto da autenticidade e do propósito. Sentimo-nos presos na selva de pedra, com dificuldade para lidar com os desafios, e acabamos por sufocar a nós mesmos.

O coração é nossa bússola sagrada, o centro de nossa intuição e sabedoria inata, porém, muitos se perdem nas ilusões sedutoras do mundo moderno, distraídos por promessas vazias e valores superficiais. Quando ignoramos seu chamado suave, quando sufocamos nossos verdadeiros desejos e paixões em nome da conformidade ou da aprovação externa, criamos um vazio interior. Este vazio é como um buraco negro implacável, sugando nossa força vital, alegria e capacidade de amar, até que a doença brote como uma erva daninha num jardim que esquecemos de cuidar.

Observe o rio da vida, com suas águas cristalinas fluindo incessantemente em direção ao oceano da eternidade. Quando flui livremente, sem obstáculos, ele traz vida e abundância, nutrindo tudo em seu caminho. Quando represado, porém, por pensamentos conflitantes, emoções reprimidas e ações inautênticas, suas águas se tornam estagnadas e doentes, criando ambiente propício para o desenvolvimento de doenças. Assim também ocorre com nossa energia vital, que deve fluir livremente através de nossos meridianos para manter a saúde e o bem-estar.

Os anciãos nos ensinam as três faces da doença, as três principais causas de desequilíbrio em nossa vida:

- **A desarmonia:** quando nos desconectamos de nossa tribo, de nossa terra ancestral, de nós mesmos e do Grande Espírito. Ficamos como folhas secas ao vento, sem raízes profundas para nos sustentar, vulneráveis a todos os males aflitivos. Aqui enfraquecemos nossas forças aliadas: a força de vontade, o animal de poder, o entusiasmo e a nossa natureza selvagem e íntegra.
- **O medo:** uma sombra insidiosa que cresce em nosso coração, obscurecendo a luz interior e enfraquecendo nosso escudo espiritual natural contra as doenças. É como um lobo faminto que uiva incessantemente em nossa mente, mantendo-nos em um estado constante de alerta,

esgotando nossas forças, minando nossa confiança. Aqui, baixamos o nosso escudo do guerreiro: o campo áurico fica propenso a energias intrusas e o sistema imunológico emite sinais de alerta.

- **A perda da alma:** quando partes preciosas de nós se perdem nas tempestades da vida, fragmentadas por traumas, decepções e perdas. Como um quebra-cabeça incompleto, nos sentimos vazios, perdidos, fragmentados e incapazes de nos reconhecer no espelho d'água da autorreflexão. Por vezes, parece que estamos caminhando pela noite escura da alma, quando a confiança e a esperança de uma luz passam a distância.

A doença é como um mensageiro espiritual, um guia disfarçado que chega primeiro como um sussurro suave trazido pelo vento, uma intuição sutil ou um pressentimento incômodo. Depois, ao ignorarmos esses sinais iniciais, ela se manifesta como ondulações em nosso campo energético, um desconforto vago ou uma irritação persistente. Se ainda assim não a ouvirmos, ela bate à porta de nossa carne, manifestando dores lancinantes, mal-estares debilitantes e doenças crônicas.

Cada ferida não curada, cada mágoa não perdoada, cada medo não enfrentado é como uma pequena rachadura em nosso vaso sagrado — este corpo que abriga nossa alma. Com o tempo, a água da vida, nossa energia vital, escapa por essas fendas, deixando-nos secos, desidratados e vulneráveis a todos os tipos de doenças.

Por vezes, energias que não nos pertencem, entidades astrais ou influências negativas alojam-se em nosso ser como hóspedes indesejados em nossa casa espiritual. Podem surgir pensamentos sombrios, emoções pesadas de outros, padrões de comportamento destrutivos ou até mesmo entidades perdidas que buscam um hospedeiro. Eles bloqueiam o fluxo natural de nossa energia como galhos e pedras obstruindo um riacho, impedindo-o de fluir livremente.

A doença, embora dolorosa e desafiadora, é uma oportunidade sagrada, um presente disfarçado. É um chamado urgente para despertar, olhar profundamente para dentro de si, explorar as profundezas de sua alma e reconectar-se com sua verdadeira essência, sua divindade interior. A cura verdadeira não é apenas silenciar a dor, suprimir os sintomas ou eliminar a doença, mas sim ouvir atentamente sua mensagem, decifrar seu significado oculto e aprender com ela. É uma jornada de transformação profunda, na qual você é convidado a renascer como a borboleta que eclode do casulo à procura de néctar, renovada, fortalecida e em perfeita harmonia com o grande círculo da vida. Lembre-se: a cura reside dentro de você, esperando para ser despertada.

O QUE É CURA NO CONTEXTO XAMÂNICO?

A cura, em sua essência mais pura, é uma jornada profunda às entranhas da alma, uma transformação alquímica que restaura a harmonia em todos os reinos do ser — o corpo de carne e osso, o coração pulsante de emoções e sentimentos, a mente eletrizada de pensamentos e o espírito eterno que nos conecta ao Grande Mistério. É como afinar um instrumento musical desafinado, em que cada nota e aspecto do seu ser precisa vibrar em ressonância com o todo. Já dizia aquela sabedoria budista antiga: "Se apertarmos muito a corda, ela arrebentará. Se a afrouxarmos demais, ela não tocará".

A cura é o caminho de volta à casa, um reconectar-se com a nossa Mãe Terra. É honrar os espíritos ancestrais, guardiões da sabedoria antiga, e reacender a chama divina que arde em nosso coração. Não somos ilhas isoladas: somos parte de um grande organismo vivo. A cura de um é a cura de todos. Nossa saúde e bem-estar afetam toda a comunidade e o planeta. A cura não se limita apenas a nós: estende-se através das linhas do tempo, curando as feridas de nossos ancestrais e limpando o caminho para as gerações futuras. Como um rio que é purificado desde sua nascente, limpamos o fluxo de nossa linhagem, honrando aqueles que vieram antes e abençoando aqueles que virão depois. É como quebrar padrões familiares negativos, liberando seus descendentes de repetir os mesmos erros.

Por vezes, partes preciosas de nossa alma se perdem nas tempestades da vida, fragmentos de nosso ser se escondem nas sombras para escapar da dor. Esse caminho de cura é morte e renascimento. Então o xamã, como caçador habilidoso, viaja pelos reinos invisíveis, navegando em canoas feitas de sonhos e intenções, para resgatar essas partes perdidas. Como peças de um quebra-cabeça cósmico, esses fragmentos são gentilmente reintegrados, restaurando a completude do ser.

O caminho da cura também nos leva a enfrentar as sombras, as energias intrusivas que não nos pertencem. Como um jardineiro sábio que remove as ervas daninhas para que as flores possam florescer, o xamã interior limpa o jardim de nossa alma, removendo tudo aquilo que não serve mais. Instiga o resgate do nosso poder pessoal e desperta o animal de poder que porventura esteja dormindo em nosso íntimo. O xamã, assim como a doença, é guia, mensageiro entre os mundos, no entanto, a verdadeira cura reside dentro de você. No momento em que começa a decifrar as mensagens ocultas, integrando suas lições à sua jornada de vida, a cura começa. A verdadeira cura nos alinha com nosso propósito sagrado, com a razão pela qual nossa alma escolheu reencarnar neste plano terrestre.

CONSELHOS ÀS PESSOAS QUE ESTÃO COMEÇANDO SEUS ESTUDOS E PRÁTICAS XAMÂNICAS

Ao embarcar na jornada dos estudos e práticas xamânicas, é fundamental lembrar que o xamanismo não é um singular conceito universal: ele se manifesta de inúmeras formas, refletindo as diversas culturas ao redor do mundo e através dos tempos. Cada cultura imprime sua marca no xamanismo, adaptando-o aos seus valores, crenças e necessidades específicas. Não existem escrituras sagradas unificadas que definam o xamanismo. Portanto, o que é verdadeiro nesse caminho é aquilo que encontra ressonância em seu ser interior. Portanto, confie na sua intuição e experiência pessoal como guias.

- **Aprofunde seus conhecimentos:** esteja vigilante quanto à mistificação e à superficialidade com que o tema pode ser tratado em alguns meios. É essencial apoiar-se em pesquisas robustas e nos estudos acadêmicos sérios que elucidam os fundamentos e a linguagem do xamanismo, revelando suas múltiplas facetas. Alguns desses estudos são bastante técnicos, e há os livros de antropólogos, etnólogos e historiadores que oferecem sólidas bases para entender a complexidade do xamanismo. Identificar a corrente xamânica que mais se alinhe com sua alma permitirá um estudo e vivência bem mais autênticos.
- **Cultive a autorreflexão:** sintonize-se com seus próprios pensamentos, sentimentos e energias. A autoconsciência é o portal para a transformação genuína. Pergunte-se: “Quais são meus padrões de pensamento? Quais emoções me dominam? Como posso ter plena atenção no presente momento?”

- **Interaja com quem já está no caminho**: busque contato com pessoas já estabelecidas no caminho xamânico. É fundamental discernir entre os que genuinamente compartilham conhecimento e os que buscam apenas poder ou ganho financeiro. Pergunte sobre a linhagem do professor, suas experiências e sua ética. Um bom condutor xamânico deve ser humilde, compassivo e comprometido com o bem-estar de seus alunos.
- **Pratique, não apenas estude:** viver xamanismo significa encarnar seus princípios e ser fiel aos ensinamentos. Mantenha uma conexão autêntica com a natureza, os elementos e todos os seres, lembrando que tudo está interligado. Comece com rituais simples, como oferecer gratidão à Terra ou, ainda, meditar sob uma árvore.
- **Compreenda e aceite a dor:** o xamã, como curador, deve ser íntimo da dor para poder transformá-la. Esse entendimento do sofrimento nos leva a amar, cuidar, respeitar e curar tanto a nós mesmos como os outros. A dor pode ser física, emocional ou espiritual. Ao enfrentar sua própria dor, você desenvolve a empatia e a compaixão necessárias para ajudar os outros. Lembre-se de que a cura não é apenas a ausência de dor, mas sim a transformação da dor em sabedoria e força.
- **Aprenda com as relações:** cada interação proporciona uma nova lição. As relações — com pessoas, sonhos, pensamentos e energias — evoluem constantemente, guiando nosso crescimento e adaptação. Reflita sobre isso e pergunte-se: “Como eu me relaciono com meus sonhos? Como eu me relaciono os meus pensamentos, sentimentos e energias? Como eu me relaciono com os pensamentos, sentimentos e energias de outras pessoas? Como eu me relaciono com o mundo?”

- **Abrace as mudanças:** a vida é um fluxo contínuo de transformações. Veja-as como oportunidades de crescimento e nunca se prenda a um único caminho. Explore alternativas e sempre escute o seu coração. Esteja aberto a novas experiências e perspectivas. Lembre-se de que a flexibilidade e a adaptabilidade são qualidades essenciais no caminho xamânico.
- **Mantenha a humildade:** na grande tapeçaria da vida, não somos tão insignificantes quanto às vezes acreditamos; também não somos tão grandiosos quanto nosso ego pode sugerir. Encontrar equilíbrio é essencial. Reconheça suas limitações e imperfeições. Esteja disposto a aprender com os outros e a admitir quando está equivocado. A humildade permite permanecer aberto à orientação e à sabedoria do universo.

Se você escolheu trilhar esse caminho, faça-o com humildade e coração aberto. Permita que seu potencial de cura e inspiração floresça no tempo certo. Ative sua "medicina pessoal", a capacidade inata do autoconhecimento, da autocura, do crescimento e da evolução, e permita-se despertar continuamente. A "medicina pessoal" é única para cada indivíduo e se manifesta por meio de seus talentos, paixões e experiências. Ao conectar-se com ela, você se torna um agente de cura e transformação para si mesmo e para o mundo ao seu redor.

É POSSÍVEL IDENTIFICAR UM BOM CONDUTOR XAMÂNICO?

- **Ouça o tambor do seu coração:** antes de tudo, silencie o barulho do mundo exterior e sintonize-se com o ritmo sagrado do seu próprio coração. Peça orientação aos seus ancestrais e aos espíritos guardiões. A resposta muitas vezes não vem em forma de palavras, mas em uma sensação profunda, um calor no peito ou uma clareza repentina. Confie nessa sabedoria inata, pois ela é sua bússola espiritual.
- **Observe as pegadas do condutor xamânico:** um bom condutor xamânico deixa um rastro de cura e transformação por onde passa — prefira estes e não os que deixam desarmonia e aprisionam. Observe a comunidade ao redor do condutor xamânico. As pessoas parecem mais saudáveis, felizes, em conexão com a natureza e consigo mesmas? Ou há sinais de medo, dependência ou manipulação? Pergunte a outros que trabalharam com o xamã acerca de suas experiências. Procure padrões de resultados positivos e transformações genuínas.
- **Sinta a energia do condutor xamânico**: quando estiver na presença do condutor, preste atenção à energia que emana dele ou dela. É como estar perto de uma fogueira sagrada: você se sente aquecido, energizado, purificado? Ou você se sente drenado, confuso, desconfortável? Se você se sentir intimidado, julgado ou desrespeitado, pode ser um sinal de alerta.
- **Busque autenticidade e humildade**: um condutor xamânico não precisa enaltecer seus poderes ou conhecimentos. A verdadeira sabedoria xamânica se manifesta naturalmente por meio de ações e palavras. Desconfie daqueles que se proclamam “o maior xamã” ou que prometem milagres instantâneos. Um bom condutor

reconhece que é apenas um canal para a cura, e que o verdadeiro poder reside dentro de você e dos espíritos. Ele irá encorajá-lo a desenvolver sua própria conexão com o mundo espiritual, em vez de torná-lo dependente.

- **Verifique o respeito pela tradição e inovação**: embora nem todos os condutores sigam uma linhagem tradicional, é importante entender como ele ou ela recebeu seu treinamento e de onde seus conhecimentos são provenientes. Um bom condutor xamânico honra as tradições ancestrais e mantém-se sempre aberto para adaptar-se às necessidades da atualidade. Pergunte sobre a linhagem do condutor xamânico ou as tradições que ele ou ela segue. Como ele integra essas tradições às práticas modernas? Um condutor muito rígido ou dogmático pode não ser capaz de atender às suas necessidades individuais. Da mesma forma, um condutor que descarta completamente a tradição pode não ter uma base sólida de sabedoria ancestral.
- **Sinta-se desafiado e apoiado**: um condutor xamânico, além de consolador, é também um desafiador. Esteja preparado para sair de sua zona de conforto e enfrentar verdades desconfortáveis. Um bom condutor irá apoiá-lo nesse processo, oferecendo orientação e encorajamento. O trabalho, contudo, será feito por você.
- **Mantenha sua autonomia**: um bom condutor xamânico é como um guia na floresta — ele mostra o caminho, oferece ferramentas e conhecimento, mas não carrega você nas costas. Mantenha seu poder pessoal e sua capacidade de discernimento. Nunca abdique de sua responsabilidade por sua própria cura e bem-estar.
- **Sinta a presença dos espíritos**: durante as cerimônias, rodas de cura ou aulas, preste atenção à presença dos espíritos auxiliares. Você pode não os ver diretamente, entretanto, pode sentir sua presença na forma de mudança nas

energias, de sensação de paz profunda ou de *insights* súbitos e poderosos. Confie em seus sentidos e intuição. Você se sente seguro e protegido na presença dos espíritos? Você recebe mensagens ou *insights* que são úteis e significativos? Se você se sentir desconfortável ou com medo, pode ser um sinal de que os espíritos não são benevolentes ou simplesmente que você não tem afinidade com aquela egrégora.

- **Honre sua própria sabedoria interior:** por fim, lembre-se de que o melhor condutor xamânico reside dentro de você, seu xamã interior. Como a Lua, que reflete a luz do Sol, um condutor xamânico externo é um reflexo de sua própria luz interior, um catalisador para o despertar de seu próprio poder xamânico inato. Use a orientação do condutor como um trampolim para sua própria jornada de autodescoberta e empoderamento. Confie na própria intuição e sabedoria interior. No final, você é o único responsável por sua própria cura e bem-estar.

CÂNIONS, PRADARIAS E MONTANHAS DA VIDA

Existem momentos em que o anseio mais intenso é estar em outro lugar, com outra energia, outros pensamentos, outros estados de consciência, ou seja, em outro momento de vida. Talvez a rotina exaustiva, a sensação de estagnação ou até mesmo um evento inesperado tenham desencadeado essa vontade de recomeçar. Nem sempre o caminho que se apresenta é uma trilha agradável e suave. Pode ser que os desafios sejam uma variante presente na fórmula do desenvolvimento do espírito humano. Alguns veem os desafios como obstáculos intransponíveis, enquanto outros os enxergam como oportunidades disfarçadas de aprendizado e crescimento.

Pode ser que superar a nós mesmos diante dos desafios da vida seja um mecanismo da própria vida e, por mais que se tente evitar, esse momento insiste em chegar. E, quando chega, chamamos esse espaço-tempo de aprendizado de crise. As crises podem nos forçar a reavaliar nossas prioridades, a desenvolver resiliência e a descobrir forças que nem sabíamos que tínhamos.

O modo como caminhamos pelas paisagens interiores influencia a forma de lidar com a crise. Quando caminhamos pelas pradarias interiores, uma certa sensação de possibilidade ainda se faz presente, uma busca para sair do desconforto da mesmice. “Crises nas pradarias” ocorrem quando a alma pede mudança no caminho. Imagine que você está em uma vasta pradaria, com o horizonte à vista. Mesmo em meio à crise, você ainda consegue vislumbrar possibilidades e caminhos a seguir.

E quando parece que não temos mais chão? Essas são “crises pelos cânions” da paisagem interior, os cânions da vida.

A sensação de estar em um cânion pode ser avassaladora, com paredes altas e íngremes que parecem nos aprisionar. Nesses momentos, é crucial buscar apoio em amigos, familiares ou profissionais, e lembrar que, mesmo nos lugares mais profundos, a luz sempre encontra uma maneira de chegar.

Outra paisagem pode se apresentar no caminho, naqueles momentos em que sentimos que estamos subindo a montanha da nossa evolução interior. Aplicamos nossos pensamentos, intencionamos nossas energias, mergulhamos nos melhores sentimentos e seguimos com as qualidades e atitudes de um guerreiro da luz. Mesmo assim, ainda podem surgir as crises de significado, as crises espirituais, o anseio da alma para transcender as próprias ideias que foram de grande importância. São as "crises nas montanhas". Meditação, oração, caminhada na natureza ou mesmo a busca por um mentor espiritual, o Grande Espírito, podem ser ferramentas valiosas para navegar por essas crises e encontrar um novo sentido para a vida.

Os visionários parecem gostar de caminhar em busca de visões — provavelmente por entender que, quando uma pessoa não tem visão, ela se perde. E se perder é tão fácil, são tantas as opções. Diante delas, volta a questão: "Este caminho tem coração?" Uma visão clara e inspiradora pode nos dar um senso de propósito e direção, ajudando-nos a superar os obstáculos e a manter o foco em nossos objetivos. Para ter uma visão, o pré-requisito é a disposição a olhar para dentro. Perceber onde estamos nestas paisagens interiores: se estamos nos cânions, nas pradarias, nas montanhas ou em outras possibilidades de nós mesmos. O caminho do visionário é um caminho simples e autêntico. Um "caminho de duas pernas" que se apresenta como uma busca, uma busca irmanada com o autoconhecimento e a honestidade.

MANITU: FUNDAMENTOS DA VIDA

Ouça, vou contar a história de como nosso mundo veio a ser, de acordo com a história que foi transmitida pelos anciãos através das gerações.

No princípio, não havia terra, apenas um vasto oceano que se estendia além do que os olhos podiam ver. Nessas águas primordiais, nadavam criaturas e espíritos, mas não havia lugar para nosso povo caminhar.

Manitu, o Grande Espírito, olhou para essas águas e viu que era preciso criar um lar para seus filhos que ainda estavam por vir. Então, das profundezas, Ele fez emergir uma enorme tartaruga, tão grande que suas costas poderiam sustentar todo um mundo.

Mas o casco da tartaruga estava nu, não havia terra para que a vida florescesse. Manitu então chamou os animais aquáticos e pediu que mergulhassem até o fundo do oceano para trazer um pouco de terra.

Muitos tentaram — a lontra, o castor, o peixe —, mas as águas eram profundas demais e eles voltavam de mãos vazias. Por fim, o pequeno rato almiscarado se ofereceu. Ele mergulhou e ficou submerso por tanto tempo que todos pensaram que ele havia se perdido para sempre.

Mas veja: o valente rato almiscarado emergiu, quase sem fôlego, segurando em suas pequenas patas um punhado de lama. Com suas últimas forças, ele depositou a lama nas costas da grande tartaruga, antes de partir para o mundo dos espíritos, honrado por seu sacrifício.

Manitu soprou sobre aquela pequena porção de lama, e ela começou a crescer e se espalhar. Lentamente, formou-se a terra que hoje chamamos de Ilha da Tartaruga, nossa casa sagrada.

Quando a terra estava pronta, Manitu moldou os primeiros seres humanos a partir do solo, do ar, da água e do fogo. Ele nos deu vida com Seu sopro e nos ensinou a respeitar e a cuidar de toda a criação.

Os animais, nossos irmãos mais velhos, vieram até nós e nos ensinaram suas habilidades. O urso nos mostrou onde encontrar mel e raízes; o veado nos ensinou sobre as plantas da floresta; o lobo nos ensinou a caçar com sabedoria.

No início, nosso povo sofria com o frio, pois não tínhamos o conhecimento do fogo. Foi então que Nanabozho, o grande herói de nosso povo, viajou até os confins do mundo para roubar o fogo dos seres poderosos que o guardavam. Ele trouxe essa dádiva para nós, permitindo que nos aquecêssemos e cozinhássemos nossos alimentos.

Manitu olhou para toda a Sua criação e estabeleceu as leis sagradas que governam nosso mundo. Ele nos deu a responsabilidade de cuidar da terra, de viver em harmonia com todos os seres e de preservar o equilíbrio da natureza.

É assim que nosso mundo veio a ser. Essa história nos lembra de nossa conexão sagrada com a terra, com os animais e com todos os elementos. Ela nos ensina sobre sacrifício, coragem e a importância de cuidar uns dos outros e de tudo o que Manitu criou.

Lembre-se: Manitu, o Grande Espírito, é a fonte de toda a vida e o poder que mantém o equilíbrio do universo. É a força espiritual que permeia toda a criação, todas as coisas animadas e inanimadas. É o amor que faz pulsar seu coração, a vida que antecede a vida!

Observação do autor:

Essa é uma história transcultural dos povos algonquinos que, tradicionalmente, viviam de forma seminômade, adaptando-se às mudanças sazonais. Hoje habitam o nordeste da América do Norte, mais especificamente o centro-leste do Canadá e o nordeste dos Estados Unidos. O termo "algonquino" engloba várias tribos distintas, como Abenaki, Mohicano, Delaware, Ojibwe, Odawa, entre outras. Cada tribo tem suas próprias tradições e costumes específicos. Apesar dessa diversidade, existem semelhanças culturais e linguísticas significativas que unem esses grupos. Uma delas é a ideia de uma força espiritual que permeia tudo.

Nanabozho é uma figura central na mitologia e no folclore de muitos povos algonquinos, especialmente entre os ojibwe (também conhecidos como chippewa ou anishinaabe). É frequentemente descrito como um ser semidivino, filho de um espírito do vento e de uma mulher humana. Também é conhecido como Wenaboozhoo, Nanabush ou Manabozho, dependendo da tribo e da região. Muitas vezes é retratado como um coiote ou um coelho, mas capaz de assumir várias formas, incluindo a humana. Nanabozho é considerado o grande benfeitor da humanidade, um xamã, que traz conhecimentos e habilidades essenciais. Frequentemente age como um intermediário entre os humanos e o mundo espiritual.

CONECTANDO-SE COM MANITU NA ILHA DA TARTARUGA: UMA PRÁTICA

Feche seus olhos e respire profundamente, deixando que o ar da vida flua através de você como o vento suave que acaricia as folhas das árvores.

Imagine-se em pé sobre a vasta extensão da Ilha da Tartaruga. Sinta seus pés descalços tocando suavemente o casco da Grande Tartaruga que sustenta nosso mundo. As antigas marcas em seu casco contam histórias de eras passadas. Você está conectado a toda a criação através desse contato.

Agora, volte sua atenção para o céu acima. Veja uma bola de luz brilhante, como o Sol nascente, pairando sobre sua cabeça. Essa é a luz de Manitu, o Grande Espírito. Sinta seu calor gentil tocando o topo de sua cabeça, como as primeiras luzes da manhã.

Deixe que essa luz desça lentamente, como gotas de orvalho deslizando por uma folha. Ela desce por sua testa, seu rosto, seu pescoço, até chegar ao seu peito. Ali, no centro de seu ser, essa luz se transforma em uma bola de fogo sagrado dentro de seu coração.

Sinta o calor desse fogo sagrado se espalhando pelo seu peito. É o mesmo fogo que Nanabozho trouxe para nosso povo há muito tempo. Ele aquece seu espírito e ilumina seu ser interior. Seu coração agora brilha como as estrelas que nos guiam nas noites escuras.

Da chama em seu coração, imagine que o crepitar e a luz estão subindo até os seus olhos. Deixe que a luz se espalhe pelos seus olhos. Sinta seus globos oculares se encherem com o brilho da sabedoria ancestral. Através desses olhos iluminados, você pode ver além do mundo físico, percebendo as conexões invisíveis que unem toda a criação.

Você agora está em perfeita harmonia: seus pés tocam a terra antiga, seu coração arde com o fogo sagrado, seus olhos brilham com a luz da compreensão e, acima de sua cabeça, a luz de Manitu o conecta ao Grande Mistério.

Respire profundamente, sentindo a energia fluir através de você. Você é um canal entre o céu e a terra, entre o espírito e a matéria. Lembre-se de que essa luz, esse fogo, essa conexão sempre estiveram dentro de você. Você pode retornar a esse lugar sagrado sempre que desejar, pois é parte de quem você é.

Quando estiver pronto, lentamente abra seus olhos. Traga consigo a paz e a sabedoria dessa jornada. Você carrega agora a luz de Manitu em seu coração, a força da Ilha da Tartaruga em seus pés, e a visão clara nos seus olhos. Vá em paz e caminhe com a bênção do Grande Espírito.

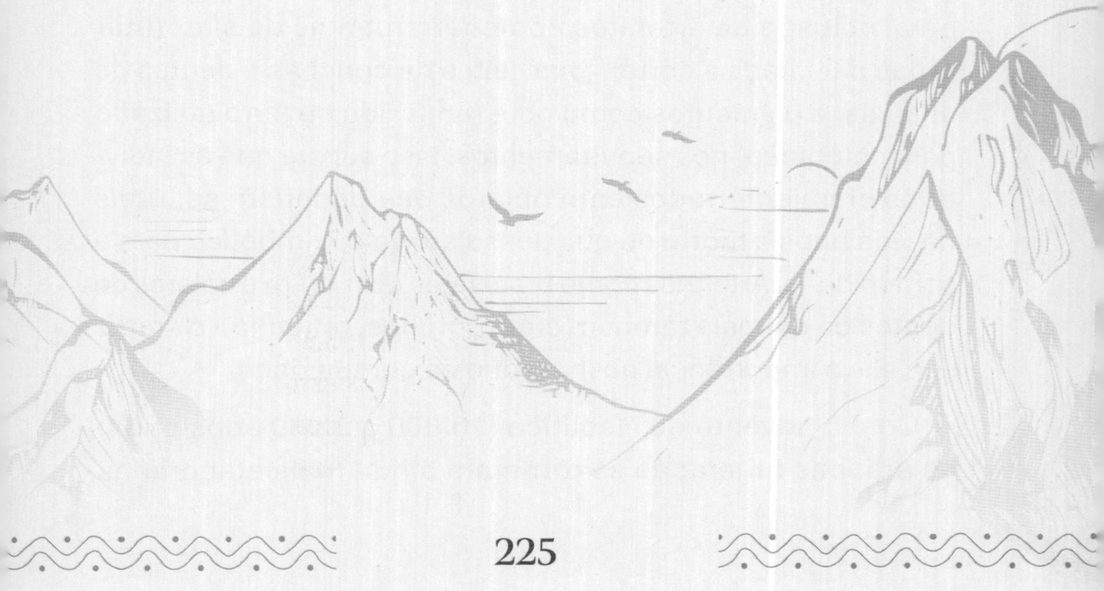

SONHOS DO GRANDE ESPÍRITO: VISÕES XAMÂNICAS DA REENCARNAÇÃO

Os neandertais, nossos primos evolutivos que habitaram a Terra por um período extenso, aproximadamente de 400.000 a 40.000 anos atrás, foram pioneiros em práticas que sugerem crenças primitivas sobre a vida após a morte. A descoberta de enterros intencionais, como o notável Homem das Flores, na Caverna de Shanidar, localizada no Curdistão iraquiano, e datada de aproximadamente 60.000 anos atrás, revela um profundo respeito pelos mortos e, possivelmente, a crença em uma existência póstuma. A análise do pólen encontrado junto aos restos mortais sugere que flores foram depositadas intencionalmente, indicando um ritual complexo e simbólico. Esse achado desafia a visão de que os neandertais eram seres puramente instintivos, revelando uma sofisticação cultural inesperada.

O período Paleolítico, especialmente o Paleolítico Superior (40.000 a 10.000 anos atrás), revelou aumento significativo nos enterros ritualizados. Esse fenômeno reflete uma evolução na capacidade humana de abstração e simbolismo, evidenciada pela inclusão de artefatos como ferramentas de sílex (utilizadas para caça e corte), joias feitas de conchas e dentes de animais, e pigmentos como ocre (um óxido de ferro utilizado para coloração) nos sepultamentos. Isso sugere que os indivíduos eram enterrados com objetos que poderiam ser úteis na vida após a morte ou que possuíam valor simbólico para a comunidade. Artefatos como braceletes de marfim e colares de dentes de animais também eram comuns, refletindo o *status* social e a importância do indivíduo na comunidade.

Com o advento do Neolítico (10.000 a 3.000 anos atrás), as práticas funerárias se tornaram ainda mais elaboradas.

O surgimento de estruturas monumentais como megalitos (grandes pedras brutas), dólmens (estruturas de pedra com uma laje horizontal sobre pilares) e túmulos de corredor (câmaras subterrâneas com um corredor de acesso) indica uma complexificação das crenças sobre a morte e o além, coincidindo com o desenvolvimento da agricultura e a formação de comunidades maiores e mais sedentárias. Stonehenge, na Inglaterra, é um exemplo notável de um sítio megalítico que provavelmente tinha funções rituais e funerárias, demonstrando a sofisticação das crenças e práticas da época.

Na tradição hindu, o *Mahabharata*, cuja compilação se estendeu do século IV a.C. ao século IV d.C., oferece uma rica perspectiva sobre a reencarnação, intrinsecamente ligada aos conceitos de karma e dharma. O *Bhagavad Gita*, parte integrante dessa epopeia, apresenta um diálogo profundo entre o guerreiro Arjuna e Krishna, manifestação divina, ocorrido no campo de batalha de Kurukshetra entre primos do mesmo clã, os Bhâratas, pelo domínio de uma cidade. Uma das analogias mais célebres com a reencarnação encontra-se neste texto, especificamente no capítulo 2, versículo 22: "Assim como uma pessoa descarta roupas gastas e veste novas, similarmente a alma encarnada descarta corpos desgastados e entra em outros que são novos".

Essa metáfora elegante compara o ciclo de reencarnação ao ato de trocar de vestimenta, enfatizando a natureza efêmera do corpo físico (*sharira*) em contraste com a eternidade da alma (*atman*). Tal conceito sugere que a morte é meramente uma transição, não um fim definitivo, e que a alma prossegue sua jornada através de múltiplos nascimentos (*samsara*). A qualidade da próxima vestimenta, ou seja, do próximo corpo, é determinada pelo karma acumulado em vidas passadas — as ações, intenções e consequências que moldam o destino individual. Uma vida virtuosa, alinhada com o dharma (dever moral e ético), tende a resultar em uma reencarnação mais favorável.

De forma similar, os *Upanishads* — textos filosóficos fundamentais do pensamento hindu, compostos aproximadamente entre 800 a.C. e 500 a.C. — oferecem perspectivas adicionais sobre a reencarnação. Considerados a parte final dos *Vedas* (conhecidos como *Vedanta*), esses escritos exploram profundamente a natureza da realidade, da alma e de Brahman (a realidade última). O *Brihadaranyaka Upanishad* (4.4.3) apresenta outra analogia poderosa: "Assim como uma lagarta tendo chegado ao fim de uma folha pega outra e se puxa para ela, assim a alma, tendo chegado ao fim de um corpo, pega outro e se move para ele com suas ações passadas".

Essa analogia da lagarta ilustra como a alma transmigra de um corpo para outro, impulsionada pelo karma e pelo desejo (*vasana*). A lagarta não simplesmente "cai" da folha antiga para a nova: ela faz um esforço consciente para se mover, assim como a alma se esforça para encontrar um novo corpo adequado para continuar sua jornada evolutiva. O conceito de *moksha*, a libertação do ciclo de *samsara*, é o objetivo final em diversas práticas espirituais hinduístas, alcançado por meio da compreensão da verdadeira natureza do *atman* e sua união com Brahman.

No zoroastrismo, religião antiga da Pérsia (atual Irã), encontramos uma visão distinta, porém igualmente fascinante acerca do destino da alma após a morte. O *Avesta*, texto sagrado desta tradição, declara: "A alma do justo cruza a Ponte Chinvat para o paraíso, enquanto a alma do pecador cai no abismo". Essa passagem ilustra a crença zoroastriana no que diz respeito ao julgamento individual pós-morte, em que o destino da alma é determinado pelas ações realizadas em vida. A Ponte Chinvat é descrita como uma estrutura que se alarga para os justos, permitindo uma travessia segura até o paraíso (*Garothman*); por outro lado, estreita-se perigosamente para os injustos, levando-os a cair no inferno (*Druj-demana*). Durante essa jornada crucial, as ações boas (*asha*) e más (*druj*) do indivíduo são minuciosamente avaliadas por Mithra, Rashnu e Sraosha, selando seu destino eterno. As almas dos justos ascendem ao paraíso, desfrutando de bem-aventurança eterna na presença de Ahura Mazda, a divindade suprema. Em contrapartida, as almas dos injustos são condenadas ao inferno — um reino de punição e purificação —, onde sofrem as consequências de seus atos. Já algumas vertentes do zoroastrismo contemplam a existência de um estado intermediário (*Hamestagan*), destinado àqueles cujas boas e más ações se encontram em equilíbrio, aguardando o julgamento final no *Frashokereti* (a renovação do mundo). O zoroastrismo enfatiza a importância do livre-arbítrio e da responsabilidade individual na determinação do próprio destino espiritual, contrastando com a visão cíclica da reencarnação no hinduísmo.

As práticas xamânicas, que remontam a tempos imemoriais, oferecem uma perspectiva sobre a jornada da alma após a morte. A pesquisadora Hélène Renard, em seu estudo aprofundado no livro *Depois da Vida*, destaca o papel crucial do xamã como guia espiritual no processo de transição: "Sendo a morte considerada uma partida da alma, o xamã tem o dever de conduzi-la o mais rápido possível, a fim de que ela não fique à deriva sob influências maléficas. Presa do êxtase, o xamã desdobra-se e circula nos outros mundos, o céu ou o inferno".

Essa descrição revela a complexidade da cosmologia xamânica, em que o xamã, em sua função de psicopompo, através de estados alterados de consciência, navega entre diferentes planos de existência para propiciar a passagem segura da alma do falecido. O conceito de "êxtase" mencionado por Renard refere-se ao estado de transe no qual o xamã entra, permitindo-lhe transcender as limitações do mundo físico e interagir diretamente com as forças espirituais. A urgência em conduzir a alma rapidamente sugere a crença em um período de vulnerabilidade pós-morte, durante o qual a alma pode ser influenciada por entidades negativas ou se perder em sua jornada.

Os essênios, uma comunidade religiosa judaica que floresceu na Palestina entre os séculos II a.C. e I d.C., desenvolveram uma teologia sofisticada sobre a vida após a morte. O historiador Flávio Josefo, cuja obra *The Jewish War* (Guerra dos Judeus) constitui uma fonte primária inestimável para o estudo desse grupo, oferece informações valiosas sobre suas crenças. Josefo escreve: "Eles ensinam a imortalidade da alma e consideram que a recompensa da justiça é algo a se esforçar".

Essa passagem ilumina dois aspectos fundamentais: a crença na imortalidade da alma e a ênfase na conduta ética como determinante do destino pós-morte. A convicção na continuidade da existência além da morte física alinhava-se com outras correntes do pensamento judaico da época, mas a ênfase essênia na justiça como virtude central era distintiva. Josefo afirmava ainda que, segundo os essênios, as almas dos justos habitariam "um lugar de grande felicidade", enquanto as almas dos maus estariam destinadas a "tormentos eternos". Essa dicotomia reflete uma visão de justiça cósmica, em que as ações e escolhas feitas durante a vida têm consequências eternas, incentivando assim uma vida de retidão e devoção.

Os antigos egípcios desenvolveram uma cosmologia intrincada sobre a existência pós-morte, que englobava múltiplos componentes da alma e diversos destinos possíveis. Na concepção egípcia, o ser humano era constituído por vários elementos distintos, cada um com função e significado específicos: o corpo físico (*khat*), a sombra (*khaibit*), o nome (*ren*), o coração (*ib*), a personalidade ou alma (*ba*) e a força vital (*ka*). Essa visão multifacetada da essência humana refletia a complexidade de suas crenças sobre a vida e a morte.

Após o falecimento, acreditava-se que a alma embarcava em uma jornada perigosa através do submundo (*duat*), enfrentando diversos desafios e testes antes de alcançar o julgamento final perante Osíris, o deus regente do submundo. O *Livro dos Mortos*, além da compilação de feitiços, orações e instruções para navegar o além, era frequentemente enterrado com o falecido para auxiliá-lo nessa travessia. Afirma-se, em uma passagem emblemática deste texto: “Eu não morri; entrei na vida eterna. Eu me uni a Osíris e me tornei parte dos deuses imortais”. Essa declaração poderosa ilustra a crença egípcia na continuidade da existência após a morte física e na possibilidade de ascensão à condição divina, unindo-se aos deuses no além.

Os druidas, sacerdotes e líderes espirituais dos antigos povos celtas, mantinham crenças sobre a vida após a morte que influenciavam profundamente a cultura e o comportamento de suas sociedades. Júlio César, general e historiador romano que viveu de 100 a.C. a 44 a.C., em sua obra *Comentários sobre a Guerra Gálica*, oferece um valioso relato sobre as crenças druídicas na Gália (região que hoje compreende a França e a Bélgica): “Os druidas acreditam que as almas não perecem, mas passam após a morte de um corpo para outro; e consideram que isto é o maior incentivo à bravura, o medo da morte sendo assim desprezado”. Essa observação de César é particularmente relevante, uma vez que sugere que a crença na reencarnação tinha implicações práticas significativas, influenciando a atitude dos guerreiros celtas diante da morte e do perigo.

Diodoro Sículo, historiador grego do século I a.C., em sua *Biblioteca Histórica*, corrobora e expande essa visão: “Eles, os druidas, acreditam que as almas dos homens são imortais, e que após um número determinado de anos elas entram em outro corpo”. Esse relato, além de reforçar a ideia da imortalidade da alma e sua subsequente reencarnação, também introduz o conceito de um período intermissivo — entre vidas —, sugerindo uma transição ou intervalo entre as encarnações. A noção de um ciclo de renascimentos, intercalado por períodos de existência não corpórea, oferece uma perspectiva fascinante sobre a compreensão druídica da continuidade da consciência e do propósito da existência humana.

Os tukano, povo indígena da região amazônica, concebem o universo em três camadas fundamentais: céu, terra e mundo inferior. Cada uma dessas camadas constitui um cosmos próprio, habitado por seres específicos, e pode ser interpretada tanto de forma abstrata quanto concreta. A flexibilidade dessa cosmologia se reflete na multiplicidade de significados atribuídos a cada camada. O céu, por exemplo, pode representar o domínio celestial do Sol, da Lua e das estrelas; o *habitat* das aves que voam em grandes altitudes; os cumes planos dos tepuis — montanhas tabulares de onde fluem as águas; o dossel da floresta amazônica; ou mesmo simbolicamente manifestar-se como um cocar adornado com plumas vermelhas e amarelas de arara, cores que evocam o Sol. De maneira análoga, o mundo inferior pode ser compreendido como o rio dos mortos que corre sob a terra; a camada de argila amarela onde os mortos são sepultados; ou o reino aquático dos rios subterrâneos. A cosmologia dos tukano incorpora uma concepção singular de reencarnação e fala de um lugar entre vidas (mundo espiritual). Quando um indivíduo falece, acredita-se que um aspecto de sua alma retorna à “casa de transformação”, local mítico de origem do grupo. Em seguida, essa alma reencarna em um recém-nascido, que herda o nome do falecido. Este processo de nomeação segue um padrão patrilinear específico: meninos recebem o nome de seus avôs paternos, enquanto meninas recebem o nome de suas avós paternas. Cada grupo tukano possui um repertório limitado de nomes pessoais que são transmitidos através das gerações, mantendo viva a conexão entre os vivos e seus ancestrais. Os cocares de penas utilizados pelos dançarinos em cerimônias rituais são considerados manifestações visíveis dessas almas-nomes. Significativamente, estes cocares são frequentemente enterrados com os mortos, simbolizando a continuidade do ciclo de vida e morte. Essa prática reflete a profunda compreensão tukano da interconexão entre o mundo físico e o espiritual, em que os objetos rituais servem como pontes tangíveis entre as diferentes dimensões da existência.

Os hopi, povo indígena nativo americano que habita predominantemente o nordeste do Arizona, nos Estados Unidos, compartilham a crença na reencarnação, fundamental em sua cosmovisão. Para os hopi, a existência é concebida como um ciclo ininterrupto de nascimento, morte e renascimento. A alma, denominada *Nuvatima* na língua hopi, é considerada uma entidade imortal que atravessa múltiplas encarnações. Cada vida é vista como oportunidade única de aprendizado e evolução espiritual. Esse processo não é percebido como linear, mas como uma espiral ascendente, permitindo o crescimento contínuo e o aprofundamento progressivo da sabedoria. Após o falecimento, acredita-se que a alma ingressa em um estado denominado *Wanaw,* um período de purificação e introspecção que antecede o retorno à vida terrena. Durante o *Wanaw*, a alma reflete sobre suas experiências e ações na vida precedente, assimilando lições e fortalecendo virtudes, num processo crucial ao seu desenvolvimento espiritual. Ou seja, como relatado em algumas experiências de quase morte, a alma passa por uma rememoração de seus comportamentos e percurso de vida até a chegada àquele momento. O antropólogo Don C. Talayesva, em sua autobiografia *Sun Chief*, oferece uma perspectiva interna sobre essa crença: “Para nós, hopi, a morte não é o fim, mas uma passagem para outra forma de existência. Nossos ancestrais estão sempre conosco, retornando em novas formas para guiar e ensinar as gerações futuras”. Essa afirmação ressalta a percepção hopi da morte como uma transição, não um término, e enfatiza o papel contínuo dos ancestrais como mentores e guias das gerações vindouras — ajudando, inclusive, como amparadores nessas rememorações e reflexões a fim de que numa próxima encarnação seja possível melhorar.

Os cátaros, também conhecidos como albigenses, constituíram um movimento religioso que floresceu no sul da França e no norte da Itália durante os séculos XII e XIII. Jacques Autier, figura proeminente no movimento cátaro, em seu depoimento inquisitório, ofereceu uma visão esclarecedora sobre as crenças do grupo acerca da vida após a morte: “As almas dos homens, após a morte, entram em outros corpos, sejam de homens ou de animais”. Essa afirmação revela a crença cátara na transmigração das almas, abrangendo não apenas corpos humanos, mas também formas animais.

O conceito de reencarnação, derivado do latim, significa “entrar na carne novamente” e encontra paralelo no termo grego *metempsicose*. Este, composto por “meta” (mudança) e “psiquê” (alma), é proveniente do grego antigo *metempsychosis*, que pode ser traduzido como “transferência da alma”, “alma após a morte” ou “a alma em mudança”. Este conceito abrange a crença de que, após a morte, a alma ou consciência de um ser vivo se transfere para outro corpo, seja humano, animal ou, em algumas interpretações, até mesmo vegetal ou mineral. Importante ressaltar que essa transferência não é aleatória:

frequentemente está associada a um sistema de mérito ou dívida cármica, em que as ações passadas influenciam a natureza do próximo renascimento.

A doutrina das vidas sucessivas, ou reencarnação, é também denominada palingenesia, termo derivado de duas palavras gregas: *palin* (de novo) e *genesis* (nascimento). Essa terminologia enfatiza a ideia de um novo começo ou de renascimento contínuo da alma. Pitágoras (570-495 a.C.), frequentemente considerado o primeiro filósofo grego a introduzir a ideia de reencarnação ou metempsicose no pensamento ocidental, é citado por Diógenes Laércio: "Depois de certos períodos de tempo, as coisas que já aconteceram uma vez acontecem novamente, e nada é absolutamente novo". Pitágoras acreditava na imortalidade da alma e em sua passagem por ciclos de renascimento em diferentes corpos, não se limitando apenas a formas humanas, mas incluindo também animais e, possivelmente, até vegetais.

Platão (428-347 a.C.), influenciado pelo pitagorismo e por seu mestre Sócrates, desenvolveu ainda mais a ideia de imortalidade da alma e seus ciclos de renascimento. Em seu diálogo *Fédon*, ele afirma: "A alma, então, como sendo imortal, e tendo nascido muitas vezes, e tendo visto todas as coisas que existem, tanto neste mundo quanto no mundo abaixo, tem conhecimento de todas as coisas". Platão argumentava que o conhecimento é, na verdade, reminiscência (*anamnesis*), ou seja, a recordação de informações adquiridas em vidas passadas. Essa perspectiva sugere que a alma acumula conhecimento através de múltiplas encarnações e que o processo de aprendizado é, essencialmente, um processo de recordar o que já se sabe, estabelecendo, assim, uma profunda conexão entre a imortalidade da alma, a reencarnação e a natureza do conhecimento humano.

Os iorubás, povo do grupo sudanês da África Ocidental que habita o sudoeste da Nigéria, nutrem uma rica cosmologia espiritual centrada no conceito de àtúnwá (renascimento). Nessa tradição, feiticeiros desempenham um papel fundamental ao discernir a identidade prévia de uma criança recém-nascida, permitindo que a mãe escolha um nome apropriado. Acredita-se que, após a morte, a alma desce ao centro da terra, onde permanece por um período variável de dois meses a dois anos, dependendo da intensidade de sua saudade pelo mundo dos vivos. O àtúnwá refere-se especificamente à crença de que certos indivíduos renascem várias vezes dentro da mesma linhagem familiar, retornando para concluir tarefas inacabadas ou prosseguir com seus destinos. Há um ditado iorubá que captura eloquentemente essa crença, enfatizando a importância do cuidado e do reconhecimento dos espíritos ancestrais reencarnados: "*Enit'ó bá kú, t'ó bá padà wá, a ní akọ́satọ́*" ("Aquele que morre e retorna terá alguém para cuidar dele").

A concepção zulu sobre a vida após a morte, conforme observado pelo antropólogo Axel-Ivar Berglund, revela uma perspectiva similar: "Para os zulus, a morte não significa o fim da existência, mas uma passagem para outro modo de ser". Essa visão sugere uma continuidade da consciência além da morte física, alinhando-se com as crenças de muitas outras culturas africanas.

Os tlingit, um grupo indígena nativo do sudeste do Alasca e da costa oeste do Canadá, mantêm uma crença tradicional na reencarnação. Eles sustentam que a alma de uma pessoa pode renascer em novo corpo após a morte, um processo conhecido em sua língua como *Yéik* ou *Yakwdihéiyagu*. Essa crença reflete uma compreensão cíclica da existência, na qual a morte é vista como uma transição, não um fim definitivo.

Os winnebago, também conhecidos como ho-chunk, uma nação nativa americana originária da região dos Grandes Lagos, conservam uma cosmologia complexa profundamente influenciada por sua conexão com a terra e os espíritos ancestrais. Sua visão de mundo inclui a crença de que cada pessoa tem quatro almas ou aspectos da alma, cada uma com um destino distinto após a morte. Estas "partes do espírito" desempenham papéis únicos na jornada pós-morte: uma pode reencarnar, geralmente dentro da mesma família ou clã, preservando a linhagem espiritual e cultural; as outras três podem seguir caminhos diversos, como adentrar o mundo dos espíritos, permanecer próxima ao local de sepultamento ou vagar pela Terra.

Os chippewa, de maneira similar aos winnebago, acreditam na existência de múltiplos aspectos da alma, cada um com uma função específica no ciclo de vida e morte. Na cosmologia chippewa, as almas têm a opção de retornar ao mundo físico através da reencarnação ou de permanecer no mundo espiritual, dependendo de sua vontade e necessidades espirituais. A decisão de reencarnar é frequentemente interpretada como uma escolha consciente, motivada pelo desejo de completar tarefas inacabadas, adquirir novos aprendizados ou contribuir para o crescimento e a prosperidade da comunidade. Nesse processo, acredita-se que as almas podem ser guiadas por espíritos ancestrais ou por visões que as auxiliam na tomada desta importante decisão: você vai ou não reencarnar?

A civilização maia desenvolveu uma complexa concepção da alma humana, acreditando que cada indivíduo tem múltiplos componentes espirituais ou almas. Essa visão multifacetada da existência espiritual incluía três elementos principais: *Ch'ulel*, *Way* e *K'inam*. O *Ch'ulel* era considerado uma força vital sagrada que animava o corpo e podia sobreviver à morte física. Essa energia, inerente a todos os seres vivos e objetos, estava intrinsecamente ligada à identidade e à personalidade do indivíduo. O *Way* representava um espírito animal companheiro, uma entidade protetora e guia, cuja conexão com a pessoa era tão profunda que os eventos que afetavam o *Way* tinham impacto direto sobre o indivíduo. Por fim, o *K'inam* era concebido como a "energia solar" ou calor vital de uma pessoa, associado ao Sol e à vitalidade, cuja diminuição estava ligada ao processo de envelhecimento e, evidentemente, à morte.

O antropólogo Robert Redfield, em seus estudos sobre os maias modernos, observou: "A crença em múltiplos componentes da alma permite a possibilidade de parte da essência de uma pessoa poder retornar ao mundo dos vivos, enquanto outras partes seguem para o além". Essa complexa estrutura espiritual sugere que, após a morte, diferentes aspectos da pessoa poderiam seguir caminhos distintos, com alguns potencialmente retornando ao mundo dos vivos. Em uma interpretação contemporânea, poderíamos entender o *Ch'ulel* como a consciência ou o espírito da pessoa, capaz de existir em várias dimensões, tanto espirituais quanto materiais; o *Way* como um espírito animal guardião ou animal de poder; e o *K'inam* como a energia vital ou o duplo energético do corpo físico.

Os inuit, povos originários das regiões árticas da Groenlândia, Canadá e Alasca, preservam uma rica tradição espiritual que inclui crenças profundas sobre a reencarnação. Central nessa cosmologia é o conceito de *Sila*, uma força vital universal que permeia o cosmos e conecta todos os seres. *Sila* não é apenas um conceito abstrato: ela representa o ar, o clima, o cosmos e a consciência que impregna tudo. É a fonte primordial de toda a vida e o fundamento da interconexão entre os mundos físico e espiritual. Na visão inuit, a reencarnação é parte integrante do fluxo natural de *Sila*, em que as almas circulam entre diferentes formas de vida, mantendo o equilíbrio cósmico. A morte, nesse contexto, não é vista como uma ruptura do fluxo de *Sila*, mas como uma transição para outra forma de existência.

O estudioso Jaypeetee Arnakak, inuit, oferece uma elucidação profunda sobre esse conceito: "*Sila* é o que conecta a pessoa à terra, aos animais, ao clima e a tudo mais. É através de *Sila* que entendemos nossa conexão com todas as vidas, passadas e futuras". Essa visão holística ressalta a interconexão fundamental entre todos os aspectos da existência, transcendendo as barreiras do tempo e do espaço.

A análise dessas diversas tradições e crenças sobre a vida após a morte e a reencarnação revela um fascinante mosaico de ideias que permeiam culturas ao redor do mundo e através dos tempos. Desde as práticas funerárias dos neandertais até as sofisticadas cosmologias das grandes civilizações e as ricas tradições dos povos originários, observamos uma constante busca humana por compreender e dar sentido à existência além da morte física. Para a maioria dos xamãs pelo mundo, em suas respectivas etnias, a vida após a morte, a existência do mundo espiritual, os espíritos e a reencarnação não são apenas uma crença: são uma realidade mais palpável que a realidade física.

A SABEDORIA DOS QUATRO ELEMENTOS

Ó, Grande Espírito!

Guia-nos pelos quatro elementos sagrados, pilares da criação e manifestações da Tua presença em cada átomo do universo:

Fogo, acende em nós a chama da transformação, a paixão que impulsiona a ação e a coragem para transmutar desafios em oportunidades. Que a energia do fogo nos inspire a queimar as ilusões e a purificar o espírito, como a fênix que renasce das cinzas, mais forte e resiliente.

Terra, ensina-nos a criar raízes profundas na sabedoria ancestral e a colher com gratidão os frutos do nosso trabalho. Que a firmeza da terra nos dê a estabilidade para enfrentar as tempestades da vida e a humildade para reconhecer a importância de cada ser vivo no ciclo da natureza. Que possamos nutrir o solo com respeito, para que ele nos alimente em abundância.

Água, limpa nossas feridas emocionais e nutre nossos sonhos com a fluidez da intuição. Que a água nos ensine a adaptar-nos às mudanças, a contornar os obstáculos e a seguir o fluxo da vida com serenidade. Que possamos ser como um rio, que purifica tudo o que toca e que deságua no oceano da consciência universal.

Ar, expande nossa consciência além do visível, elevando nossos pensamentos e abrindo nosso coração para a infinitude do cosmos. Que o ar nos inspire a respirar profundamente, a conectar-nos com o sopro divino e a compartilhar nossas ideias com clareza e compaixão. Que possamos ser como o vento, que espalha as sementes da esperança e que renova a atmosfera com sua leveza.

Que honremos esses elementos em nosso ser, reconhecendo que somos parte integrante da natureza e que nossas ações têm impacto em todo o planeta. Que possamos cultivar a harmonia interior, equilibrando as energias do fogo, da terra, da água e do ar em nossa vida.

Que sejamos instrumentos de Tua vontade, ó Grande Espírito, guiados pela intuição e movidos pelo amor.

CHOCALHO, TAMBOR, FLAUTA E PAU-DE-CHUVA

Cada um desses objetos sagrados — chocalho, tambor, flauta e pau-de-chuva — carrega consigo uma história milenar e um propósito único na jornada do xamã, atuando como extensão de sua intenção e foco.

◈ Chocalho

"O chocalho é o despertar dos guardiões invisíveis. Seu ritmo convoca as forças protetoras da natureza!"

Os chocalhos estão entre os instrumentos mais simples e, provavelmente, entre os mais antigos, refletindo a universalidade da necessidade humana de criar som e ritmo. É difícil determinar exatamente quando o primeiro chocalho foi criado: acredita-se que seja tão antigo quanto a própria música, possivelmente remontando há mais de 70.000 anos. Essa estimativa é baseada em achados arqueológicos de objetos que poderiam ter sido usados como chocalhos — cascas de sementes e ossos preenchidos com pedras. O chocalho, conhecido como *mb'aracá* em algumas tradições indígenas brasileiras, é mais do que um simples brinquedo infantil. É um instrumento de poder que:

◈ Facilita a entrada em estados alterados de consciência, através da repetição rítmica que induz ondas cerebrais theta.

◈ Atua como agente de limpeza e purificação energética, removendo bloqueios e estagnações no campo áurico. Imagine-o como uma vassoura sonora, varrendo energias densas.

◈ Libera tensões e dissipa energias negativas, tanto do ambiente quanto do indivíduo, promovendo uma sensação de leveza e bem-estar.

A escolha do *mb'aracá* é um processo recíproco — não é você que o escolhe, ele é que o elege. A sintonia entre o xamã e seu chocalho é essencial, criando uma conexão profunda que amplifica seu poder de cura. Essa conexão pode ser estabelecida através de sonhos, meditações, ou simplesmente sentindo a ressonância do instrumento em suas mãos. A confecção artesanal, muitas vezes utilizando sementes, penas e outros elementos naturais, adiciona uma camada extra de significado e poder ao instrumento.

◈ **Tambor xamânico**

"Ao ritmo do tambor, dançamos nossa cura. Cada toque desperta a medicina adormecida em nossas almas!"

O tambor é considerado um dos instrumentos musicais mais antigos da humanidade, desempenhando papel central em diversas culturas ao longo da história. Evidências arqueológicas sugerem que ele existe há pelo menos 8.000 anos, visto que, nas escavações na Mesopotâmia, foram encontrados pequenos tambores de cerâmica datados de cerca de 6.000 a.C. O tambor é considerado um instrumento xamânico por excelência, representando:

- ◈ O pulsar do coração da Mãe Terra, conectando o xamã com o ritmo fundamental da vida.
- ◈ Um portal para outros mundos e realidades, permitindo viagens astrais e encontros com consciências espirituais.
- ◈ Um facilitador de jornadas espirituais e estados alterados de consciência, através da ressonância profunda que induz estados de transe.

Com um ritmo entre 150 e 200 batidas por minuto, o tambor abre as portas para o mundo espiritual, permitindo o contato com aliados e animais de poder. Esse ritmo específico é conhecido por sincronizar com as ondas cerebrais associadas a estados de relaxamento profundo, meditação e jornada xamânica. A técnica de tocar o tambor também é importante: variações no ritmo e na intensidade podem evocar diferentes energias e intenções.

O tambor ensina a respeitar os ritmos naturais, conectando o xamã às pulsações cósmicas e planetárias. A escolha do couro (animal) e da madeira (árvore) para a confecção do tambor também é significativa, representando a união de forças da natureza.

◈ Flauta xamânica

"O sopro da flauta carrega os sussurros dos ancestrais. Sua sonoridade é uma prece dos espíritos do ar!"

A flauta é outro instrumento extremamente antigo, com evidências surpreendentes que mostram a sofisticação musical dos nossos ancestrais. A flauta mais antiga conhecida tem aproximadamente 43.000 anos e foi descoberta na caverna de Geißenklösterle, na Alemanha. Essa descoberta revolucionou a compreensão da capacidade musical dos humanos do Paleolítico Superior. A flauta xamânica é reverenciada como um ser vivo, dotado de espírito próprio. Suas características incluem:

- ◈ Capacidade de invocar espíritos ancestrais por meio de melodias específicas que ressoam com a sabedoria dos antepassados.
- ◈ Facilitação de processos de cura energética, direcionando o sopro vital para áreas do corpo que necessitam de equilíbrio.
- ◈ Harmonização dos centros energéticos por meio da emissão de frequências sonoras que os desbloqueiam.

Confeccionada com materiais naturais, tais como madeiras nobres (cedro, pinho), ossos ou bambu, cada flauta tem uma vibração única que ressoa com a alma do xamã. A escolha do material influencia o timbre e a ressonância da flauta, tornando cada instrumento único. A arte de construir uma flauta xamânica é, por si só, um ato de meditação e conexão espiritual.

A prática regular com a flauta fortalece o vínculo entre o xamã e o instrumento, aprimorando a capacidade de canalizar energias sutis e promover a cura. A improvisação musical, guiada pela intuição, é uma forma poderosa de se conectar com o espírito da flauta e receber mensagens do mundo espiritual. A flauta também pode ser utilizada para conduzir meditações, jornadas xamânicas e cerimônias de cura.

◈ Pau-de-chuva

"No pau-de-chuva ouvimos o canto das águas espirituais. Seu fluxo é um portal para as energias de limpeza, gratidão e abundância!"

O pau-de-chuva tem uma história mais recente em comparação com os demais instrumentos citados, mas ainda assim rica em significado cultural. Acredita-se que o pau-de-chuva tenha se originado entre os povos indígenas do deserto do Atacama, no Chile, há cerca de 1.500 a 2.000 anos. Evidências arqueológicas e relatos históricos confirmam o uso do pau-de-chuva em rituais e cerimônias dessas culturas. O pau-de-chuva simboliza o movimento das águas e é utilizado para:

- ◈ Processos de limpeza energética, dissolvendo energias estagnadas e promovendo a fluidez.
- ◈ Renovação emocional e energética, auxiliando na liberação de traumas e emoções reprimidas.
- ◈ Invocação das águas celestiais em rituais de chuva, conectando o xamã com as forças da natureza.

Esse instrumento nos lembra da natureza transitória da vida e da importância de fluir com as mudanças. O som suave e contínuo do pau-de-chuva acalma a mente e induz ao estado de relaxamento profundo. A observação do movimento das pequenas pedras ou sementes dentro do instrumento pode ser uma forma de meditação, simbolizando a impermanência e a beleza do fluxo da vida.

Cada um desses instrumentos sagrados carrega consigo uma vibração única, uma ponte entre o mundo físico e o espiritual. Ao honrá-los e utilizá-los com respeito e intenção, o xamã torna-se um condutor de energias curativas. A escolha do instrumento, a forma de tocá-lo e a intenção por trás do som são elementos cruciais para o sucesso de qualquer prática xamânica.

Que o som desses instrumentos sagrados continue a ecoar através dos tempos, lembrando-nos de nossa conexão profunda com a Mãe Terra, o Pai Céu e todas as nossas relações.

GUARDIÕES DA PALAVRA

Nas noites de lua cheia, quando o véu entre os mundos se tornava menos espesso, os Guardiões da Palavra se reuniam ao redor do fogo sagrado. Ali, suas vozes se uniam à dança das chamas, criando uma teia mágica que envolvia a todos. Nesse espaço sagrado, as histórias ganhavam vida, curando feridas invisíveis, iluminando caminhos obscuros e celebrando os mistérios da existência.

Os anciões, guardiões da sabedoria ancestral, reconheciam nos Guardiões da Palavra o poder de manter viva a chama da tradição ou de soprar os ventos da mudança. Estes sábios ensinam que nossas palavras são como sementes plantadas no jardim do universo. Cada pensamento expresso verbalmente é uma intenção lançada no campo energético que nos rodeia. Assim como o xamã cuida meticulosamente das plantas sagradas, devemos cultivar nossas palavras com igual atenção e respeito.

Os Guardiões da Palavra compreendem que a linguagem é uma ponte entre o mundo físico e o espiritual, capaz de moldar a realidade. Assim como o xamã usa cantos e invocações para se comunicar com os espíritos, cada palavra que proferimos tem o potencial de criar ou destruir, curar ou ferir.

As histórias contadas pelos Guardiões eram como rios de muitos afluentes. Algumas nasciam de visões obtidas em jornadas xamânicas; outras eram sonhos enviados pelos espíritos. Cada história era um ser vivo, mutável, que se revelava de maneira única para cada ouvinte. Como a Lua que muda de fase, as histórias se transformavam a cada vez que eram contadas, revelando novas camadas de significado.

Os Guardiões da Palavra eram pontes vivas entre o passado e o presente, e às vezes se esticavam até o futuro. Seus ensinamentos ressoam através do tempo. No Conselho dos Anciões, ocupavam lugar de honra. Seu dom era falar ao coração de cada um, pois sabiam que a verdade, com frequência, precisa ser envolta em histórias para ser recebida.

O silêncio é tão valorizado quanto a fala. Ele permite que escutemos a voz da natureza, dos ancestrais e dos espíritos-guia. Quando falamos, devemos fazê-lo com a mesma reverência com que um xamã entoa seus cantos sagrados. Cada palavra deve ser escolhida com cuidado, imbuída de intenção positiva e alinhada com o bem maior.

Na jornada xamânica da vida, somos convidados a nos tornar Guardiões da Palavra, usando-a com sabedoria e compaixão. Devemos falar como o vento que sussurra através das árvores, com suavidade e propósito; ou como o trovão que anuncia a chuva, com poder e intenção clara. Cada palavra é uma oportunidade de honrar a vida.

Nossas palavras cotidianas têm o poder de abrir ou fechar portas em nossa vida. Afirmações positivas, bênçãos e expressões de gratidão são como medicina para a alma, capazes de elevar nossa vibração e atrair energias benéficas, espíritos aliados.

Ao abraçarmos esse entendimento xamânico do poder da palavra, nos tornamos guardiões da linguagem sagrada. Aprendemos a curar com nossas palavras, a inspirar com nossos discursos e a transformar com nossas histórias. Assim, cada conversa se torna um ritual; cada diálogo, uma dança sagrada; e cada palavra proferida, uma oração ao Grande Espírito que permeia todas as coisas.

MUITOS POVOS E MÚLTIPLAS SABEDORIAS: POR TODAS AS NOSSAS RELAÇÕES!

Na cosmovisão lakota, a expressão *Mitakuye Oyasin* ressoa como um mantra sagrado, ecoando através das pradarias e montanhas, carregando consigo a essência profunda de uma visão de mundo que transcende a mera existência física. Significa "Por todas as minhas relações", "Todos estão relacionados" ou "Somos todos parentes". Todavia, vai muito além de uma simples tradução linguística: é um portal para uma realidade em que cada respiração, cada passo, cada pensamento está entrelaçado com "Tudo o que há".

Mitakuye Oyasin não é apenas uma saudação casual, mas uma invocação poderosa usada em orações e cerimônias. Ao proferir essas palavras, o lakota está reconhecendo suas relações humanas e honrando todas as conexões com a Teia da Vida. É um chamado que atravessa o tempo e o espaço, alcançando aqueles que vieram antes, aqueles que estão por vir e todos os seres que compartilham o presente momento.

Nessa perspectiva sagrada, as formas da natureza não são meros objetos inanimados, mas manifestações vivas do Grande Espírito, do Todo que está em tudo, do Grande Mistério que permeia toda a existência.

Nessa visão, tudo tem uma energia vital, uma força, um espírito. A sacralidade não é reservada a templos ou aos livros sagrados, mas permeia cada aspecto da existência. O ato de colher um vegetal para alimentar-se ou para uso medicinal torna-se uma comunhão sagrada. A caça não é mera busca por sustento, mas um ritual de gratidão e respeito pelo sacrifício do animal que oferece sua vida para nutrir a tribo.

As cerimônias lakota, como a Dança do Sol, são manifestações vivas desse entendimento cósmico. Nos rituais sagrados, os participantes dançam ou jejuam por si mesmos ou por sua comunidade imediata e oferecem seu sacrifício em nome de toda a criação. Cada gota de suor, cada passo na dança, cada prece silenciosa é uma oferenda ao Grande Espírito e uma afirmação da interconexão de todas as coisas.

Quando fazemos ou deixamos de fazer algo, não é apenas por nós mesmos, mas por todas as nossas relações — passadas, presentes e futuras. Em um mundo cada vez mais fragmentado e desconectado, a sabedoria de *Mitakuye Oyasin* oferece um caminho de reconexão e cura. Chama-nos a honrar nossos amparadores, espíritos guardiões e toda a Mãe Natureza. Convida-nos a reconhecer o sagrado em cada encontro, cada desafio, cada lição que a vida nos apresenta.

Que possamos carregar essa sabedoria em nosso coração, permitindo que ela guie nossas ações e pensamentos. Que cada vez que nos encontrarmos com esse ensinamento, possamos renovar nosso compromisso com todas as nossas relações, honrando a teia sagrada da vida da qual somos parte inseparável. *Mitakuye Oyasin!*

DESPERTAR DO GUERREIRO DA LUZ

Guerreiro da Luz, ouça! Todo começo é um desafio, um perigo iminente que revela a têmpera do seu espírito e a solidez da sua esperança. É preciso romper a casca que o aprisiona, honrar verdadeiramente a sua vida e provar para si mesmo o seu valor!

Aqueles que se recusam a emergir, a enfrentar o desconhecido, estão condenados à estagnação, perdendo a chance de crescer, evoluir e cumprir seu propósito.

Não há tempo para hesitação ou dúvidas paralisantes. Desperte agora! Abandone a inércia e abrace a jornada!

O chamado do Grande Espírito ecoa em nossas almas como um farol em meio à escuridão, guiando-nos para a verdade. Não vacile em seu serviço espiritual.

Cada pensamento é uma vibração poderosa, cada ação é uma força transformadora capaz de moldar a realidade ao seu redor. Escute com o coração aberto e a mente alerta! Esteja receptivo à sabedoria ancestral, ela é morada em você, já é!

Reconheça suas limitações, suas fraquezas e seus medos, mas não se renda a eles, nem permita que eles o definam. Ao enfrentá-los, ao encarar seus demônios internos, descobrirá forças ocultas dentro de si, capacidades que nem imaginava ter, talentos adormecidos esperando para serem despertados.

O maior inimigo está dentro de você, na forma de dúvidas, inseguranças e crenças limitantes. Enfrente-se! Mergulhe em seu interior, explore seus recantos mais obscuros e acenda a fogueira do discernimento. Só assim conseguirá compartilhar a sua medicina.

Saiba que o verdadeiro guerreiro é aquele que conquista a si mesmo, que domina seus impulsos e emoções. Quando decidir autoconfrontar-se, iniciará a metamorfose: da larva, rastejante e limitada, surgirá a majestosa borboleta, livre para voar e alcançar novos horizontes. Trabalhe incansavelmente! Cultive a disciplina e a perseverança.

A autossuperação exige esforço constante e propósito inabalável. Viva os embates internos entre luz e sombra como um treinamento, buscando o equilíbrio das forças opostas. Enfrente seus demônios para alcançar a paz interior. Mais uma vez, seja observador atento de seus pensamentos e sentimentos.

Guerreiro da Luz, você é livre para escolher seu destino. A vida é uma série de escolhas corajosas, um convite constante para desbravar pradarias, cânions e montanhas, e abraçar o desconhecido. O crescimento espiritual é a ponte para o autoconhecimento, o caminho para a iluminação.

Saiba que mesmo na matéria, imerso na realidade física, você é um ser espiritual, centelha divina manifestada em forma humana. Aprenda a dançar com as mudanças, a fluir com a correnteza da vida. Liberte-se das amarras do passado e abrace o potencial ilimitado do futuro. Cresça sem medo! Confie no processo.

Guerreiro da Luz, você é o arco, a ferramenta que canaliza a energia do Grande Espírito. Suas atitudes são flechas vivas de transformação, projetadas para alcançar seus objetivos e impactar positivamente o mundo.

Seja o instrumento do Grande Espírito! Permita que Ele guie seus passos e ilumine seu caminho. Ele é o alvo supremo, a meta a ser alcançada, a flecha em voo, o arco das infinitas possibilidades, a visão que guia seus olhos e a clareza que orienta suas escolhas. Aja com precisão!

Guerreiro da Luz, desperte agora! Abandone a inércia e abrace a jornada!

MONTANHAS SAGRADAS

As montanhas, em sua majestade imponente e silenciosa, têm sido fonte de reverência e espiritualidade para diversas culturas ao redor do mundo desde tempos imemoriais. Essas gigantes de pedra que se erguem em direção aos céus ocupam um lugar central nas cosmologias, mitologias e práticas rituais de inúmeros povos.

Em muitas culturas são consideradas os pilares que sustentam o céu, os tronos de deidades poderosas ou os locais de criação e origem da vida. A ascensão até essas montanhas, seja física ou metafórica, é frequentemente vista como uma jornada de transformação espiritual, um caminho de purificação e iluminação que eleva o indivíduo além das preocupações mundanas, em direção a uma compreensão mais profunda do universo e de seu lugar no mundo.

Para os povos andinos quéchua e aymara, as montanhas (Apus) são entidades vivas e poderosas, filhas de Pacha Mama. Elas são veneradas como guardiãs e protetoras, fontes de sabedoria e energia vital. Rituais como o Pago a la Tierra e oferendas às Apus, conhecidas como "despachos", são fundamentais para manter o equilíbrio cósmico e obter bênçãos à comunidade.

Para os yanomami da Amazônia, as montanhas são habitadas por espíritos da floresta e dos ancestrais. A montanha Pico da Neblina (Yaripo) é particularmente sagrada, vista como o local onde o mundo foi criado e residem os espíritos. Eles realizam o ritual Reahu para honrar os espíritos das montanhas.

Na tradição bön, do Tibete, as montanhas são moradas de deidades e espíritos. O Monte Kailash é considerado o centro do universo físico e espiritual. Peregrinações e circum-ambulações (*kora*) em torno dessas montanhas sagradas são práticas essenciais para purificação e iluminação espiritual. Essa prática é chamada em sânscrito de *Giri Pradakshina*, significando o ato de caminhar ao redor de qualquer lugar sagrado na direção horária, com o lado direito da pessoa voltado para o objeto da adoração.

Para os lakota, dakota e nakota (sioux), as Black Hills (Paha Sapa) são o centro sagrado do mundo, local de origem e retorno espiritual. Essas montanhas são fundamentais para cerimônias, incluindo a Busca de Visão (Hanblecheyapi), e são vistas como guardiãs do conhecimento ancestral.

Para os cheyenne, montanhas como Bear Butte (Noahvose) são locais sagrados de revelação e busca de visão. Elas são vistas como pontos de conexão com o Grande Espírito (Maheo), fundamentais para rituais de iniciação e cura, como o Rito da Renovação da Vida.

O Monte Sinai (Jebel Musa) tem profunda importância para as religiões abraâmicas. É reverenciado como o local onde Moisés recebeu os Dez Mandamentos, simbolizando a comunicação direta entre o divino e o humano. Peregrinações anuais ainda ocorrem nesse local sagrado.

Para os kanaka maoli (nativos havaianos), montanhas vulcânicas como Mauna Kea (Mauna a Wākea) são pontos de conexão entre o céu e a terra. Elas são vistas como ancestrais divinos e locais de poder espiritual fundamentais à prática de rituais como o Hō'ike e à preservação da cultura nativa havaiana.

Os povos aborígenes australianos, por exemplo os anangu, veem formações rochosas como Uluru não apenas como marcos geográficos, mas como manifestações físicas do Tempo do Sonho (Tjukurpa). Essas montanhas sagradas são repositório de leis ancestrais, histórias de criação e conhecimentos espirituais, celebradas em cerimônias como o Inma.

Os hopi consideram o San Francisco Peaks (Nuva'tukya'ovi) uma das montanhas guardiãs de suas terras sagradas. Essas montanhas, vistas como morada de Kachinas (espíritos), são cruciais para suas crenças no que diz respeito ao equilíbrio do mundo, celebradas em cerimônias como o Soyal.

Os ute reverenciam montanhas rochosas como o Pico Blanca (Sisnaajiní), considerando-as locais sagrados para cerimônias e busca de visão. O ritual Bear Dance (Mamaqnikati) é frequentemente realizado próximo a essas montanhas sagradas para celebrar a renovação da primavera e da conexão espiritual.

A veneração das montanhas sagradas transcende fronteiras geográficas e culturais, unindo povos distintos em uma compreensão compartilhada da sacralidade da natureza. Essas tradições — algumas milenares, outras adaptadas aos tempos modernos — demonstram a profunda conexão espiritual que muitas culturas mantêm com a paisagem que as rodeia.

Mesmo que a visita *in loco* a essas montanhas não seja possível, podemos nos inspirar nessas tradições milenares para nossa própria jornada espiritual. A "montanha interna" é uma metáfora poderosa, presente em inúmeras práticas espirituais. Por meio de meditação, visualização ou práticas contemplativas, podemos estabelecer uma conexão energética e espiritual com essas montanhas sagradas e as tradições que elas representam. Tal processo de interiorização e elevação espiritual pode nos proporcionar *insights* profundos, renovação pessoal e uma compreensão mais ampla de nossa conexão com o cosmos, ecoando as jornadas físicas e metafísicas realizadas pelos povos ao redor do mundo há milênios em suas montanhas sagradas.

MENSAGEM DOS VENTOS

O xamã ancião está em pé, seu corpo balança suavemente ao ritmo dos Quatro Ventos, como uma árvore frondosa sob o influxo da brisa constante. Seus olhos, repletos de sabedoria ancestral acumulada ao longo de muitas luas, fitam o horizonte com uma profundidade que transcende a visão física. Sua voz ressoa em um canto sagrado, entoado em uma língua ancestral quase esquecida, cada sílaba carregada de intenção e poder.

Seu canto parece melancólico para ouvidos desatentos, evocando a transitoriedade da vida e a inevitabilidade da mudança, mas não há tristeza em seu coração. Há somente gratidão profunda, uma aceitação serena, pois em sua alma brilha o entendimento das leis invisíveis que governam o universo.

O Vento Leste lhe sussurra o despertar de novas almas, a chegada de crianças com a pureza do amanhecer e o nascer de ideias luminosas, projetos inovadores que prometem transformar o mundo. Ele ouve o chamado para inspirar e guiar esses novos começos. A Águia, majestosa, plana sobre sua cabeça; suas asas cortam o ar com precisão, lembrando-o da visão clara que vem das alturas, da importância de manter a perspectiva e de enxergar o panorama completo, muito acima das distrações do cotidiano.

O Vento Sul acaricia seu rosto enrugado, trazendo o calor do crescimento, a energia vital que impulsiona a evolução e ativa o espírito da cura, a capacidade de restaurar o equilíbrio e a harmonia. Ele sente o chamado para ser um curador, um canal de energia vital para aqueles que sofrem. O Coiote ri ao longe; sua risada que ecoa pela floresta ensina-lhe a leveza necessária para fluir com a vida, a importância de não se levar tão a sério e de encontrar humor mesmo nas situações mais desafiadoras.

O Vento Oeste abraça seu corpo cansado, convidando-o à introspecção, ao mergulho nas profundezas do ser e à transformação, à metamorfose constante que permite o crescimento e a renovação. Ele se prepara para enfrentar suas sombras, integrar seus aspectos reprimidos e renascer como um ser mais completo. O Urso emerge da caverna de sua alma; sua presença imponente enche-o de força e coragem, mostrando-lhe a força que nasce do silêncio, da quietude interior que permite acessar a sabedoria ancestral.

O Vento Norte sopra em seus cabelos grisalhos, purificando seus pensamentos com a antiga sabedoria, dissipando as ilusões e revelando a verdade essencial. Ele busca a clareza mental, a capacidade de discernir o certo do errado e de tomar decisões sábias. O Búfalo Branco pasta nos campos de sua mente; sua presença pacífica irradia serenidade, recordando-o da sacralidade de toda a existência, da importância de honrar a vida em todas as suas formas.

A Mãe Terra lhe diz que acolherá ternamente todos os seus filhos no ventre, oferecendo sustento e proteção, guiando-os de volta ao lar quando o ciclo se completar. As árvores, com suas raízes profundas e seus galhos que alcançam o céu; a água, fluindo incessantemente por rios e oceanos; o fogo, transformando e purificando; e os pássaros, cantando a liberdade e a alegria — todos vêm lhe falar da eternidade dos ciclos, da natureza cíclica da vida, da morte e do renascimento.

E os espíritos, amigos ancestrais, sussurram em seus ouvidos. Compartilhando segredos e ensinamentos, dizem-lhe que todos os seres são livres em essência, que a liberdade é um direito inalienável, uma dádiva divina que deve ser protegida e celebrada. E o xamã ancião canta, canta e canta... pois ele sabe que "Todos os Ventos são Um!", que todas as direções, todas as energias, todas as forças da natureza estão interconectadas. Que todos sintam esse espírito e dancem com os Ventos também!

O xamã ancião gira e dança com os Quatro Ventos. Seu corpo é o eixo do mundo, o ponto de equilíbrio entre as forças da natureza. Ele é o Leste, o Sul, o Oeste e o Norte, todos unidos em um só ser, Maheo.

Seu canto se eleva, ecoando pelos vales e montanhas, alcançando os corações de todos aqueles que estão dispostos a ouvir. É um canto de união, de harmonia, de equilíbrio entre todas as forças.

Assim, o xamã ancião celebra a Roda da Vida, o eterno ciclo de nascimento, crescimento, colheita e repouso, a dança cósmica do Grande Mistério.

Que todos ouçam o canto do xamã ancião, que ele ressoe em seu coração como uma antiga lembrança.

Que todos sintam a dança dos Quatro Ventos em seu corpo, a energia vital que flui através de cada célula.

Que todos caminhem com beleza sobre a Mãe Terra, honrando cada direção, cada elemento, cada ser.

E o xamã ancião canta, canta e canta... para que nunca nos esqueçamos de quem somos!

MAINÓ-Í: NAS ASAS DO COLIBRI

Ñamandú, Pai-Primeiro, Grande Espírito,
Que o voo sagrado de Mainó-í nos guie
Entre o Céu, a Terra e o Mundo Subterrâneo.
Que suas asas nos ensinem o equilíbrio essencial
Entre nossa essência divina e nossa natureza terrena,
Para vivermos nosso verdadeiro modo de ser.
Que seu coração vibrante nos inspire,
Que nos inspire a buscar o bem-viver, a vida plena
Em harmonia com a Terra Sagrada.
Que sua dança delicada nos conecte
Com Terra, Água, Ar e Fogo,
Para sentirmos a plenitude da vida.
Colibri, mensageiro divino,
Traz-nos a sabedoria ancestral,
Para honrarmos nossos antepassados da terra e do espaço.
Que teu néctar sagrado
Desperte em nós a fé,
Para cuidarmos de toda a criação.
Gratidão, pequeno colibri!
Gratidão, Vida Sagrada!

Aprendi na tradição tupi-guarani que o colibri, carinhosamente chamado de Mainó-í, transcende sua mera existência física para se consagrar como um símbolo profundo e multifacetado de conexão espiritual. Esse pequenino ser alado é mais que um pássaro: é um mensageiro entre o mundo tangível e o reino invisível dos espíritos.

O colibri carrega o *nhandereko*, nosso jeito de ser, buscando equilíbrio (*pytyvõ*) e harmonia (*joaju*). O *nhandereko* é como um rio caudaloso que nos nutre com sabedoria ancestral, um legado transmitido através de gerações, guiando-nos pelo bem-viver (*teko porã*), pelo respeito à Mãe Terra (*ereco katu*) e pela honra aos ancestrais (*aguyjevete*). O *teko porã*, por exemplo, não é apenas viver bem, mas viver em harmonia com a natureza e a comunidade, contribuindo para o bem-estar de todos.

Os sábios falam de três mundos: Yvága (Alto), morada de Ñamandú, o Ser Supremo, e de espíritos guardiões que velam por nós; Yvy (Meio), nossa Terra, o palco de nossa jornada terrena; e Yvyguy (Baixo), o alicerce invisível do universo, o mundo das raízes e das energias primordiais. Mainó-í, em sua dança aérea, mostra como se mover entre esses mundos, buscando sabedoria (*arandu*) e cura (*mongarai*). Ele nos ensina que a conexão entre esses mundos é constante e que nossas ações em Yvy reverberam nos outros reinos.

O coração é o ninho do colibri, o doce território de Tupã, onde Ñanderuvuçu (essência divina, a centelha de divindade que reside em cada um de nós) e Ñanderykeÿ (natureza terrena, nossa conexão com o mundo material) se encontram. Devemos equilibrar (*mbojoja*) nossas partes divina e humana como o colibri no ar equilibra suas asas para voar. *Mbojoja* significa encontrar o ponto de equilíbrio entre nossas necessidades materiais e espirituais, entre o individual e o coletivo.

Mainó-í ensina os quatro caminhos de percepção, os sentidos que nos conectam ao mundo: Terra (sentir), a percepção através do corpo e da natureza; Água (emocionar), a capacidade de sentir e expressar nossas emoções; Ar (pensar), o poder da mente e da razão; e Fogo (intuir), a chama da intuição e da sabedoria interior. Que possamos usar todos os caminhos e direções para encontrar a doçura da vida, tal como o colibri busca o néctar nas flores. Cada um desses caminhos é essencial para uma compreensão completa da realidade e para a busca do *teko porã*.

Na tradição tupi-guarani todas as práticas são sagradas: os cantos (*purahéi*), que elevam o espírito e conectam com o divino; as danças (*jeroky*), que celebram a vida e a natureza; e as histórias (*mombe'u*), que transmitem a sabedoria ancestral de geração em geração — todas são como o voo do colibri rumo à iluminação (*tesape*).

Elas nos inspiram a observar a natureza, buscando seus sinais e ensinamentos; a purificar corpo e mente através de rituais e práticas de autocuidado; a cantar vogais sagradas que vibram em harmonia com o universo; e a praticar a respiração consciente (*aramboty*) que nos conecta com o sopro da vida. O *aramboty*, por exemplo, é uma prática que envolve a respiração profunda e ritmada para acalmar a mente e fortalecer o espírito.

Para as crianças, Mainó-í é mestre de coragem e beleza, ensinando nossa singularidade e interconexão com todos os seres. Suas asas lembram que devemos cuidar da Yvy Marae'ỹ (Mãe Terra), nossa terra sagrada, com amor e respeito, pois ela é a fonte de toda a vida. Yvy Marae'ỹ não é apenas o solo que pisamos, mas um ser vivo que merece nosso cuidado e proteção.

Mainó-í é guia espiritual, símbolo de esperança (*jerovia*) e cura (*pytyvõ*), lembrando nossa profunda conexão com a natureza e o divino. Que suas asas toquem seu coração, guiando-o pelo *nhandereko*. Que sua dança inspire seu espírito a voar alto, buscando o néctar sagrado da vida, a essência da alegria e da plenitude. *Aguyjevete!*

RETORNO AO LAR

Querido espírito errante, ouça o sussurro gentil do Vento que chama seu nome. É hora de voltar para casa, para o abrigo amoroso do seu verdadeiro ser. Sinta a brisa suave carregando as mensagens dos ancestrais, guiando seus passos de volta ao caminho — o caminho da sua alma.

Sinta o calor do Xale Sagrado envolvendo seus ombros como um abraço da Mãe Terra. Esse não é apenas um tecido, mas um portal para seu coração, um lembrete da sua conexão preciosa com o Grande Espírito e com toda a criação. Imagine as fibras do xale entrelaçadas com a energia vital de cada planta, animal, pedra e estrela, pulsando em uníssono com o seu próprio ser.

Deixe que seu coração seja a bússola nessa jornada de retorno. O lar que você busca não é um lugar distante, mas um espaço sagrado dentro de você, onde a sabedoria ancestral e o amor incondicional residem.

Neste momento mágico, você é convidado a despertar para a verdade luminosa sobre quem realmente é. Você é uma alma antiga em uma nova jornada, um guardião da Terra, um farol de esperança. Lembre-se de seus dons únicos e talentos inatos, ferramentas que você carrega para iluminar os seus passos e, consequentemente, o seu caminho.

Bem-vindo ao lar, amado Filho da Terra. O círculo sagrado está completo com sua presença. Você sempre pertenceu a este lugar. Sinta a alegria e a gratidão preenchendo seu coração, sabendo que você é amado, apoiado e valorizado em sua jornada. Que a luz do seu coração — seus olhos, presença e atitude — brilhe intensamente, guiando outros de volta para casa também. *Aho!*

PARTE III

DEVAS, ELEMENTAIS OU ESPÍRITOS DA NATUREZA

Wagner Borges &
Samuel Souza de Paula

O estudo dos devas, elementais ou espíritos da natureza é um campo fascinante, embora ainda pouco explorado. As informações sobre esses seres encontram-se em textos antigos e interpretações modernas, muitas vezes dispersos e envoltos em mistério. No entanto, é crucial reconhecer que o conhecimento sobre devas e seres similares transcende fronteiras culturais, manifestando-se em diversas tradições com diferentes nomes, símbolos e representações. Essa universalidade sugere uma conexão profunda e intrínseca com os reinos sutis da existência, que perpassa a experiência humana em todas as épocas e lugares.

Você já se perguntou por que tantas culturas, separadas por vastos oceanos e montanhas, compartilham crenças semelhantes sobre seres espirituais da natureza?

A tradição hinduísta é a fonte mais prolífica sobre os devas, com informações ricamente detalhadas em textos védicos, purânicos e escrituras posteriores. Os *Vedas*, em particular, contêm hinos e invocações a diversos devas, cada um dotado de atributos e responsabilidades específicas que moldam o Lila divino, o tecido do cosmos.

Agora, vamos conhecer desde os devas mais elevados até os elementais mais próximos da Terra, propondo uma hierarquia reflexiva que espelha a complexidade do universo. Ao longo do caminho, nosso mestre e amigo Wagner Borges irá compartilhar suas experiências espirituais com esses seres, oferecendo um vislumbre tangível desses encontros etéreos.

QUAL É A ORIGEM DA PALAVRA "DEVA" E O SEU SIGNIFICADO?

"Deva" significa, literalmente, "seres de luz" ou "celestiais". O termo deriva da raiz sânscrita *div*, que significa "brilhar" ou "resplandecer", indicando uma ligação intrínseca com a luminosidade e a divindade. A ideia central é que esses seres são manifestações de energia luminosa, atuando como intermediários entre o divino e o mundo material. Em sânscrito, *Deva* (masculino) — ou *Devi* (feminino) — significa "Ser Celestial", "Ser Divino" ou "Aquele que Brilha". Não são espíritos desencarnados nem extraterrestres.

Devas podem ser arquétipos representando aspectos da consciência humana e do universo. No hinduísmo, são seres divinos ou semidivinos associados à natureza, às forças cósmicas ou às qualidades espirituais, governando diferentes domínios. São seres de luz com poderes sobrenaturais (*Siddhis*) que habitam planos superiores (*Lokas*), influenciando o mundo de forma benéfica.

Na Antiguidade, falava-se dos devas da música — que inspiravam os Gandharvas —, e dos devas que atuavam em templos de cura. Na Índia, cada montanha sagrada teria um deva, como o Monte Kailash e o Arunachala, associados a Shiva. Um dos epítetos de Shiva é Mahadeva, que significa "Grande Divindade", "Grande Ser Celestial" ou "Grande Deus". O conceito de deva evoluiu, adquirindo diferentes interpretações nas escolas de pensamento como o Vedanta, o Yoga e o Tantra. No Vedanta, os devas são vistos como manifestações de Brahman, a realidade última. No Yoga, a invocação de devas pode auxiliar na concentração e no desenvolvimento espiritual. No Tantra, os devas e devatas são frequentemente associados a energias específicas e aspectos da consciência, utilizados em práticas rituais para alcançar estados superiores de percepção.

Alguns veem os devas como aspectos de Brahman que se manifestam para interagir com o mundo, enquanto outros os consideram entidades individuais com papéis distintos no cosmos.

Imagine os devas como facetas de um prisma cósmico, cada um refletindo um aspecto único da luz divina. Como essa visão transforma sua compreensão do universo e de seu lugar nele?

A expressão "jardineiros do universo" é interessante, indicando que cuidam da criação sob a regência do Criador, atuando invisivelmente. Acredita-se que estejam em uma evolução paralela, ajudando outras humanidades. Os devas trabalham com diversas formas de vida, evoluindo silenciosamente. A questão é: os devas também evoluem?

Tudo na natureza evolui. Nenhum ser permanece estático, uma vez que a natureza do universo é movimento e energia. Há uma hierarquia dévica, com devas mais avançados e outros mais próximos da natureza, conectados à vegetação, ao mar, ao Sol, ao plano astral ou mental. Esses seres não reencarnam da mesma forma que nós, pois operam em um nível de existência distinto. Enquanto os humanos estão sujeitos ao ciclo de *samsara* (nascimento, morte e renascimento), os devas existem em dimensões superiores, com um ciclo evolutivo diferente, focado mais na manutenção da ordem cósmica e no auxílio à evolução de outros seres. Existem duas hipóteses: uma é que estão em evolução paralela e nos ajudam; outra é que são humanos que evoluíram e se tornaram devas. No estágio atual da nossa evolução espiritual e compreensão, não podemos saber a natureza exata de sua existência. A percepção dos devas requer um nível de consciência expandido, que transcende a percepção sensorial comum. Métodos como meditação profunda e práticas espirituais avançadas podem, teoricamente, facilitar essa percepção. Em experiências fora do corpo, clarividência ou mediunidade, esses seres geralmente assumem a forma de um mentor humanoide para não nos assustar. Raramente, quando a pessoa tem maturidade e conhecimento, aparecem em sua verdadeira forma.

Essa hierarquia complexa e as manifestações dos devas nos levam a refletir sobre nossa natureza e potencial espiritual. Como seria uma experiência direta com esses seres de luz? Segue uma experiência real que proporciona uma visão fascinante desses encontros, ilustrando como a interação com devas pode ocorrer em momentos de profunda conexão espiritual ou em estados alterados de consciência. Essa experiência servirá como exemplo concreto das sutilezas da comunicação entre diferentes planos de existência.

Imagine ser levado para fora do corpo, a um plano de pura luz e amor, percebendo-se como uma esfera de luz. Você pode pensar: “Eu sou uma entidade universal, parte de Deus!” Seu corpo dorme na Terra enquanto você expande a consciência, sentindo um amor profundo. O corpo, temporariamente abandonado, segue os ciclos do sono. Em breve, você será puxado de volta, sentindo como se caísse do paraíso para a matéria. Você retorna, abre os olhos e se sente renovado, com uma sensação de paz e clareza que transcende o ordinário. Essa experiência pode despertar uma nova compreensão sobre a interconexão de todas as coisas e a presença do divino em cada aspecto da existência. Essa energia captada permanece com você no dia seguinte, no banco, no mercado ou no trabalho. Mesmo sem se lembrar da experiência, você sente a energia. Mentores aproveitam esse estado elevado para espalhar a energia de sua aura, auxiliando pessoas infelizes ou deprimidas. Sem saber, você se torna um instrumento de amor que irradia assistência invisível. Muitas vezes, isso ocorre por intermédio dos devas, levando você a um plano dévico que transforma seu dia. Parece haver algo em você que precisa irradiar. É como se você se tornasse um amparador encarnado, embora não seja sempre assim, pois temos altos e baixos. Uma experiência dessas marca profundamente.

Essa descrição vívida de uma experiência extracorpórea e seus efeitos duradouros leva-nos a refletir sobre o poder transformador desses encontros. Como essas experiências se relacionam com as tradições espirituais antigas? Para uma perspectiva mais ampla, voltemos nosso olhar a uma das fontes mais antigas de sabedoria espiritual.

No *Rig Veda*, o mais antigo dos *Vedas*, há hinos (*Suktas*) dedicados aos devas, tais como: *Indra, Agni, Varuna* e *Surya*. O *Nasadiya Sukta* (Hino da Criação) questiona a origem dos devas e do universo:

> "Quem realmente sabe?
> Quem pode declarar de onde nasceu esta criação?
> Os devas vieram depois da criação deste mundo.
> Então, quem sabe de onde surgiu?"

Esses versos expressam ceticismo sobre a origem da criação, subvertendo a ideia de que os devas são os criadores. Isso pressupõe que a origem de tudo é anterior e independente dos deuses, provocando reflexão.

Nos *Upanishads*, textos filosóficos do *Vedanta* que focam a natureza de Brahman e a relação entre Brahman e Atman, enfatiza-se que os devas são manifestações de Brahman.

O *Brihadaranyaka Upanishad* menciona: "No princípio, este universo era Brahman, uno e infinito; infinito no Leste, infinito no Sul, infinito no Oeste, infinito no Norte, e acima e abaixo, infinito em todas as direções. Ou seja, não há Leste nem Oeste, não há Norte nem Sul, não há acima nem abaixo. O Ser Supremo é imperceptível, transcendente, não nascido, imperecível, sem forma, sem qualidades. Ele é o Criador dos devas e é superior aos devas. Ele é Hiranyagarbha, o primeiro corpo. Ele é Satyam (verdade), Prana (energia vital) e Purusha (Ser Cósmico)".

Entendemos que Brahman é a realidade última, criador e transcendente aos devas. Hiranyagarbha, o "embrião dourado" ou "útero cósmico", indica a primeira manifestação de Brahman, a Fonte de Tudo o que Há.

No *Bhagavad Gita*, em relação à adoração aos devas, Krishna diz: "Eu estou no coração de todos. De acordo com o desejo de adorar um deva, Eu fortaleço a fé nesse deva".

Krishna explica que Ele, na forma de Paramatma (a Superalma), reside no coração de todos os seres, incluindo os devas. Essa presença divina interna serve como um elo entre todas as formas de vida e a fonte primordial da criação. Por isso Ele fortalece a fé (*shraddha*) em um deva específico. Isso não significa que Ele aprova essa adoração como a mais elevada, mas, em respeito ao livre-arbítrio, permite que cada ser siga seu caminho. A fé concedida é *achala*, inabalável, que possibilita dedicação consistente, demonstrando que toda devoção é indiretamente direcionada a Krishna.

Como o entendimento dos devas e de sua função no universo pode enriquecer nossa própria jornada espiritual e nossa relação com o mundo natural?

Os devas ocupam um papel fundamental na cosmologia e na espiritualidade hinduísta, representando uma hierarquia complexa que auxilia na evolução cósmica e humana. Sua natureza abrange desde manifestações de forças naturais até aspectos da consciência divina universal. A evolução paralela dos devas e sua interação com a humanidade ilustram a interconexão entre todos os níveis de existência. As escrituras antigas oferecem uma variedade de perspectivas sobre os devas, convidando-nos a refletir sobre nossa relação com o divino e o papel desses seres na teia cósmica. Textos como os *Vedas*, os *Upanishads* e os *Puranas* descrevem hierarquias de devas, cada um com funções e responsabilidades específicas na manutenção do universo.

É POSSÍVEL UM SER HUMANO INCORPORAR UM DEVA?

Muitos se perguntam se é possível incorporar um deva. Para entender, é essencial definir "incorporação": o processo em que uma entidade não física assume o controle do corpo de um médium, fenômeno comum em práticas mediúnicas.

No entanto, a dinâmica com devas é diferente. Eles não usam métodos mediúnicos clássicos, mas interagem de forma sutil e elevada. Um deva irradia um conjunto de ideias diretamente no chacra coronário de um indivíduo receptivo, de mente para mente, sem proximidade física.

A inspiração dévica é impactante. O deva projeta um "bloco de ideias", um conjunto complexo de pensamentos que é recebido pelo chacra coronário como uma antena ou um *download*. A pessoa processa essa informação através de seu filtro mental e emocional, manifestando-a como escrita, pintura, música, etc.

É crucial entender que, embora a inspiração venha do deva, a expressão final carrega a marca do artista. Um pintor criará uma obra que reflete a essência dévica em seu estilo único. Essa interação é uma colaboração cósmica, na qual as fronteiras entre o mundano e o divino se tornam fluidas.

Um exemplo é a influência dos devas da música sobre compositores, que relatam inspirações sobrenaturais em que melodias e harmonias fluem através deles como canais de uma força criativa maior. A inspiração dévica transcende as limitações humanas, resultando em criações sublimes.

Essa interação sugere que a criatividade humana pode ser um ponto de encontro entre o terreno e o divino, em que ideias superiores são expressas através do talento humano.

Embora os devas raramente "incorporem", sua influência enriquece nossa experiência no mundo.

Se a influência dévica é capaz de elevar nossa criatividade a tais alturas, que impacto teria um deva como mentor constante em nossa vida? Seria possível cultivar uma conexão direta e contínua com um mentor dévico?

POSSO TER UM DEVA COMO MEU MENTOR?

É importante entender que os devas operam de forma diferente da mentoria espiritual tradicional. Eles não atuam como mentores individuais: eles focam aspectos amplos da natureza e da existência. Embora algumas pessoas possam ter conexões mais intensas, isso não é mentoria no sentido tradicional.

Metaforicamente, os devas são diretores no plano espiritual, responsáveis pela criação e pelo equilíbrio natural. Sua interação com humanos visa propósitos amplos que beneficiam coletividades ou a natureza.

Um artista ou ambientalista pode sentir uma conexão maior devido ao alinhamento de seu trabalho com os propósitos dos devas. No entanto, isso não é mentoria pessoal: trata-se unicamente de sintonia com objetivos amplos. É importante ajustar nossas expectativas em relação aos devas. Em vez de buscar mentoria individual, podemos nos alinhar com as energias e os propósitos que eles representam. Assim, não podemos ter um "mentor dévico" no sentido estrito, contudo, podemos nos sintonizar com suas energias, permitindo que sua influência nos inspire a viver em harmonia com a natureza.

Devas, seres sutis, raramente são percebidos. Sua presença é menos notada que a dos espíritos da natureza, refletindo seu papel como "secretários do divino". Sua atuação envolve a manipulação de portais energéticos e fluxos cósmicos. Até mentores espirituais desencarnados operam sob a orientação desses seres superiores, com a percepção clara de sua presença. Esse conceito está além da compreensão da maioria dos humanos que ainda hesitam em aceitar a ideia de que há mentores espirituais e, bem mais ainda, da existência dos devas.

Como podemos expandir nossa consciência para melhor compreender e interagir com realidades que transcendem nossa percepção ordinária?

PERGUNTAS E RESPOSTAS

P: Posso pedir ajuda direta a um deva?

R: Embora os devas não atuem como mentores pessoais, você pode se alinhar com suas energias através de práticas espirituais e ações que beneficiem a natureza e a coletividade.

P: Como sei se estou em sintonia com energias dévicas?

R: A sintonia com energias dévicas pode ser percebida através de sinais sutis, porém poderosos, que surgem em sua vida, geralmente manifestando-se de maneiras inesperadas. Você pode experimentar uma explosão de criatividade que parece surgir do nada, como quando uma nova ideia para um projeto artístico inspirado na natureza ou para um projeto ambiental inovador ganha vida e flui facilmente. Também pode experimentar uma sensação de profunda conexão com a natureza, seja quando você está, por exemplo, ao ar livre, em uma floresta densa ou à beira-mar, trazendo uma calma inabalável ou um sentimento de integração e pertencimento ao mundo natural. Essa sensação pode ser acompanhada por uma clareza mental e emocional, permitindo que você veja o mundo através de um novo olhar.

P: Existem riscos em tentar se conectar com devas?

R: Não há riscos inerentes à ação de tentar se conectar com devas, desde que a abordagem seja equilibrada e respeitosa. No entanto, é crucial manter um equilíbrio saudável entre o mundo espiritual e suas responsabilidades terrenas, evitando o escapismo ou a negligência de suas obrigações diárias. É fácil deixar-se levar pelas experiências espirituais, especialmente se forem intensas ou gratificantes, esquecendo necessidades e deveres diários como trabalho, família e saúde pessoal.

P: Qual é a diferença entre devas e guias espirituais?

R: Devas são entidades cósmicas responsáveis por aspectos maiores da natureza e do equilíbrio cósmico. Guias espirituais, por outro lado, atuam mais individualmente, auxiliando no desenvolvimento pessoal e na jornada espiritual, oferecendo orientação e suporte em desafios da vida ou de um trabalho espiritual. Pense nos devas como os arquitetos da natureza e nos guias como os conselheiros pessoais.

P: Os devas influenciam nossas decisões diárias?

R: Embora eles não intervenham diretamente nas escolhas cotidianas como "que café tomar" ou "que roupa vestir", sua influência pode ser sentida em inspirações que conduzem ações benéficas à coletividade e ao meio ambiente. Essa influência é mais sutil e indireta, atuando como um sussurro em nossa intuição.

P: É importante estudar textos sagrados para entender melhor os devas?

R: Ler textos sagrados como os *Vedas*, livros de teosofia ou obras sobre xamanismo pode aumentar a compreensão teórica acerca dos devas e suas funções dentro de diferentes sistemas de crenças. No entanto, a verdadeira ligação vem de experiências práticas. Textos podem fornecer um contexto, mas a experiência direta é fundamental para uma conexão autêntica.

OS DEVAS SÃO O MESMO QUE OS ANJOS?

Entendendo a origem dos devas, podemos compará-los à visão ocidental dos anjos — seres espirituais presentes em várias religiões e mitologias. A ideia de mensageiros divinos remonta às civilizações da Mesopotâmia, como os sumérios, que acreditavam em *apkallu*, mensageiros divinos que traziam conhecimento.

A concepção moderna de anjos tem raízes na tradição judaica. No Antigo Testamento, *mal'akh* — que significa "mensageiro" — refere-se a seres enviados por Deus, abrangendo desde personificações da presença divina até seres separados com missões próprias.

O cristianismo herdou e expandiu as concepções judaicas de anjos. No Novo Testamento, anjos anunciam o nascimento de Jesus e o fortalecem após a tentação. A teologia cristã, influenciada por Pseudo-Dionísio, desenvolveu uma hierarquia com nove ordens, divididas em três tríades: Serafins, Querubins, Tronos; Dominações, Virtudes, Potestades; Principados, Arcanjos, Anjos. Essa hierarquia influenciou a arte, a literatura e a teologia cristãs. A representação artística dos anjos evoluiu, refletindo mudanças nas crenças e nos estilos artísticos. Na arte cristã primitiva, eram figuras masculinas sem asas, com túnicas e bastões. Por que, então, são retratados com asas hoje?

A ideia de seres alados é uma metáfora simbólica — o que não sinaliza que devas tenham asas. Essa representação reflete uma hierarquia cósmica, em que seres divinos são intermediários entre Deus e a humanidade. As asas simbolizam a capacidade de pairar acima do plano terrestre, representando sua natureza transcendente e sua função como mediadores.

Estamos falando de seres espirituais. Na Terra, sentimos a gravidade e não voamos fisicamente. Aves voam com asas, aviões também. Humanos encarnados têm corpo físico. Fora deste, o corpo espiritual flutua, assim como os devas e anjos. As asas representam a elevada posição espiritual e a habilidade de transitar entre planos. Não são físicas, mas metafóricas.

No período Bizantino e Medieval, asas tornaram-se padrão, simbolizando a natureza celestial e a capacidade de viajar entre o céu e a terra. Cores e detalhes nas vestes tinham significados simbólicos. No Renascimento, anjos foram retratados como figuras etéreas e andróginas, como querubins, refletindo beleza clássica e inocência. Rafael e Michelangelo contribuíram para essa imagem idealizada.

Os devas não têm asas nem forma antropomórfica. São seres de pura energia com grande controle, plasmando formas confortáveis para quem os vê. Para um ocidental, podem tomar a forma de um anjo; em outras culturas, a forma mais familiar. Essa compreensão da natureza fluida dos seres espirituais nos ajuda a entender as representações em diferentes culturas. Assim como a arte evoluiu na representação dos anjos, nossa percepção se transforma com a expansão da consciência. Uma experiência de Wagner Borges na Suíça ilustra como esses encontros podem ocorrer em momentos inesperados.

"Estava na Suíça, em Zurique, em 2003, para dar um curso em Lugano, próximo à fronteira com a Itália. Lugano tem muitos italianos trabalhando lá. Em Zurique, falavam-se três idiomas: francês, italiano e alemão, convergindo três culturas na cidade. Conheci Milão também. Para voar a São Paulo, fui de Lugano para Milão e de lá para Zurique, onde peguei um voo de 12 horas para São Paulo.

Cheguei de manhã em Zurique e passei o dia conhecendo a cidade com meu amigo Edmilson, já que meu voo era à noite. Rodando pela cidade, achei Zurique extremamente cosmopolita, com pessoas do mundo todo. Vi negros, latinos, chineses. Adoro essa mistura; acredito que somos todos seres de energia.

Encontramos uma loja de CDs e fiquei maravilhado com a quantidade de música New Age, inclusive estava saindo um dos primeiros CDs da Deva Premal, o *Embrace*, uma obra maravilhosa. Por sorte, Edmilson tinha um cartão de crédito internacional. Eu disse: 'Edmilson, por favor, deixa eu escolher uns álbuns aqui'. Na época, era usado o franco suíço, não o euro, e tudo era muito caro. Estávamos comendo sanduíches para economizar.

Comecei a escolher alguns discos e peguei um do Deuter, um músico alemão incrível. Pedi ao vendedor para escutar o CD no fone de ouvido. A música *Illumination* me arrebatou, durando cerca de 20 minutos. Entrei num estado alterado de consciência, já que estava uma semana sem ouvir música durante a viagem. Foi quando vi um espírito chinês dentro da loja, acompanhando um dos vendedores. O espírito parecia inspirar aqueles que gostavam de música meditativa.

Chamei Edmilson e disse: 'Edmilson, pegue outro CD idêntico, coloque os fones e sincronize o início com o meu'. Nós dois ouvimos a música simultaneamente, em estado alterado, e lágrimas escorriam dos nossos olhos pela nossa face. Senti que essa experiência foi influenciada pelo espírito chinês.

A visão que tive foi de Sidarta Gautama sentado embaixo da árvore Bo, pouco antes de alcançar a iluminação. Alcançar *buddhi*, em sânscrito, significa atingir um estado avançado de inteligência e se transformar em buda. Nessa visão, antes da eclosão do *buddhi* em Buda, Mara, o obsessor, tentou detê-lo, provavelmente porque essa eclosão de um ser poderoso teria o potencial de dissolver antigas correntes que prendiam a evolução humana.

A imagem, claramente projetada por uma inteligência superior, mostrava Sidarta prestes a alcançar o *buddhi* enquanto era observado por devas, que gravam silenciosamente essa transformação nos registros akáshicos. Isso acontece com todos os seres que se elevam, sendo registrado nos anais etéricos da Terra.

Mesmo na Bíblia é dito que, aonde Jesus ia, anjos o seguiam. Imagino Jesus como uma coluna de luz cercada de devas. Esses seres já eram mencionados em textos antigos, mas eram mal compreendidos. Às vezes, percebo a presença desses devas durante as saídas do corpo, quando decidem aparecer.

No IPPB, realizamos um trabalho de radiação de energia para o mundo, em silêncio, às quartas-feiras. Somos 16 pessoas e, ocasionalmente, um deva aparece sobre nós. A associação com algo elevado e a sintonia atraem esses seres, independentemente de afiliação religiosa. Pouca literatura existe sobre isso, exceto *O Reino dos Deuses*. Minha experiência nas saídas do corpo e em momentos especiais de percepção revelam essas presenças.

Foi em 2003 que a música *Buddha Nature*, ou *Illumination*, serviu de gatilho para essa visão. Comprei o disco, assim como Edmilson, e compartilhei a experiência com muitos outros ao tocar a música no programa de rádio. Aquela música e o mentor chinês foram fundamentais à visão. Essas iluminações dos grandes seres são registradas porque a humanidade e a mídia as desconhecem. Imagine: 'Senhor Buda, viemos entrevistá-lo porque detectamos uma luz'. Ninguém veria ou acreditaria nisso. Isso é o que vi e senti, e compartilho de forma aberta, sem vínculo com essa ou aquela linha de pensamento ou escola espiritual."

Como podemos cultivar uma maior abertura para experiências transcendentais em nossa vida cotidiana?

Que práticas ou atitudes podem nos ajudar a sintonizar com as energias sutis que nos cercam?

O relato de Wagner Borges ilustra como a música pode ser um portal para experiências espirituais profundas, demonstrando a interconexão entre tradições espirituais e a universalidade de experiências transcendentais. As fronteiras entre o físico e o espiritual são tênues. E é interessante saber que os devas registram eventos espirituais nos registros akáshicos, preservando momentos de transformação.

EXISTE DIFERENÇA ENTRE OS DEVAS E OS ELEMENTAIS?

É importante compreender as diferenças entre devas e elementais, conceitos frequentemente confundidos, mas com origens, naturezas e funções distintas.

Devas são seres celestiais de ordem superior, originários das tradições dhármicas como o hinduísmo. Eles estão associados a luz, sabedoria e poder, e são considerados mais evoluídos que os humanos. Suas raízes estão na mitologia védica e em textos como os *Upanishads* e os *Puranas*.

Elementais, por outro lado, são mais comuns nas tradições ocultistas europeias, como as elaboradas por Paracelso, e também na teosofia e no neopaganismo. Ligados aos quatro elementos, eles são considerados de ordem inferior, mais próximos ao plano material e menos envolvidos com questões espirituais elevadas.

Na hierarquia, devas ocupam posições elevadas e estão associados a funções cósmicas. Existem diferentes classes de devas, cada uma com suas próprias características. Já os elementais são classificados por elemento: gnomos (terra), ondinas (água), sílfides (ar) e salamandras (fogo), cada um com atributos específicos.

Em termos de função e domínio, devas têm responsabilidades cósmicas, governando aspectos do universo ou da natureza. Elementais estão associados a processos naturais terrestres, atuando como forças vitais que animam o mundo físico.

A interação com humanos varia: devas interagem frequentemente através de visões e sonhos, enquanto elementais se manifestam através de fenômenos naturais e intuições. Conceitos populares como fadas e centauros nem sempre se encaixam exatamente nessas categorias. Fadas, por exemplo, são associadas a elementais, mas sua representação popular, como a Sininho de Peter Pan, é uma simplificação cultural.

Essas distinções nos ajudam a entender melhor as experiências pessoais com entidades da natureza. Um exemplo é o relato de Wagner Borges sobre um encontro com um espírito da natureza:

"Eu estava no Rio Grande do Sul, num sítio. Escolhi uma árvore grande para fazer um acoplamento áurico com ela. Como um xamã, iogue ou médium, abracei a árvore, coloquei as duas mãos no tronco largo e encostei a testa para tentar sentir aquela árvore frondosa. Fui atraído por ela.

Ao encostar a testa, um ser desceu de dentro da árvore — rente a mim, com dois olhos vermelhos. O som que escutei na minha mente era como o de um guardião que vinha ver o que eu estava fazendo com a árvore. Era um espírito da natureza nela. Mentalmente, expliquei: 'Não farei mal algum, estou apenas fazendo acoplamento áurico'. Mostrei minha energia. De alguma forma, ele me liberou e voltou para cima, mas continuou me observando.

Quer dizer, se alguém vê um ser desses dentro da árvore numa cultura específica, pode dizer que é 'um duende dentro da árvore', com casaquinho e chapéu. Outro vê um deva do ar e chama de fada. Então, devemos distinguir os revestimentos culturais das realidades subjacentes: formas de energia."

Como nossas interpretações culturais de seres míticos podem limitar nossa compreensão das verdadeiras forças da natureza?

A experiência relatada ilustra como humanos interagem com seres elementais, mostrando uma prática comum entre xamãs, iogues e médiuns. O encontro com o guardião de olhos vermelhos ressoa com descrições de espíritos da natureza, sugerindo uma comunicação além das palavras. Outro ponto importante que merece destaque é a sugestão de olhar além dos "revestimentos culturais".

QUAL É A RELAÇÃO ENTRE OS ELEMENTOS E OS SERES DA NATUREZA?

Há, na tradição hinduísta, uma relação complexa entre os elementos e os seres espirituais. Diferente das tradições ocidentais que reconhecem quatro elementos, a Índia identifica cinco Pancha Mahabhutas (cinco grandes elementos), que são: Prithvi (terra); Apas (água); Tejas (fogo); Vayu (ar) e Akasha (éter ou espaço cósmico). Esses elementos existem em uma hierarquia de sutileza, influenciando tanto o universo quanto o corpo humano. A terra é o mais denso; a água é associada à coesão; o fogo, à transformação; e o ar, ao movimento. Akasha, o mais sutil, é o substrato no qual os outros se manifestam, permeando e registrando tudo, atuando como uma "memória cósmica" — os registros akáshicos.

Na cosmologia indiana, cada elemento está associado a elementais ou *bhutas*. Prithvi está ligado aos elementais da terra, guardiões de montanhas e florestas. Elementais da água habitam rios e oceanos, e assim por diante para os cinco elementos.

É importante notar que existe uma distinção crucial entre os elementos em si e as divindades que os regem. Essa distinção às vezes se perde nas traduções, levando a confusões. Por exemplo, o elemento fogo é chamado de Tejas, mas existe uma divindade no panteão hinduísta chamada Agni, que é o deva do fogo. Agni é frequentemente evocada nos *Vedas* e é central em rituais como o Agni Hotra, quando lamparinas e oferendas são acesas para que o deva do fogo purifique o ambiente e transmita as orações aos outros deuses. É fundamental entender que Agni, como deva do fogo, não é o mesmo que o elemento fogo em si. Agni representa a personificação e o poder consciente do elemento fogo, enquanto Tejas é a substância elementar.

Para ilustrar melhor essa distinção, podemos fazer um paralelo com a mitologia ocidental. Na tradição greco-romana, Netuno (ou Poseidon) é o deus das águas, mas ele não é a água em si (H2O). Netuno é o regente ou governante desse elemento, com poder sobre os oceanos, rios e fontes. De forma similar, no hinduísmo, Tejas é o elemento fogo, enquanto Agni é seu regente divino, responsável por manter a ordem e o equilíbrio desse elemento no cosmos.

Essa mesma lógica se aplica aos demais elementos. Por exemplo, Apas é o elemento água, mas tem uma divindade regente chamada Varuna, que seria o equivalente hinduísta de Netuno. Varuna é o guardião dos oceanos e rios, mantendo a lei cósmica nas águas. Infelizmente, em algumas traduções, o nome da divindade regente é erroneamente usado para se referir ao elemento em si, o que pode levar a mal-entendidos e a uma compreensão superficial da complexidade da cosmologia hinduísta.

Como essa visão da natureza como um reino verdadeiramente vivo e espiritual pode enriquecer nossas práticas cotidianas e filosóficas?

Compreender essas distinções é fundamental para apreciar a cosmologia hinduísta e sua visão dos seres da natureza, reconhecendo a complexidade e a riqueza da tradição que vê o mundo natural como um reino vivo, governado por forças espirituais e permeado de seres elementais.

DE QUE MANEIRA DIFERENTES CULTURAS NOMEIAM SEUS ELEMENTAIS OU ESPÍRITOS DA NATUREZA?

Vamos conhecer alguns nomes e conceitos em diversas culturas, lembrando que essas representações são revestimentos culturais de entidades energéticas. É importante notar que essas figuras não são meras invenções folclóricas: elas refletem a interação entre a humanidade e as forças naturais, funcionando como guardiãs de conhecimentos ancestrais.

Nas Ilhas Britânicas e na Irlanda, temos os Leprechauns, que simbolizam a sorte, a astúcia, a solidão e a conexão com a Terra. Os Brownies representam a reciprocidade e o respeito ao lar, enquanto os Pixies refletem a imprevisibilidade da natureza. As Banshees são vistas como mensageiras do outro mundo.

Na Escandinávia, encontramos os Tomte/Nisse, semelhantes aos Brownies. As Huldra representam a sedução e os perigos da natureza selvagem, enquanto os Trolls simbolizam as forças brutas e indomáveis da natureza.

Na Grécia, as Ninfas representam a beleza, a fertilidade e a vitalidade da natureza, enquanto as Dríades simbolizam a conexão entre a vida humana e a natureza. As Nereidas trazem à tona a beleza, a graça e o mistério do oceano.

No Japão, os Kappa simbolizam os perigos dos rios e lagos, enquanto os Tengu estão associados às artes marciais e a poderes sobrenaturais. Os Kodama simbolizam a sacralidade da natureza.

No Brasil, encontramos figuras como o Saci-Pererê, o Boitatá, a Iara e o Curupira.

Entre os povos originários norte-americanos, há os Thunderbirds, o Wendigo e o Kokopelli. Na Austrália aborígene, existem seres como o Yowie, o Bunyip e os Mimi. Já na África, há os Aziza, Tikoloshe e Mami Wata. Na Rússia, temos o Domovoi, o Leshiy e a Rusalka. Na Índia, falamos dos Yaksha, das Apsaras e dos Nagas. Nos países árabes, encontramos os Djinn e os Ghoul. Na China, destacam-se os Shui Gui e os Shan Xiao.

É de grande valia enxergar além dessas representações culturais para entender a natureza essencial desses seres. Eles são manifestações energéticas que interagem com o mundo natural e humano. Suas roupas, aparência e comportamentos são "envoltórios culturais" que refletem o clima, a geografia e as tradições locais. Essa adaptação cultural otimiza a comunicação entre humanos e essas entidades.

Por exemplo, a imagem do duende com casaco e chapéu faz sentido no contexto das Ilhas Britânicas, mas seria inadequada para um ser da natureza no Ceará ou na Amazônia. O Saci-Pererê é uma interpretação brasileira adequada ao contexto da flora e da fauna locais. O gorro vermelho pode simbolizar a energia vital; e o cachimbo, a sabedoria ancestral.

Em que medida nossas próprias crenças e as representações culturais influenciam nossa percepção e entendimento das manifestações espirituais?

As representações culturais servem como pontes entre o mundo físico e o reino energético desses seres, facilitando nossa compreensão e interação. No entanto, para um entendimento profundo, é necessário "atravessar o envoltório cultural simbólico" e perceber a natureza energética. Essa perspectiva nos lembra da importância de abordar essas tradições com respeito, reconhecendo que cada cultura desenvolveu sua própria linguagem para descrever experiências com o mundo espiritual e natural. Ao honrar essas perspectivas, podemos enriquecer nossa compreensão e aprofundar nossa conexão com o mundo natural.

O QUE SÃO OS ESPÍRITOS DA NATUREZA?

Os espíritos da natureza, conhecidos como elementais, povoam o imaginário humano desde tempos imemoriais. Para os povos antigos, a natureza era uma entidade viva, habitada por forças invisíveis que influenciavam o clima, as colheitas e a vida.

Diversas culturas ao redor do globo atribuem nomes e formas diferentes a esses espíritos, refletindo a paisagem, os valores e as tradições de cada povo. Os pueblos, habitantes do sudoeste dos Estados Unidos, reverenciam os Kachinas, espíritos ancestrais que personificavam elementos da natureza e traziam chuva e fertilidade. Cada Kachina representa um aspecto específico do mundo natural, como o milho, a água ou os animais. Eles são homenageados em danças, cerimônias e pela confecção de bonecas que representam suas formas. Os toltecas, antiga civilização do México, veneram Tlaloc, o deus da chuva e senhor dos espíritos aquáticos. Templos majestosos são construídos em sua honra, e oferendas são realizadas para garantir a abundância de água e fertilidade da terra.

Para os celtas, todas as florestas e colinas da Irlanda e da Grã-Bretanha eram habitadas por seres como os Sidhe (seres feéricos de grande poder e beleza), os Leprechauns (ligados ao ouro e à travessura) e as Banshees (espíritos femininos cujo lamento anunciava a morte). A crença nesses seres influencia decisões cotidianas, como a escolha do local para construir uma casa ou o momento certo para plantar ou colher.

Nas florestas e rios da América do Sul, os guaranis mantêm viva a crença nos Yvyra'ija, donos das árvores, e no Jasy Jatere, protetor das crianças e das plantas medicinais. No coração do Brasil, os xavantes mantêm uma conexão profunda com os espíritos da natureza através de rituais e cantos, invocando entidades como o Danhimite, o espírito do trovão, considerado protetor da tribo e portador de sabedoria. No nordeste brasileiro, os kariri-xocó preservam a sabedoria dos encantados, seres espirituais que habitam a natureza e se manifestam em rituais sagrados.

Essas crenças e tradições ligadas aos espíritos da natureza não ficaram restritas ao passado ou a culturas específicas. Muitos relatam experiências pessoais com esses seres enigmáticos, oferecendo uma perspectiva contemporânea às antigas narrativas. Um exemplo fascinante é o relato seguinte de Wagner Borges, que oferece um olhar único sobre como essas entidades podem se manifestar e interagir:

"Eu sempre tinha ouvido falar dos espíritos da natureza e dos devas, mas, mesmo com 20 e poucos anos e sendo um médium de desobsessão experiente, nunca tinha visto algo assim. Eu sabia que existiam, mas não tinha visto.

Em 1986, já casado, fiquei desempregado. Após um dia inteiro procurando emprego, sentei-me, cansado, no final da tarde; depois tomei banho e fui fazer um trabalhinho de energização. Apesar de preocupado com o desemprego, relaxei e entrei em um estado alterado. Um caboclo da umbanda que muitas vezes aparecia para mim quando eu morava no Rio de Janeiro surgiu e disse: 'Você está muito cansado, evoque os espíritos da natureza'. Eu perguntei como fazer isso, pois sabia que existiam, mas nunca os tinha visto. Telepaticamente, ele sugeriu: 'Visualize um lugar na natureza de que você goste e mentalmente os chame'.

Visualizei uma cachoeira maravilhosa, com uma floresta ao redor e água caindo. Mentalmente, chamei os espíritos da natureza três vezes. Após alguns minutos, uma criatura pequenina entrou no quarto através da parede e parou na minha frente. Ela tinha um galho fosforescente que soltava faíscas ao bater no chão. O serzinho tinha olhos entre humanos e vegetais, uma mistura de toco e ser consciente, mas sem comunicação verbal.

O caboclo então explicou: 'Eles não têm a mente consciente como os humanos, são de uma evolução paralela. Ordene que ele energize o ambiente'. Eu disse: 'Energiza'. Ele bateu o galho no chão, e o quarto se encheu de luz e cheiro de terra molhada. Após energizar, o caboclo orientou: 'Agora mande-o embora. Esses seres se acostumam com comandos. Se não o mandar embora, ele pode causar distúrbios energéticos para chamar atenção'. Seguindo a orientação, falei: 'Vai embora'. O serzinho pulou na estante e sumiu.

Na madrugada, num estado de projeção, o caboclo me levou a uma floresta em algum lugar do Brasil, talvez no Rio de Janeiro, onde vi centenas de criaturas semelhantes àquela que havia aparecido antes. Entrei em contato com seres elementais ligados ao ambiente natural.

Com o tempo, comecei a perceber esses seres durante as saídas do corpo, como aqueles que se mesclavam às ondas do mar e à areia da praia. Isso despertou meu interesse em pesquisar mais sobre o assunto, buscando referências em literatura específica, e isso mudou minha perspectiva.

Além disso, naquela noite, o serzinho voltou e, sem palavras, me transmitiu a ideia de ir à beira de um rio limpo, colocar doces sobre uma pedra chata e pedir aos espíritos da natureza que abrissem meus caminhos para conseguir um emprego. No dia seguinte, consegui um emprego, mesmo sem realizar o ritual pedido. A intuição do serzinho em me ajudar mostra como ele compreendia minha situação financeira apertada de forma instintiva, não através de comunicação humana. Esse é um exemplo de interação com os espíritos da natureza."

Esse relato oferece uma perspectiva única sobre os espíritos da natureza, mesclando tradições da umbanda, do xamanismo e do espiritismo. Allan Kardec, em *O Livro dos Espíritos*, menciona: "Há seres que habitam vosso planeta e constituem uma ordem à parte na criação inteligente: são os que podereis chamar espíritos da natureza, ou, se preferirdes, os gênios dos elementos". Esses seres são vistos de diferentes formas, com cada tradição atribuindo-lhes funções específicas, mas reconhecendo sua importância e seu papel no equilíbrio do mundo natural.

Mikhaël Aïvanhov, filósofo, pedagogo e místico búlgaro, ensinava que, assim como os raios do Sol são fluxos de entidades vivas carregadas de saber, a natureza está repleta de espíritos — os elementais — que habitam a terra, a água, o ar e o fogo. Ao invés de ignorá-los, podemos nos conectar com eles, reconhecendo sua presença e o trabalho que realizam. Caminhar na natureza com consciência, falar com esses espíritos e reconhecer sua beleza e energia faz com que eles fiquem alegres e se tornem nossos amigos, abrindo portas para receber vitalidade, alegria e inspiração.

Em última instância, o envolvimento consciente com os espíritos elementais pode contribuir para a cocriação de um mundo mais harmônico e iluminado. Alinhados a esse fluxo natural, abrimos caminhos para novas possibilidades e para o desenvolvimento pessoal, espiritual e coletivo.

E OS JARDINEIROS DO UNIVERSO?

A narrativa a seguir nos leva a um novo patamar na compreensão dos espíritos da natureza, permitindo-nos conhecer os “jardineiros do universo”. Esses seres, aparentemente de uma ordem superior aos elementais comumente conhecidos, atuam como guardiões e supervisores dos processos naturais em uma escala mais abrangente. Esta experiência ilustra a existência desses seres mais evoluídos e revela técnicas surpreendentes de interação com eles:

“Bom, o tempo passou. Quando foi uns dois anos depois, em 1988, eu já tinha voltado ao mercado profissional e estava estabilizado novamente. Dando cursos no bairro da Lagoa, no Rio de Janeiro, em frente à Lagoa Rodrigo de Freitas, coloquei o pessoal sentado para meditar. Diminuí a luz e comecei uma prática de visualização e relaxamento com a turma.

Para minha surpresa, um ser de cerca de dois metros e meio de altura entrou no astral da sala. Ele parecia uma árvore ambulante, com dois olhos e um rosto quase humano, lembrando seres da natureza como os Ents do *Senhor dos Anéis*. Ele estendia um galho-braço, projetando pétalas de luz sobre a turma, trazendo um forte cheiro de natureza.

Em 1992, no apartamento em que eu morava em São Paulo, durante uma tarde particularmente poluída, Mikhaël Aïvanhov apareceu diante de mim com uma aura dourada e disse: ‘Wagner, chame os espíritos da natureza. Vou ensinar-lhe uma técnica que eu usava e ensinava aos meus alunos. Pense na natureza e projete energia em seu favor’.

Questionei: ‘Mas Aïvanhov, não somos nós que recebemos energia da natureza? Por que enviar energia a ela?’ Ele explicou: ‘Exatamente por isso. Quando você faz isso, seres maiores que operam na natureza vêm ver quem está praticando esse ato inédito'.

Fechei os olhos, estendi minhas mãos e comecei a enviar um passe, pensando no planeta Terra, seus mares, cachoeiras e florestas com amor e respeito. Três minutos depois, um ser de três metros atravessou a janela do quarto, trazendo um cheiro de maresia. Ele parou e me olhou como um adulto olha uma criança. Sua evolução era além da nossa compreensão, e telepatia, para eles, é um meio lento de comunicação.

O conselho que dou é: ao encontrar um ser desses, preste atenção no olhar. Pelo olhar silencioso, um universo de informação é transmitido. Ele me olhou e saiu, sem comunicação. Aïvanhov indicou que a técnica era eficaz e que, por viver em uma cidade grande, a prática chamou a atenção desse ser. Para vê-los, ambientes naturais são os melhores, devido às condições e à assistência espiritual."

A experiência com o "jardineiro do universo" sugere a existência de entidades naturais com consciência e evolução além da comum compreensão humana, e nos revela que a comunicação telepática é considerada rudimentar. A técnica de projetar energia para a natureza é inovadora e destaca a prontidão desses seres em responder.

Você já realizou alguma prática de projetar energia para a natureza?

Como o conceito de comunicação além da telepatia desafia suas ideias sobre as formas de inteligência e evolução?

O olhar como forma de comunicação sugere dimensões de interação que transcendem a nossa compreensão habitual. Tais encontros não são comuns e não ocorrem por acaso, mas são permitidos para serem compartilhados, servindo como pontes de compreensão para outros com experiências similares. Ver esses seres não é trivial e requer permissão, sugerindo intencionalidade de sua parte. A prática inspirada por Aïvanhov gerou resposta, refletindo reciprocidade e responsabilidade em compartilhar conhecimento. É preciso reconhecer a importância de ter um propósito maior para interagir com esses seres.

OS DEVAS OU ESPÍRITOS DA NATUREZA TÊM CHACRAS?

Agora você já sabe que esses seres, os devas, podem assumir uma forma, seja como uma coluna de luz, seja como se tivessem asas. E você pode estar se perguntando: será que eles têm chacras? Isso depende de como o ser se apresenta. No caso da coluna de luz, chacras não são notados — onde estariam os chacras se tudo é luz? No caso daqueles que se apresentam como se tivessem asas, as próprias asas poderiam ser representações dos vórtices de energia. O excelente clarividente Geoffrey Hodson descreveu alguns devas que ele percebeu com o chacra coronário, o chacra laríngeo e olhos com grande luminosidade, bem ativos.

Penso que todo ser precisa ter fulcros energéticos para realizar a troca de energia com o meio ao seu redor. Cada corpo sutil conta com um conjunto de chacras correspondente àquela vibração, caso contrário, não haveria como realizar essa troca. Vamos imaginar que um deva se apresente em forma humanoide e estenda as mãos extrafísicas. Por onde a energia seria irradiada? Pela palma de sua mão, é claro. Deve existir um fulcro de energia por onde ela possa fluir. No entanto, acredito que a vibração e as cores desses chacras não sejam iguais às nossas.

Enquanto os devas e espíritos da natureza apresentam variações em suas estruturas energéticas, dependendo de sua forma manifestada, a perspectiva extraterrestre introduz um conceito ainda mais avançado de centros energéticos. Essa transição de ideias nos convida a expandir nossa compreensão sobre as possibilidades de evolução energética e espiritual, não apenas na Terra, mas em um contexto cósmico mais amplo. Eis um exemplo:

“Certa vez, um extraterrestre que manifestava sua presença de outro lugar através de um corpo astral (não estava em corpo físico) me apresentou a imagem do losango como símbolo de união espiritual. Ele explicou: ‘Em planetas mais avançados, raças evoluídas têm um chacra em forma de losango, enquanto raças menos desenvolvidas apresentam o chacra em forma de roda’.

Chacra, em sânscrito, significa ‘roda de luz’. Isso quer dizer que, se raças menos desenvolvidas têm o chacra em forma de vórtice, e se a maioria da humanidade nem conhece o conceito de um chacra, é possível perceber o desnível evolutivo.

Ele reiterou: ‘Apenas raças menos desenvolvidas têm o chacra em forma de vórtice’. Provavelmente os chacras dessas raças — ou mais precisamente sua interface energética vibracional — apresentem formatos adaptados ao seu meio ambiente. Talvez até seus corpos não sejam tão antropomórficos e esses centros de energia também estejam em evolução. O corpo energético deles é tão sutil que não podemos mensurá-lo no momento atual.”

O conceito apresentado pelo ser extraterrestre — sobre chacras em forma de losango em raças mais avançadas — é particularmente desafiador. Essa ideia nos leva a considerar várias implicações profundas: a possibilidade de os chacras evoluírem de formas circulares para losangos sugere que a estrutura energética dos seres pode se transformar radicalmente à medida que evoluem espiritualmente. Quando ele afirma que só raças “atrasadas” têm o chacra em forma de vórtice, coloca nossa própria evolução espiritual em uma perspectiva cósmica mais ampla, lembrando-nos do quanto ainda temos a crescer e aprender.

Por um lado, a ideia de corpos não antropomórficos com diferentes configurações de chacras amplia nossa visão sobre a diversidade de formas de vida e consciência no universo. Por outro lado, nos oferece uma visão do potencial futuro da evolução espiritual humana, sugerindo que nossos próprios centros energéticos podem, um dia, transcender sua forma atual.

De uma forma ou de outra, somos convidados a adotar uma postura de humildade e abertura em relação ao nosso próprio desenvolvimento espiritual. Isso sugere que o caminho da evolução espiritual é muito mais vasto e diversificado do que comumente imaginamos.

A seguir, a descrição do encontro direto com um deva e a subsequente "iniciação" para ver mais desses seres representa um salto quântico na compreensão da natureza e da função desses seres elevados. A revelação de que os devas podem ser os próprios portais, capazes de mudar de forma e facilitar a transição entre planos de existência, expande o entendimento do papel desses seres na estrutura cósmica:

"Em 1997, tive uma experiência profunda ao ver um ser de perto. Eu estava sentado quando ele apareceu à minha frente. A comunicação que tivemos é difícil de explicar, mas o ser me permitiu ver mais devas. Ele começou a tomar a forma humanoide e, de repente, transformou-se em um retângulo de luz, como se fosse um pergaminho, para novamente reassumir a forma humana. Sempre ouvi que esses devas seriam guardiões de portais, mas acredito que eles sejam os próprios portais. Quando ele muda, você pode passar por ele, entrando em outro plano, especialmente se estiver projetado fora do corpo.

Ele projetou uma luz verde que se dirigiu ao meu chacra cardiorrespiratório, e a partir daquele momento comecei a ver esses seres, principalmente durante as saídas do corpo. Em São Paulo, vi uma enorme coluna de luz assistencial, de onde vários devas emergiam no ar. Eles assumiam uma forma humanoide semelhante a anjos, mas a forma real que vi era uma coluna de luz. Dentro dessa coluna, um ser começou a se plasmar, então surgiram dois olhos à minha frente. Essas formas energéticas assumem uma forma humanoide para facilitar a interação.

Constatei algo que talvez não tenha sido amplamente discutido: não há telepatia no sentido comum, mas sim uma comunicação pelo olhar. Esses seres não têm expressões emocionais como as nossas: eles nutrem um sentimento elevado, mas diferente das emoções humanas. Há um silêncio, um olhar de compreensão profunda. Não é uma comunicação direta de ser humano para ser humano: é mais uma presença majestosa, como diriam os celtas.

Esses seres têm uma forma de coluna de luz e utilizam uma linguagem silenciosa. São guardiões da natureza que atuam em trabalhos de cura e ajudam na evolução humana sem interferir no livre-arbítrio. Já os observei dentro de tempestades durante experiências fora do corpo, em que eles assumem formas energéticas que giram.

Segundo Ramatís, em um de seus livros, Jesus brincava e cantava em dias de chuva porque percebia a ação dos devas entre os elementos, encontrando alegria na presença deles.

Vi devas de cura apresentando-se em formas humanoides, envolvendo uma criança para curá-la. Ao olhar para eles, você é inundado por ideias superiores e evolutivas. Fiquei inspirado a criar palestras e a escrever textos após essas experiências.

Ressalto que o contato com esses seres não é fácil, mas, depois que um deles me deu acesso, comecei a vê-los com maior frequência. Descobri que, embora se pensasse que os devas estariam apenas sobre os templos, eles também podem estar operando sobre casas que irradiam energia positiva e silenciosa para a humanidade. Mesmo que os homens não saibam, os devas sabem."

Que lições podemos aprender sobre a humildade e a abertura espiritual ao considerarmos a possibilidade de formas de vida e consciência tão diversas no cosmos?

A partir dessas experiências, emerge uma compreensão mais profunda de nossa conexão com o universo e dos aspectos aparentemente invisíveis que o compõem. Encontros com seres como os devas sugerem que há muito mais do que nossos sentidos habituais podem apreender, desafiando-nos a ampliar nossas percepções e entendimentos sobre nossa própria existência.

QUAIS SÃO AS FUNÇÕES E RESPONSABILIDADES ATRIBUÍDAS A ESSES DIFERENTES SERES ESPIRITUAIS?

Esta é uma ideia, e tão somente uma ideia, inspirada em diversos estudos e algumas experiências — a partir da pequenez em que me encontro — para tentar responder à pergunta que abre esta seção. Não a tome como uma verdade absoluta, mas sim como uma reflexão visual da abstração das múltiplas possibilidades da existência desses seres.

No vasto Cosmos da existência, no Grande Mistério, uma hierarquia sagrada se desdobra, um *continuum* de consciência e energia que permeia todos os níveis da realidade. No ápice dessa ordem cósmica, encontramos A Fonte de Toda a Vida, também conhecida como O Grande Espírito, O Absoluto, O Uno, Brahman ou Ain Soph. Essa Origem Suprema transcende toda compreensão finita, sendo simultaneamente a Consciência Cósmica Indiferenciada e a Essência de Tudo o Que É.

Imagine-a como o oceano infinito do qual todas as gotas (nós) emergem e ao qual eventualmente retornam. Sua função primordial é irradiar a existência, sustentar a criação através de leis universais imutáveis e ser o ponto de convergência final de toda a jornada evolutiva.

A Fonte manifesta-se através de aspectos impessoais como:

◈ **O *Vazio*:** o potencial ilimitado, a espuma quântica em que todas as possibilidades existem em estado latente.

◈ **A *Consciência Pura*:** a testemunha silenciosa, o observador imparcial do drama cósmico.

◈ **A *Unidade*:** a interconexão de tudo, a não dualidade que une todas as coisas.

Além disso, percebidos pelos humanos, há aspectos pessoais antropomorfizados como:

- **O *Criador*:** a força que dá origem a novos universos.
- **O *Sustentador*:** a energia que mantém a ordem e a harmonia cósmica.
- **O *Transformador*:** o poder que impulsiona a evolução e a renovação.

É crucial entender que essas são apenas aproximações para a mente humana, metáforas que tentam capturar o incapturável, pois a verdadeira natureza da Fonte permanece incognoscível e indescritível, um mistério que só pode ser experienciado diretamente através da intuição e da iluminação.

Como a ideia de uma hierarquia cósmica influencia sua percepção sobre seu lugar no universo?

Emanando diretamente da Fonte, encontramos Os Emanadores, também chamados de Mônadas Divinas, Logos Cósmicos ou Arquitetos Universais. Essas consciências cósmicas individualizadas atuam como intermediários entre o Absoluto e os universos manifestados, projetando e manifestando universos, galáxias e sistemas solares de acordo com os códigos ou planos divinos.

Os Emanadores se dividem em:

1. ***Logos Galácticos:*** responsáveis pela criação e manutenção de galáxias inteiras.
2. ***Logos Solares:*** que supervisionam sistemas solares.

3. ***Mônadas Planetárias:*** que governam a evolução dos planetas.
4. ***Hierarquias Angelicais:*** que atuam como mensageiros e executores da Vontade Divina.

Juntos, formam uma rede complexa de interconexões e influências mútuas, uma verdadeira troca cósmica de colaboração e cooperação.

Na sequência da hierarquia cósmica, encontramos Os Devas Solares, também conhecidos como Senhores do Fogo Solar ou Regentes da Luz. Esses seres de luz cósmica emanam do Sol Central, o coração pulsante de cada sistema solar, irradiando energia vital e consciência para os planetas e seus habitantes.

Suas funções incluem:

- Distribuir energia solar, essencial para a vida e o crescimento.
- Influenciar os ciclos planetários, como as estações do ano e os ritmos diários.
- Catalisar a evolução das espécies, inspirando novas formas de vida e adaptações.
- Inspirar a criatividade e a iluminação, despertando a consciência e o potencial interior.

Os Devas Solares se subdividem em:

1. ***Devas da Radiação:*** que controlam a emissão de luz e calor.
2. ***Devas da Atmosfera Solar:*** que mantêm a estabilidade da atmosfera solar.
3. ***Devas da Influência Planetária:*** que modulam a energia solar para cada planeta.

Eles trabalham em harmonia com os Devas Planetários para garantir o equilíbrio e a vitalidade do sistema solar.

Os Devas Planetários, também chamados de Espíritos Planetários ou Regentes dos Reinos, são seres de luz que governam os planetas, cada um com sua própria personalidade e vibração. Eles supervisionam a evolução das espécies e a manifestação dos reinos da natureza, atuando como guardiões do equilíbrio planetário, assegurando que os ecossistemas prosperem e que a vida continue.

Suas funções incluem:

- Reger os ciclos planetários, como as marés e os movimentos das placas tectônicas.
- Influenciar o clima e a geografia, moldando paisagens e padrões climáticos.
- Supervisionar a evolução das espécies, guiando o desenvolvimento de novas formas de vida.
- Inspirar a cultura e a civilização, influenciando a arte, a música e a tecnologia.

Os Devas Planetários se dividem em:

1. ***Devas da Geologia:*** que moldam a crosta terrestre.
2. ***Devas da Atmosfera:*** que controlam o clima e os gases.
3. ***Devas da Hidrosfera:*** que governam os oceanos e rios.
4. ***Devas da Biosfera:*** que supervisionam a vida vegetal e animal.

Eles trabalham em conjunto com os Mahadevas para manter a harmonia e a sustentabilidade do planeta.

Os Mahadevas, também conhecidos como Grandes Deuses ou Senhores dos Elementos, são divindades que personificam as forças da natureza, arquétipos poderosos que ressoam com as energias primordiais. Eles regem os elementos e as energias que sustentam a vida nos planetas, sendo os Senhores da Terra, da Água, do Fogo, do Ar e do Éter (ou Akasha).

Incluem, por exemplo:

- Gaia e Prithvi (Terra, representando a fertilidade e a estabilidade).
- Netuno e Varuna (Água, simbolizando a emoção e a fluidez).
- Agni e Vulcano (Fogo, representando a paixão e a transformação).
- Indra e Éolo (Ar, simbolizando a comunicação e a inteligência).
- Akasha (Éter, representando o espaço e a consciência).

Os Mahadevas trabalham em conjunto com os Devas Planetários para garantir o equilíbrio ecológico e a harmonia entre os reinos, assegurando que os elementos se manifestem de forma equilibrada e sustentável.

Os Devas da Natureza, também chamados de Espíritos da Natureza ou Guardiões dos Reinos, atuam como intermediários entre os Mahadevas e os elementais, facilitando a comunicação e a colaboração entre os diferentes níveis da hierarquia. Eles supervisionam a manifestação dos reinos da natureza e garantem o equilíbrio ecológico, sendo os guardiões das florestas, dos oceanos, das montanhas e dos desertos, cada um com sua própria especialização e responsabilidade.

Suas funções incluem:

- Supervisionar os elementais, direcionando suas energias para o bem-estar do planeta.
- Garantir o equilíbrio ecológico, mantendo a saúde dos ecossistemas.
- Proteger a natureza, defendendo-a da exploração e da destruição.
- Inspirar a criatividade e a beleza, despertando a apreciação pela natureza e a expressão artística.

Os Devas da Natureza se dividem em:

1. **Devas das Florestas:** que cuidam das árvores e das plantas.
2. **Devas dos Oceanos:** que protegem a vida marinha.
3. **Devas das Montanhas:** que guardam os picos e os vales.
4. **Devas dos Desertos:** que mantêm o equilíbrio nos ambientes áridos.

Os Elementos, também conhecidos como Forças da Natureza ou Princípios da Manifestação, são as energias fundamentais que sustentam a vida nos planetas, as bases da realidade física e sutil. Manifestando-se como Terra, Água, Fogo, Ar e Éter, eles são os blocos de construção da realidade, os componentes essenciais de tudo o que existe.

Suas funções incluem:

- Sustentar a vida, fornecendo os recursos necessários para a sobrevivência.
- Manifestar a realidade, moldando a matéria e a energia.

- Influenciar o clima e a geografia, criando padrões climáticos e paisagens.
- Catalisar a transformação, impulsionando a mudança e a evolução.

Cada Elemento apresenta suas próprias características e influências, interagindo entre si para criar a diversidade e a complexidade do mundo natural, uma dança constante de forças opostas e complementares.

Os Elementais, também chamados de Espíritos da Natureza ou Seres dos Elementos, são seres que habitam os elementos, personificações das energias elementais, atuando como agentes da natureza e garantindo o equilíbrio ecológico.

Eles incluem:

- **Gnomos da terra:** que cuidam dos minerais e das rochas.
- **Ondinas da água:** que habitam rios e oceanos.
- **Salamandras do fogo:** que vivem no fogo e no calor.
- **Silfos do ar:** que dançam no vento e nas nuvens.

Cada grupo de Elementais tem características e funções específicas, trabalhando em conjunto com os Devas da Natureza para garantir o equilíbrio ecológico e a harmonia entre os reinos, mantendo a vitalidade e a beleza do mundo natural.

As Formas de Vida Elementais, também conhecidas como Manifestações da Natureza ou Seres dos Reinos, são as diversas formas de vida que habitam os reinos da natureza, a expressão da criatividade da Fonte em sua miríade de formas. Desde plantas e animais até minerais e micro-organismos, elas são as manifestações físicas dos Elementos, cada uma com seu próprio propósito e contribuição para o todo.

Suas funções incluem:

- Expressar a diversidade da criação, manifestando a beleza e a complexidade da vida.
- Contribuir para o equilíbrio ecológico, desempenhando um papel fundamental nos ecossistemas.
- Nutrir e sustentar a vida, fornecendo alimento e abrigo para outras formas de vida.

As Formas de Vida Elementais se dividem em:

1. **Reino Mineral:** que inclui rochas e cristais.
2. **Reino Vegetal:** que inclui plantas e árvores.
3. **Reino Animal:** que inclui animais e insetos.
4. **Micro-organismos:** que incluem bactérias e vírus.

Eles interagem entre si para criar a teia da vida, uma rede complexa de interdependência e colaboração.

Por fim, encontramos A Humanidade, também conhecida como Os Filhos da Terra ou Os Guardiões da Consciência. Os seres humanos são seres conscientes que habitam o planeta Terra, com a capacidade de influenciar o mundo natural e de evoluir em direção à Fonte, um potencial ilimitado para o amor, a sabedoria e a criatividade.

Suas funções incluem:

- Evoluir espiritualmente, aprendendo e crescendo através da experiência.
- Influenciar o mundo natural, moldando o ambiente e a sociedade.

- Despertar a consciência, reconhecendo sua conexão com tudo o que existe.
- Manifestar a beleza e a harmonia, criando um mundo mais justo e sustentável.

A Humanidade se expressa através de indivíduos únicos, diversas culturas e comunidades, cada uma oferecendo sua própria contribuição para a tapeçaria da existência, um mosaico de cores e texturas que enriquece o todo.

Considerando essa hierarquia, como você vê o papel da humanidade na evolução cósmica?

Essa hierarquia cósmica revela a teia da criação, a chamada Teia da Vida, desde a Fonte Suprema até as manifestações mais densas da matéria, demonstrando a interconexão e a interdependência de todos os seres e forças no grande ciclo da existência. Este é um lembrete constante de que somos todos parte de algo maior e que nossas ações têm um impacto em todo o universo.

Como podemos viver de forma mais consciente e alinhada com essa visão cósmica em nosso dia a dia?

Refletir sobre essas questões pode nos levar a uma compreensão mais profunda de nosso lugar no cosmos e de nossa responsabilidade perante toda a criação. Que esta contemplação nos inspire a agir com mais amor, sabedoria e respeito por toda a vida.

NÍVEL HIERÁRQUICO	ENTIDADES	FUNÇÕES PRINCIPAIS
A Fonte de Toda a Vida	O Grande Espírito, O Absoluto, O Uno, Brahman, Ain Soph.	Irradiar a existência, sustentar a criação, ser o ponto de convergência final.
Os Emanadores	Mônadas Divinas, Logos Cósmicos, Arquitetos Universais.	Projetar e manifestar universos, supervisionar a evolução das consciências.
Devas Solares	Senhores do Fogo Solar, Regentes da Luz.	Distribuir energia solar, influenciar ciclos planetários, catalisar evolução.
Devas Planetários	Espíritos Planetários, Regentes dos Reinos.	Governar planetas, supervisionar evolução das espécies, manter equilíbrio planetário.
Mahadevas	Grandes Deuses, Senhores dos Elementos.	Reger elementos e energias que sustentam a vida, garantir equilíbrio ecológico.

Devas da Natureza	Espíritos da Natureza, Guardiões dos Reinos.	Supervisionar reinos da natureza, garantir equilíbrio ecológico, proteger a natureza.
Os Elementos	Forças da Natureza, Princípios da Manifestação.	Sustentar a vida, manifestar a realidade, influenciar clima e geografia.
Os Elementais	Espíritos da Natureza, Seres dos Elementos.	Habitar elementos, garantir equilíbrio ecológico, manter vitalidade da natureza.
Formas de Vida Elementais	Manifestações da Natureza, Seres dos Reinos.	Expressar diversidade da criação, contribuir para equilíbrio ecológico.
A Humanidade	Filhos da Terra, Guardiões da Consciência.	Evoluir espiritualmente, influenciar o mundo natural, despertar a consciência.

PARTE IV

A ENERGIA DOS ANIMAIS NA LUZ DOS XAMÃS

Samuel Souza de Paula

Imagine a noite envolta em mistério e tranquilidade. Uma fogueira crepita, lançando sombras dançantes nas árvores ao redor.

Em torno do fogo, em uma roda sagrada, Cangleska Wakan, animais de poder se reúnem. Cada um traz consigo uma sabedoria, uma fala, uma medicina.

Ao abrir o coração e elevar seus pensamentos, o xamã reconhece que o círculo sagrado é o espelho da vida, onde cada ser tem seu lugar e sua voz.

Compreende a importância deste agora e que, assim como neste círculo que se forma, na vida cotidiana cada pessoa traz uma perspectiva única e valiosa. Que toda palavra é sagrada e deve ser respeitada.

Ele se coloca à disposição, humilde e atento, na expectativa silenciosa e acolhedora de alguém que realmente está pronto para aprender.

O Cachorro, Sunka, leal guardião, é o primeiro a se aproximar do centro. Seus olhos brilham com amor incondicional enquanto ele toma o bastão da fala. "Irmãos e irmãs", ele late suavemente, "trago a vocês a lição da lealdade. Nosso amor protege aqueles que nos são queridos contra as adversidades da vida. Lembrem-se sempre de ser fiéis a si mesmos e aos outros, pois é na confiança que construímos as mais fortes conexões, garantindo a integridade e a confidencialidade de nossos relacionamentos."

Parece que não apenas os animais e o xamã estão presentes na roda de cura. Uma voz, feito o Espírito do Eco, os ecos ancestrais, toma conta do ambiente como o Irmão Vento e diz: "Aprende, ó Duas Pernas, a lealdade é o alicerce sobre o qual todas as relações verdadeiras são construídas". E o xamã percebe que na vida moderna a lealdade é testada diariamente, seja no trabalho, nas amizades ou nos relacionamentos amorosos.

A Serpente, Zuzeca, desliza para frente, seu corpo sinuoso reflete a luz do fogo. Ela sibila suavemente ao pegar o bastão: "Sssssou a guardiã da transformação. Devemos estar prontos para trocar a nossa pele e nos adaptar às novas circunstâncias. A sabedoria está em saber quando se renovar e quando preservar o que é essencial".

E o Irmão Vento: "A mudança é a única constante na dança da vida".

O Puma, Igmu, avança com passos silenciosos, seus olhos dourados brilham na penumbra. "Eu represento a liderança e a coragem", ele ronrona. "Devemos aprender a liderar com graça e força. Não temam tomar a iniciativa, mas lembrem-se sempre de liderar com o coração, inspirando e motivando os outros a darem o seu melhor."

"Um verdadeiro líder caminha ao lado de seu povo, não à frente", afirma a voz do Vento.

O Coiote, Mashleca, salta para o centro, e seu riso ecoa pela clareira. "Ah, meus amigos", ele gargalha, "eu trago o dom do humor e da adaptabilidade. A vida é como um jogo — às vezes frustrante, mas sempre uma oportunidade de aprender e de crescer. Riam de seus erros, sejam flexíveis em seus pensamentos e encontrarão soluções onde menos esperam."

Neste momento, parece que o Vento está sorrindo. Se o Vento tivesse um corpo, ele estaria sorrindo com os lábios, com os olhos e com o coração. E o xamã entende esta mensagem: "O riso é a medicina que cura o espírito cansado".

O Urso, Mato, se move pesadamente para o círculo, sua presença imponente silencia a todos. "Eu carrego a medicina da introspecção e da cura", ele grunhe suavemente.

"Devemos nos recolher periodicamente, mergulhar em nosso interior para processar nossas experiências e emergir renovados. O silêncio é o professor mais sábio. A força verdadeira vem do autoconhecimento."

O Lobo, Sungmanitu Tanka, uiva suavemente ao tomar o bastão, sua voz ecoa com sabedoria ancestral. "Sou o mestre do ensino e das descobertas", ele diz. "Devemos sempre buscar novos conhecimentos e compartilhá-los com nossa matilha. A verdadeira sabedoria está em aprender e ensinar em igual medida."

É neste momento que o xamã recorda as palavras da velha Anciã, aquela que um dia o ajudou no caminho da cura. "Você tem uma missão, não está à toa no mundo. Sua medicina é como sementes, ainda vai entender. Lembre-se de que o conhecimento compartilhado cresce. Conhecimento guardado murcha."

O Búfalo, Tatanka, avança com passos pesados, a terra treme levemente sob seus cascos. "Trago a abundância e a gratidão", ele muge. "A gratidão transforma aquilo que temos em suficiente. Devemos reconhecer a abundância em nossa vida e compartilhá-la generosamente. A verdadeira riqueza está em dar e receber com um coração agradecido."

A Baleia, Wata Tanka, emerge das sombras, seu canto misterioso ecoa pela floresta. "Eu carrego os registros do tempo", ela entoa. "Guardo as memórias de eras passadas. Aconselho que mergulhem fundo em suas emoções, conectem-se com suas origens, pois é lá que encontrarão seu verdadeiro equilíbrio."

O Golfinho, Hogan Tanka, salta alegremente para o centro, seu sorriso contagiante ilumina a noite. "Trago a alegria e a comunicação", ele chilreia. "Devemos nos esforçar para criar pontes de entendimento e espalhar alegria por onde passarmos. A vida é uma dança: movam-se com graça e entusiasmo!"

"Atenção, Duas Pernas!", volta a falar o Irmão Vento. "A alegria compartilhada é alegria multiplicada!"

A Borboleta, Kimimela, pousa delicadamente no bastão, suas asas coloridas brilham à luz do fogo. "Eu simbolizo a transformação e a beleza", ela sussurra. "Cada desafio é um casulo do qual emergimos mais fortes. Passamos por muitas fases em nossa jornada. Abracem cada mudança, pois é através delas que nos tornamos mais belos e completos."

A Coruja, Hinhan, observa a todos com seus olhos sábios antes de falar. "Sou a guardiã da sabedoria oculta", ela pia suavemente. "A sabedoria sussurra, enquanto o mundo grita. Devemos constantemente buscar novos conhecimentos e confiar em nossa intuição. A verdadeira sabedoria está em ver além do óbvio e em compreender os padrões ocultos da vida."

O Beija-Flor, Wanbli Cistinna, zumbe ao redor do círculo antes de pousar. "Trago a medicina da alegria e do amor. O amor é o néctar que nutre a alma. Devemos nos mover com leveza e espalhar amor por onde passarmos. A vida é doce — saboreiem cada momento!"

A Águia, Wanbli, plana majestosamente antes de pousar no centro. "Sou a mensageira da visão elevada", ela grita. "Devemos nos esforçar para ver o quadro maior. Elevem seus pensamentos, busquem uma perspectiva mais ampla, e encontrarão clareza em suas decisões."

"A verdadeira visão vem de ver com o coração, não apenas com os olhos", volta a falar o Irmão Vento.

Por fim, o Condor, Kangi Tanka, desce dos céus, suas asas imensas criam uma brisa suave. "Eu represento a liberdade e a expansão", ele declara. "Devemos sempre buscar novos horizontes. Não temam as mudanças — elas são o vento sob nossas asas que nos leva a novas alturas."

O xamã compreende, com aquelas palavras, que a verdadeira liberdade vem de dentro e não das circunstâncias externas. Não é o que lhe acontece, mas como lida com os acontecimentos. Recorda-se de um momento em que se sentiu preso, quando foi injustamente criticado. Contudo, conseguiu se manter calmo e compassivo, como se as asas do Condor estivessem, naquele momento, abertas.

Quando o último animal termina de falar, um silêncio reverente cai sobre a clareira, um silêncio carregado de significado. A fogueira crepita suavemente, as chamas dançam como em aprovação às palavras sábias compartilhadas, como um coro de luzes, chispas sagradas, celebrando a sabedoria ancestral.

O xamã, Pejuta Wichasha, que esteve observando em silêncio, com o coração aberto e a mente receptiva, ergue-se agora, seu rosto iluminado pela compreensão profunda, como um mapa que revela o caminho a seguir.

“Meus irmãos e irmãs”, ele diz, com a voz carregada de emoção, transbordando de gratidão. “Esta noite fomos abençoados com a sabedoria dos anciãos da natureza, com a energia dos animais de poder. Estou aprendendo que a sabedoria não está apenas em conhecer, mas em viver o que se conhece. Levemos essas lições em nosso coração, implementando-as em nossa vida, transformando-as em ações que honrem a natureza e promovam a harmonia.”

Enquanto a Lua começa sua descida no céu, pintando o horizonte com cores suaves e delicadas, os participantes do círculo se dispersam silenciosamente. Cada um carrega consigo uma centelha da sabedoria ancestral, uma luz que guiará seus passos, pronto para integrar esses ensinamentos em sua jornada pela vida.

E o Irmão Vento sopra: “Viva em harmonia com a natureza e consigo mesmo. Compartilhe a sua medicina!”

Mitakuye Oyasin! Por todas as nossas relações!

PARTE V

O PRESENTE: UM PEDACINHO VIVO DA NATUREZA

Wagner Borges

RAMA[15] – UM PRESENTINHO DA NATUREZA

UM TOQUE DA COMPANHIA DO AMOR SOBRE A AMIZADE INCONDICIONAL

Recentemente, você adquiriu um cachorro e se afeiçoou a ele. E descobriu que o bichinho tem personalidade própria e apresenta emoções bem definidas. Ele brinca, rosna, faz birra e quer mandar no território.

Ou seja, parece gente, não é mesmo?

Agora, falando bem claro, é mais interessante para você "estar com o cachorro, do que para ele estar com você". Isso porque ele tem a natureza dele e, de um jeito ou de outro, aprende o que precisa. Mas você está aprendendo algo novo ao lidar com ele. E o seu coração ficou mais luminoso.

Então agradeça ao Papai do Céu por ter lhe dado a chance de compartilhar amor com um bichinho. Por Ele ter feito seu caminho se cruzar com o destino do cão, para progresso e benefício de ambos.

Por Ele ter lhe emprestado, por um tempo de vida, um pedacinho vivo da natureza, para fazer seu coração brilhar mais.

O Papai do Céu é o Cara!

– Companhia do Amor –
A Turma dos Poetas em Flor

(Recebido espiritualmente por Wagner Borges)

[15]Rama é um cãozinho da raça Yorkshire Terrier, de cor escura mesclada com tons claros. Ele se tornou um parceirinho muito legal. Hoje, eu agradeço ao Grande Arquiteto do universo por ter me dado a oportunidade de interagir meu coração com esse amiguinho da natureza e, assim, poder aprender com ele a arte da amizade incondicional. Valeu, Papai do Céu! Obs.: No momento da publicação deste livro, o Rama está com 16 anos de idade.

Observação do autor:

A Companhia do Amor é um grupo de cronistas, poetas e escritores brasileiros desencarnados que me passam textos e mensagens espirituais há vários anos. Em sua grande maioria, são poetas muito bem-humorados. Segundo eles, os seus escritos são para mostrar que os espíritos não são nuvenzinhas ou luzinhas piscando em um plano espiritual inefável. Eles querem mostrar que continuam sendo pessoas comuns, apenas vivendo em outros planos, sem carregar o corpo denso. Querem que as pessoas encarnadas saibam que não existe apenas vida após a morte, mas também muita alegria e amor. Os seus textos são simples e diretos, buscando o coração do leitor.

RAMA – UM PRESENTINHO DA NATUREZA – II

UMA CANÇÃO DO CORAÇÃO PARA RAMA

Você veio e deitou-se no meu colo.
E me olhou como só você sabe fazer.
Eu vi tanto amor incondicional...
E agradeci a quem fez você chegar a mim.
Ah, quando você veio, era tão pequeno.
E, hoje, é um cara tão forte e levado.
Sabe?... Olhando você, eu sinto o Céu aqui.
Porque eu sei que você veio de lá...
Como um presente da Mãe Divina e dos Budas[16].
Sim, para encher minha casa de alegria.
Casa essa que, agora, é sua também.
Ah, quem mandou você sabia o que estava fazendo.
Era uma armadilha para capturar meu coração.
E funcionou... Sim. Bem mais do que eu imaginaria.
Hoje estamos juntos na mesma trilha...
Eu e você, dois espíritos, amigos para sempre.
Ah, você veio e tudo mudou... Porque a alegria veio junto.
É uma responsabilidade ter você por aqui.
Porque você é um pedacinho vivo da natureza.

[16]Buda, do sânscrito, significa O Iluminado, Aquele que despertou! Palavra derivada de *Buddhi,* que significa "Iluminação Pura" ou "Inteligência Pura". Ou seja, quem alcança o estado de *Buddhi* torna-se um Buda, um ser iluminado e desperto.

E, agora, talvez os Budas que o enviaram estejam rindo muito.

Porque você veio do colo deles para o meu colo.

E, quando você brinca e corre alegremente, eu me lembro deles.

Eu acho que você anda sonhando com eles enquanto dorme no meu colo.

Então, talvez você seja um pequeno Bodhisattva[17] que desceu por aqui...

Para derreter o meu coração na Luz de um Grande Amor.

Ah, Rama, obrigado por ter vindo viajar junto comigo nessa trilha...

Agora, vá lá em cima brincar com seus amigos enquanto eu cubro o seu corpo.

E diga a eles que a armadilha que montaram realmente funcionou.

Depois volte aqui, para sua casa, trazendo o brilho das estrelas em seus olhos.

Esse mesmo brilho que também está em meus olhos quando eu olho para você.

Você não se chama Rama[18] à toa. É que eu vi o amor em seu olhar...

[17] *Boddhisattvas*, do sânscrito, são aqueles seres bondosos que estão perto de se tornarem Budas ou Iluminados. Para facilitar a explicação, podemos dizer que eles são canais espirituais ou avatares conscientes do amor de todos os Budas.

[18] Rama, na cosmogonia hinduísta, é o sétimo avatar de Vishnu, o Divino Preservador da Vida. Sua história é contada no épico *O Ramayana*. Ao longo dos séculos, muitos iogues e iniciados tomaram o seu nome em homenagem às suas qualidades, como honra, amor, generosidade, firmeza de caráter e serviço à Luz.

E aí, eu soube que o Céu me dera mais uma missão: viajar junto com você.

Então minha jornada ficou mais linda porque você está nela.

Rama, que bom que você está aqui. Valeu, amigão!

P.S.:

Ah, meu amigo, eu sinto o seu guia espiritual aqui.
Ele vem me mostrando várias coisas...
Rama, até nisso você enriqueceu minha vida.
Porque, por sua causa, ele está aqui.
Você veio, ele também veio.
E, assim, o Amor e a Alegria também vieram...
(E, lá em cima, nas Terras Puras, os Budas continuam rindo muito...)

RAMA – UM PRESENTINHO DA NATUREZA – III

ALGUNS TOQUES CONSCIENCIAIS SOBRE O CÃOZINHO QUE PARTIU...

Eu vi pela TV a matéria sobre uma mulher de Goiás que matou um cachorrinho Yorkshire.

Naturalmente, uma violência dessas choca a todos, principalmente quem gosta de cachorro. E, no meu caso, o Rama também é da raça Yorkshire.

Apesar de ficar indignado com o fato lamentável, procurei olhar espiritualmente a atmosfera psíquica da mulher agressora — e logo vi o quanto ela é perturbada.

Então procurei me harmonizar para não a julgar nem emanar pensamentos negativos, pois já bastava a própria situação triste dela.

Depois, procurei sintonizar algo espiritual para trazer uma luz sobre uma coisa absurda dessas... E, na verdade, tomei uma bronca extrafísica.

Fora do corpo[19], um dos mentores espirituais do grupo extrafísico dos Iniciados[20] me disse o seguinte: "Quem você

[19] Projeção da consciência é a capacidade parapsíquica — inerente a todas as criaturas — que consiste na projeção da consciência para fora de seu corpo físico. Sinonímias: viagem astral, para o ocultismo; projeção astral, para a teosofia; projeção do corpo psíquico, para a Ordem Rosacruz; experiência fora do corpo, para a parapsicologia; viagem da alma, para o Eckankar; viagem espiritual, para o espiritualismo; viagem fora do corpo, para diversos projetores extrafísicos e autores; emancipação da alma ou desprendimento espiritual, para o espiritismo; e arrebatamento espiritual, para autores cristãos.

[20] Os Iniciados são um grupo extrafísico de espíritos orientais que operam nos planos invisíveis do Ocidente, passando as informações espirituais oriundas da sabedoria antiga, adaptadas aos tempos modernos e direcionadas aos estudantes espirituais do presente. Composto por guias espirituais hindus, chineses,

pensa que é para se meter nisso? Use o que você sabe e não entre em climas ruins. Não deixe suas emoções tomarem conta do seu discernimento. Em lugar de pensamentos pesados, harmonize-se e projete as luzes dos sentimentos positivos a favor de todos...

Nada julgue. Compreenda. Nem tudo é o que parece... Simplesmente, voe nas asas da meditação serena e da prece clara e amorosa. E sinta-se feliz por ter um amiguinho Yorkshire ao seu lado. Por meio dele, honre o outro cãozinho que foi vítima de alguém doente. Sabe como?... Amando-o mais ainda.

E não se esqueça da assistência espiritual, secreta e serena, que abarca todos os seres. Você sabe, por visões espirituais anteriores, que há seres extrafísicos incumbidos de cuidar dos bichinhos. Eles não estão à sua disposição para responder a questionamentos baseados em emoções desordenadas do momento.

Agora o cãozinho está bem cuidado... Ele já lambe com confiança as mãos que o amparam. Lembre-se: a vida continua, tanto para os homens quanto para os bichinhos.

Mas você não precisa de detalhes sobre nada disso. Precisa é de paz de espírito diante de tragédias desse porte, inclusive para irradiar Luz serenamente e ajudar a todos. Faça isso com compreensão, tanto para o bichinho quanto para sua agressora.

Quando for a hora adequada, lhe passaremos informações adicionais sobre a questão dos animais e dos protetores espirituais que cuidam deles no Invisível.

egípcios, tibetanos, japoneses e alguns gregos, o grupo tem o compromisso de ventilar os antigos valores espirituais do Oriente nos modernos caminhos do Ocidente, fazendo disso uma síntese universalista. Estão ligados aos espíritos da Fraternidade da Cruz e do Triângulo. Segundo eles, são "iniciados" em fazer o bem sem olhar a quem.

Por enquanto, você sabe o que fazer: Amor na senda... E Paz e Luz!”

Então, diante do que ele me disse, “botei o rabo espiritual por entre as pernas” e saí de fininho, de volta para o corpo. Agora estou aqui, escrevendo sobre isso com o Rama deitado entre os meus pés, roendo um ossinho. Daqui a pouco, vou dar uma volta com ele, contente pela oportunidade que Deus me deu de estar com um de seus bichinhos por um tempo de vida.

RAMA – UM PRESENTINHO DA NATUREZA – IV

Eu e você...

Dois amigos que Deus juntou na Terra.

Eu sei que é por um tempo de vida...

Meu ou seu, quem sabe?

O que sei é que estamos juntos agora...

E esse é o tempo que importa.

Ah, eu olho para você e agradeço a sua lealdade...

Porque sei que você está aqui de todo coração.

Sabe?... Eu nem me lembro de como era antes de você chegar...

Porque tudo mudou com a sua presença.

Pequeno Rama, quem baba mais, eu ou você?...

Porque eu "babo" por você!

O seu nome é uma homenagem ao querido avatar Rama...

Porque você é um avatarzinho da alegria em minha vida.

Fui eu que o escolhi? Ou foi você que me escolheu?...

Ah, eu sei lá! Talvez o Grande Rama saiba e esteja rindo lá no Céu.

Aqui na Terra, estamos atravessando as águas desta vida juntos...

Estamos aprendendo um com o outro e evoluindo.

Eu lhe ensino a pensar e você me ensina a sentir...

Ambos crescemos, pois estamos juntos na casa do coração.

Meu pequeno Rama, eu nem sei mais como era antes de você chegar em meu lar...

Eu só sei que, agora, você está aqui escutando música comigo.

Ah, quem sabe, "lá de cima", o Grande Rama esteja nos vendo nesse momento?...

Será que, igual a nós dois aqui embaixo, ele gosta de ouvir *Yes e James Taylor*?

P.S.:

Pequeno Rama, faz alguns anos que você chegou em meu lar...

E, desde então, todo dia você me olha com Amor incondicional.

Oxalá eu seja sempre digno desse olhar...

Porque eu sei que você é um avatarzinho que desceu aqui em casa.

Assim como o Grande Rama, você desceu para cumprir sua missão...

E trouxe uma nova Luz para o meu coração.

Desde então, escutamos música e "babamos" juntos...

Você e eu, dois amigos que Deus juntou na Terra.

RAMA – UM PRESENTINHO DA NATUREZA – V

Rama, que Poder Misterioso é esse que nos uniu mais uma vez?

Outrora, em outros planos, nós voávamos juntos...

Hoje, na Terra, nós andamos juntos.

(Mas, durante o sono, ainda voamos.)

Porque, dentro ou fora do corpo, é o Amor que nos une.

Ah, Rama, quem me fez também o fez.

Por qual motivo nos colocou juntos não sei dizer.

Eu só sei desse Amor que brilha nos meus olhos,

O mesmo que eu vejo brilhar nos seus...

Estamos aqui por um tempo, mas esse tempo é rico — ainda bem.

Sabe?... Eu nem lembro mais como era antes.

Porque, quando você chegou em minha vida, as estrelas vieram...

E os meus olhos ganharam o brilho do amanhecer.

Então, eu o chamei de Rama, em homenagem ao avatar da lealdade.

Ah, meu amigo, quem o enviou já sabia que isso aconteceria...

Que nossos corações se reconheceriam naquela alegria que não se explica.

A esse Poder Misterioso, eu agradeço...

Por estarmos juntos.

Pelas estrelas que desceram.

Pelo que temos aprendido um com o outro.

Pela riqueza desse tempo de vida.

Pelo Amor que sentimos.

Por andarmos e voarmos juntos.

P.S.:

Pequeno Rama, quando um de nós se for, será temporário, como antes.

Porque o Amor nos unirá novamente.

E o tempo disso está nas Mãos daquele Poder Misterioso.

Que me fez e o fez.

Que também fez o Grande Rama.

Ah, talvez você seja um avatarzinho dele.

Por isso a lealdade que vejo brilhar em seu olhar.

Quando você chegou, o céu se abriu e sorriu, e as estrelas vieram...

Esse céu é no meu coração, onde nós brincamos e viajamos.

Eu não sei mais como eram as coisas antes de você.

Eu só sei desse Amor que não se explica... só se sente.

Pequeno Rama, obrigado por ter vindo.

A ENERGIA DOS ANIMAIS

ENTREVISTA SOBRE A SENSIBILIDADE DOS ANIMAIS

P: Os animais são realmente mais sensíveis às energias do ambiente do que nós? Por que isso ocorre?

R: Sim, eles são realmente mais sensíveis às energias ambientais. Isso ocorre porque a sensibilidade dos animais supera a do próprio ser humano. Eles estão mais ligados aos ciclos da natureza e, consequentemente, às suas variações energéticas; talvez, até mesmo por puro instinto. E como eles se baseiam mais nos sentidos do que na mente consciente (caso do ser humano, com sua mente cheia de neuroses, culpas, medos e bloqueios psíquicos variados), isso favorece sua percepção em relação ao meio ambiente energético.

P: Eles percebem as energias sutis por meio das patinhas (caso de gatos e cães)?

R: No caso dos felinos, lobos e cães, isso é verdadeiro porque, como a coluna deles está posicionada na horizontal (diferente da coluna do ser humano, que está na vertical e, por isso, capta mais energias de cima, do espaço e de outros planos), eles se apoiam nas patas e sentem muitas coisas por intermédio delas. Além do mais, eles também têm centros energéticos (pequenos chacras) no centro das patas, captando energias por elas.

P: O que podemos fazer para equilibrar a energia deles, mantendo-os saudáveis? Existe algo simples que uma pessoa sem iniciação em reiki, cura prânica ou outras terapias possa fazer para ajudá-los? Se sim, o quê?

R: Quando uma pessoa trabalha com cura, ela está acostumada a passar energias, e isso facilita bastante a passagem de vibrações sadias para os animais. Contudo, sem esse preparo técnico e psíquico, a melhor maneira de ajudar é amando os seus bichinhos, pois fazer carinho é uma forma de passar energias sadias. E para aqueles que oram (independentemente de sua crença), é muito bom fazer isso com seus animais por perto, ou mesmo segurando-os no colo. Do mesmo jeito que pedimos ao Céu para proteger os nossos entes queridos, também podemos orar a favor dos nossos parceirinhos de jornada. Afinal, eles também fazem parte de nossa família. E isso é uma forma eficaz de passar energia legal para eles.

P: De que forma a energia densa de um ambiente pode afetá-los?

R: Da mesma forma que pode afetar os seres humanos: por contato energético e psíquico. Quando um animal entra em contato com alguém negativo ou com algum ambiente ou objeto carregado de vibrações pesadas, ele sente os efeitos imediatamente e, em consequência, pode até adoecer.

P: Uma vez, li que uma pessoa que ama muito seus animais pode fazer afirmações positivas ao acariciá-los, falando: "você é feliz, você é saudável". Você acredita nesse tipo de forma-pensamento?

R: Isso é verdadeiro, sim. E não precisa ser só afirmações positivas, mas também qualquer coisa boa falada e projetada para eles. Eu mesmo faço isso com o Rama, o meu cachorrinho (um Yorkshire Terrier com três anos de idade por ocasião desta entrevista). Faço carinho e converso com ele, dizendo-lhe: "Como você é bonito" ou "Você é o parceirão do papai", ou ainda, "Você é muito amado". A presença de um ser humano sadio perto dos animais acelera a evolução deles pela própria relação afetiva que se forma; em contrapartida, também acelera a evolução do ser humano, que aprende muito com esses parceirinhos de jornada, principalmente por conta do amor incondicional deles. Resumindo: quando há amor, a relação é boa para ambos!

O XAMÃ-CABOCLO E O RAMA

UMA VISITA NATIVA COM O ASTRAL DA FLORESTA

Eu fico cada vez mais surpreendido com a sabedoria da espiritualidade e sua forma de se manifestar por entre os planos da vida.

Digo isso porque, ainda agora, enquanto eu estava meditando sentado no sofá da sala, com o Rama deitado e encostado na minha perna esquerda, vi surgirem na minha tela mental, pelas vias da clarividência[21], imagens de florestas, rios e rostos de indígenas da região amazônica.

Então surgiu à minha frente um sujeito desencarnado, simpático, com aparência de caboclo mestiço — descalço, sem camisa, moreno, meio indígena, com jeito de quem viveu em alguma comunidade nas bordas da floresta amazônica.

Ele tinha umas penas presas numa espécie de tiara em volta da cabeça. Além disso, vestia uma espécie de saiote indígena e fazia uma dança circular enquanto postava as mãos em frente ao peito, numa atitude de reverência.

Postado à minha frente, ele me saudou e riu. Eu senti uma energia amistosa emanando dele. Ele era exótico na aparência, mas sua energia não deixava dúvida: era um cara do Bem!

Daí, para minha surpresa, ele se voltou na direção do Rama e o saudou com uma reverência. E mentalmente me disse:

"É você que cuida dele? Ou é ele que cuida de você?"

Diante da minha surpresa, ele continuou:

[21]Clarividência — do latim *clarus* ("claro") e *videre* ("ver") — é a faculdade perceptiva que permite ao indivíduo adquirir informações acerca de objetos, eventos psíquicos, cenas e coisas, físicas ou extrafísicas, através da percepção parapsíquica de imagens ou quadros mentais.

"O Pai-Primeiro emprestou-lhe um protetor animal para guardar sua jornada. Observe: é ele que fica com você a maior parte do tempo. Ele o ajuda a ficar no mundo, é seu ponto de firmeza. Quando você cuida das necessidades dele, é como cuidar de um filho. E isso faz com que você esteja 'aqui e agora'.

O Pai-Primeiro sabe o que faz. Ele enviou esse animal para sua companhia com um propósito: ancorar você no mundo e encher o seu lar de vida e movimento...

Então eu reverencio o mundo espiritual nesse cãozinho. Ele é filho da Magia do Grande Espírito em sua trilha vital. E digo-lhe mais: quem gosta realmente de você, também gosta dele, porque sabe que ele o ajuda a se manter neste mundo. E agradece a ele por isso, por fazer você 'estar aqui'.

Sempre agradeça àqueles que cuidam do Rama, pois estão lhe fazendo grande bem e provando sua lealdade. Ore por eles. Honre-os.

E reverencie o Pai-Primeiro por Sua Sabedoria.

Hoje, eu vim pelo Rama, para honrá-lo pelo Bem que ele faz a você.

Assim, eu também honro você, porque você o ama.

E, assim, você honra a Sabedoria do Pai-Primeiro.

Da próxima vez que eu vier, será por você.

Então conversaremos mais. E isso será em cima da floresta.

Lá, fora do seu corpo, nós honraremos juntos o Senhor de todas as trilhas.

E isso será bom. Sim, será muito bom..."

Logo a seguir, ele me saudou novamente e foi sumindo gradativamente...

Foi isso, amigos. Recebi a visita de um xamã-caboclo risonho.

Ou, melhor dizendo, a visita foi para o Rama.

Agora estou na dúvida: “Sou eu que cuido dele? Ou ele é que cuida de mim?”

Sei lá... Quem sabe dos motivos misteriosos pelos quais o Todo age?

Só sei que ele e eu estamos juntos na mesma trilha aqui embaixo.

Eu o ajudo a evoluir, ele me ajuda a ficar aqui. E, assim, o equilíbrio se faz.

Obrigado, Rama. Obrigado, Grande Arquiteto do universo.

CÃES-ESTRELAS

HÁ ALGO MAIS... UM AMOR E UMA LUZ

Eu olhei para o firmamento e pensei:
Serão somente estrelas brilhando lá em cima?
Ou, quem sabe, muitas delas sejam os cães que já partiram?
Porque eles amaram — e também foram muito amados.
E Amor incondicional é coisa da Luz do Céu.
É por isso que eles estão brilhando lá!
São cães-estrelas, brincando e voando com os espíritos.
Talvez, agora mesmo, eles estejam olhando cá para baixo...
Sim, balançando alegremente o rabinho e se perguntando:
"Quem será aquele humano olhando cá para cima?"

P.S.:
Ah, eu sei que eles continuam bem vivos por aí...
Porque há algo mais...
Um Amor e uma Luz.

(Dedicado aos que sabem — e aos que sentem — que seus amiguinhos estão voando na Casa das Estrelas e brincando com os espíritos no infinito da vida que se espraia por todos os planos de manifestação.)

RAMA: PARCEIRO DE EVOLUÇÃO

RESPOSTA A UMA AMIGA TRISTE, QUE TEVE DE SACRIFICAR O SEU CACHORRO EM DECORRÊNCIA DE UMA DOENÇA TERMINAL

A presença de um animal de estimação perto de nós é uma honra.

Dá trabalho cuidar, pois é como um filho e precisa de atenção e carinho.

Eu considero o Rama meu parceiro de evolução e um presente da vida.

Mas, se precisasse sacrificá-lo algum dia, por motivo correto e com a orientação de um profissional da área veterinária, eu não hesitaria.

Da mesma forma que precisamos assinar uma autorização para um filho fazer uma operação delicada, também precisamos decidir a jornada do nosso bichinho.

Não é uma prova para ele. Na verdade, é uma prova para nós mesmos.

E eu jamais decidiria isso sozinho. Pediria orientação ao plano espiritual, pois tal decisão nunca é fácil. Também oraria aos mentores dele, pedindo inspiração.

O fato é que os animais não morrem. Assim como nós, eles sobrevivem com o corpo espiritual (no caso, estou me referindo aos mamíferos avançados), e há seres extrafísicos que cuidam deles no Astral.

No caso do Rama, eu sentiria sua falta, é claro. Mas estaria firme por fazer o melhor por ele (ainda mais sabendo que ele jamais morrerá de fato).

Eu estaria com ele até o último momento, em Espírito e Verdade.

Então, não fique triste por ter tomado essa decisão difícil. Isso faz parte do seu aprendizado também. Jamais sinta culpa por ter feito o certo para o seu amiguinho. Ele tinha o tempo dele por aqui (assim como você e eu também temos).

Lembre-se do Amor incondicional dele e, se puder e quiser, adquira outro bichinho — mas que isso não seja por carência ou compensação afetiva. Que seja porque é legal ter um amigo assim, no tempo que tiver que ser...

Sabe?... Eu aprendo muito com o Rama (e ele também está aprendendo comigo, naturalmente) e agradeço ao Todo por ter me emprestado um de seus filhinhos por um tempo de vida. Quando for a hora, a dele ou a minha, que tudo seja como deve ser, sempre em Espírito e Verdade.

É isto que eu tenho para lhe dizer: a vida continua, para nós e para eles.

Porque há algo mais... Um Amor. Uma Luz.

(Ah, minha amiga, sinta-se honrada por ter compartilhado um tempo de vida com o seu amiguinho de quatro patas que agora está voando com os mentores espirituais dele lá em cima, na Casa das Estrelas.)

P.S.:

Eu nada sei dos mistérios do infinito.

Só sei o que sinto, em Espírito e Verdade.

E o que sinto é isto: algo mais... Um Amor. Uma Luz.

Os nossos amiguinhos que já partiram
também sentem isso...

Talvez até melhor do que nós, de forma incondicional.

Mais à frente, vamos encontrá-los nas ondas da evolução...

Sim, eles pularão em nosso colo e nos
lamberão novamente.

E brincaremos com eles como parceiros de
jornada, algures...

Porque a vida continua, para nós e para eles.

GLOSSÁRIO

A

◈ **Agni:** deus védico do fogo, mensageiro entre os deuses e os homens. Agni é invocado em rituais de fogo para transmitir oferendas aos deuses. Ele também representa a energia da transformação e da purificação.

◈ **Aguyjevete:** do tupi-guarani, expressão de profunda gratidão e reconhecimento; literalmente "que assim seja para sempre". Usada para honrar os ancestrais, agradecer pelas bênçãos recebidas e reforçar a conexão espiritual com o passado. É uma forma de manter vivos a memória e os ensinamentos dos que vieram antes, garantindo a continuidade da cultura e dos valores.

◈ **Aho:** expressão comum em várias línguas nativas norte-americanas, usada para expressar concordância, gratidão ou para encerrar uma oração ou discurso. Equivalente a "Assim seja" ou "Amém". Aho é uma forma de afirmar a nossa conexão com o universo e de manifestar a nossa intenção de viver em harmonia com todas as coisas.

◈ **Ain Soph:** termo da cabala judaica que significa "o infinito" ou "sem fim", referindo-se à essência divina que está além de toda compreensão e descrição. Ain Soph é a fonte de toda a criação, mas permanece oculta e insondável. É um conceito fundamental na cosmologia cabalística.

◈ **Akasha:** termo sânscrito que significa "éter" ou "espaço". Na filosofia hindu e em algumas tradições esotéricas ocidentais, refere-se ao quinto elemento primordial, além da terra (Prithvi), da água (Apas ou Jala), do fogo (Tejas) e do ar (Vayu), que formam os Pancha Mahabhutas, os cinco grandes elementos. O Akasha é considerado o substrato sutil de toda a existência, o espaço onde todas as coisas manifestam-se. Práticas como meditação, contemplação e passar tempo na natureza podem ajudar a cultivar o equilíbrio de Akasha. O conceito de registros akáshicos sugere a existência de um plano etéreo onde todas as informações sobre passado, presente e futuro de cada alma e evento estão armazenadas.

- **Apas:** palavra sânscrita que representa o elemento água na tradição hindu. É um dos Pancha Mahabhutas (cinco grandes elementos) e simboliza a fluidez, a emoção, a purificação e a adaptabilidade. Na cosmologia hindu, Apas é essencial à vida, tanto física quanto espiritual, e está associado à fertilidade, à cura e à capacidade de transformação. Rituais de purificação com água, como o banho no Ganges, são práticas comuns para limpar o karma e renovar o espírito.

- **Apus:** palavra quéchua para as montanhas sagradas nas tradições andinas, consideradas entidades vivas e poderosas, protetoras das comunidades locais. Os Apus são frequentemente associados a espíritos ancestrais e vistos como intermediários entre o mundo humano e o divino, canalizando forças de sanação poderosas que ajudam o xamã a curar.

- **Aramboty:** do tupi-guarani, prática de respiração consciente e controlada. Técnica utilizada para acalmar a mente, fortalecer o espírito e conectar-se com a energia vital do universo. Envolve a concentração na respiração, a visualização de energias positivas e a busca pelo equilíbrio interior. Pode ser praticada individualmente ou em grupo, como parte de rituais e cerimônias.

- **Arandu:** do tupi-guarani, sabedoria ancestral, conhecimento profundo e holístico. Refere-se não apenas ao conhecimento intelectual, mas também à sabedoria prática e espiritual adquirida através da experiência, da observação da natureza e da conexão com os ancestrais. O Arandu é transmitido oralmente de geração em geração, através de histórias, cantos e exemplos de vida.

- **Àtúnwá:** significa "aquele ou aquela que volta novamente". Na filosofia iorubá, a palavra Àtúnwá é uma contração de àtúnbí (regeneração) e Ìwà (caráter), e representa o conceito de renascimento ou reencarnação, a crença de que a alma de uma pessoa retorna à Terra em um novo corpo após a morte. O Àtúnwá é um ciclo contínuo de vida, morte e renascimento, fundamental para a compreensão da continuidade da vida e da conexão entre os ancestrais e os descendentes. A reencarnação de um ancestral é conhecida pelo nome de *Yíya omo*: "Voltar a ser criança ou tornar a encarnar".

- **Aumakua (Kane):** no sistema espiritual havaiano, representa o eu superior, superconsciente, espírito ancestral ou guia espiritual. Na cultura havaiana, os Aumakua são considerados protetores familiares que tomam a forma de animais (como tubarões, corujas, lagartos, polvos), plantas ou elementos naturais (como pedras, ondas), refletindo a profunda conexão entre os havaianos e o ambiente ao seu redor. Cada forma manifesta simboliza diferentes atributos e significados, escolhidos para auxiliar e proteger a família. No xamanismo kahuna a conexão com o Aumakua é buscada para obter orientação espiritual, inspiração e sabedoria universal.

B

◈ **Böö (masculino) e Udagan (feminino):** termos usados na tradição xamânica buryat (encontrada na Mongólia, Sibéria, Rússia e China) para se referir aos xamãs. Esses praticantes são vistos como mediadores entre o mundo humano e o espiritual, capazes de interagir com as múltiplas almas que os buryat acreditam que cada pessoa possui.

C

◈ **Cabala ou Kabbalah:** sistema místico e esotérico do judaísmo que busca entender a natureza de Deus, a criação do universo e o papel da humanidade. Encapsulando um conjunto complexo de ensinamentos e práticas, é centrada em revelar os significados ocultos por trás das escrituras judaicas, especialmente a *Torá*. Conceitos-chave da Cabala incluem as Sefirot (emanações divinas), a Árvore da Vida e a importância da meditação e da intenção (Kavanah) na prática espiritual.

◈ **Cangleska Wakan:** é uma expressão em lakota, uma das línguas dos povos nativos americanos pertencentes à nação sioux. Traduzido, o termo significa "Círculo Sagrado" ou "Roda Sagrada". O Cangleska Wakan simboliza o ciclo contínuo de vida, morte e renascimento. Assim como o ciclo das estações, o nascer e o pôr do sol ou o ciclo da Lua, o Círculo Sagrado reflete a crença de que a vida é um processo contínuo, sem começo ou fim. Essa visão cíclica se opõe à visão linear do tempo, predominante em muitas culturas ocidentais, e destaca a importância da continuidade e da renovação. Estamos todos em um aprendizado constante.

- **Ch'ulel:** na crença maia, refere-se à força vital sagrada que reside em todas as coisas, incluindo pessoas, animais, plantas e objetos. O Ch'ulel é uma energia divina que conecta tudo no universo, fundamental à saúde e ao bem-estar.

E

- **Egúngún:** o culto Egúngún é a manifestação tangível da presença contínua dos ancestrais na vida cotidiana, simbolizando a continuidade da vida e a ligação eterna entre gerações passadas e presentes. A palavra *Egúngún* designa, ao mesmo tempo, um orixá, o conjunto dos ancestrais masculinos da humanidade e o conjunto dos ancestrais masculinos de uma família. Nas tradições ancestrais do povo iorubá, é encontrado principalmente na Nigéria, em Benim e Togo. Enquanto os ancestrais femininos fazem parte da sociedade espiritual Ìyá-Agbà (Mães Anciãs ou Veneráveis Mães Anciãs), os ancestrais masculinos fazem parte da sociedade espiritual Egúngún. Os Egúngún são honrados em festivais e cerimônias em que dançarinos mascarados representam os espíritos ancestrais, comunicam mensagens e transmitem bênçãos à comunidade.

- **Ereco katu:** do tupi-guarani, respeito profundo e reverência à natureza e a todas as formas de vida. Princípio fundamental que guia a relação harmoniosa e respeitosa com o meio ambiente, os animais, as plantas e todos os seres vivos. A tradução direta de *ereco* pode ser associada ao conceito de "memória" ou "lembrança", enquanto *katu* significa "bom" ou "forte". Portanto, concatenando esses significados, uma interpretação de *Ereco Katu* poderia ser algo como "boa memória" ou "lembrança forte".

H

◈ **Hanblecheyapi:** termo lakota para uma cerimônia conhecida como Busca da Visão. É um rito de passagem importante para jovens guerreiros e líderes espirituais, profundamente enraizado nas tradições de várias tribos nativas americanas das planícies, notadamente dos povos lakota, dakota e nakota (sioux). Durante a Busca de Visão, o indivíduo se retira para um local isolado na natureza, onde jejua, ora e busca uma visão que o guiará em sua vida. A cerimônia é conduzida por um líder espiritual experiente.

J

◈ **Jeroky:** do tupi-guarani, dança ritual sagrada. Prática sagrada que celebra a vida, a natureza e a conexão com o divino através de movimentos corporais ritmados, cantos e orações. Cada dança tem um significado específico e é realizada em momentos importantes, como nascimentos, casamentos, colheitas e rituais de cura.

◈ **Jerovia:** do tupi-guarani, esperança, fé inabalável. Sentimento de confiança no futuro, nas forças espirituais que guiam o povo e na capacidade de superar desafios. É a crença de que, mesmo em momentos difíceis, há sempre uma luz no fim do caminho e que a força interior pode levar à superação.

- **Joaju:** do tupi-guarani, harmonia, união sagrada. Estado de equilíbrio e conexão profunda entre todos os seres e elementos da natureza, incluindo os seres humanos, os animais, as plantas, os rios, as montanhas e o cosmos. Representa a interdependência de todas as coisas e a importância de viver em paz e colaboração.

K

- **Kachina:** são os "espíritos ancestrais", "seres espirituais" de grande importância na cosmologia e cultura xamânica dos povos originários do sudoeste dos Estados Unidos, particularmente dos hopi, zuni e outras tribos pueblo. O termo *Kachina* (também escrito como *Katsina*) refere-se tanto aos espíritos ancestrais quanto às bonecas que os representam, bem como aos dançarinos mascarados que personificam esses espíritos durante as cerimônias. No contexto hopi e pueblo, os Kachinas são considerados espíritos que representam aspectos do mundo natural, como animais (águia, urso, coiote, cada um com seu simbolismo), elementos climáticos (relâmpago, trovão, vento, neve), plantas (milho, feijão, abóbora), corpos celestes (Sol, Lua, estrelas), ancestrais espirituais e conceitos abstratos como justiça, sabedoria, fertilidade, coragem e alegria. Eles são vistos como mediadores entre o mundo humano e o divino, trazendo consigo bênçãos, orientação e ensinamentos.

- **Kahuna:** termo havaiano que se refere a um especialista em qualquer campo, frequentemente associado também a praticantes espirituais na tradição havaiana. A palavra *kahuna* pode ser traduzida como "guardião", "perito" ou "mestre", e essas figuras desempenhavam papéis centrais na comunidade, atuando como líderes espirituais, curandeiros, conselheiros, navegadores e especialistas em algum aspecto da tradição — funções análogas às de sacerdotes, xamãs ou médiuns em outras culturas. No contexto xamânico, um kahuna é um "guardião do segredo", um mestre de conhecimentos esotéricos e práticas de cura.

- **Kaminushi ou Miko:** termos usados no xamanismo xintoísta japonês para se referir aos sacerdotes ou xamãs. Esses praticantes são responsáveis por mediar a comunicação entre os humanos e os kami (espíritos ou divindades da natureza).

- **Karaí:** é uma palavra do idioma guarani que, em essência, refere-se a um título de respeito, um líder espiritual ou um xamã de destaque na comunidade — análogo a "senhor" ou "mestre" em outras culturas —, uma força espiritual "que exerce influência sobre o espírito do fogo". O karaí é visto como um indivíduo dotado de grande sabedoria e poder espiritual, capaz de se comunicar com deuses e espíritos, realizar curas e guiar a comunidade em questões espirituais e práticas do dia a dia.

- **Kokopelli:** é uma figura amplamente reconhecida na cultura dos povos indígenas do sudoeste dos Estados Unidos, especialmente entre as tribos pueblo, hopi e zuni. Representado como um tocador de flauta corcunda, Kokopelli é um símbolo icônico associado a uma série de significados, desde fertilidade e abundância até música e alegria. A imagem de Kokopelli é comum em artefatos, cerâmicas, petróglifos e outros materiais artísticos ao longo de milênios, refletindo a sua importância duradoura e a riqueza de interpretações culturais. Acredita-se que sua música traga chuva para as colheitas, garanta o sucesso da caça e promova a fertilidade humana, tornando-o uma figura central em rituais e cerimônias relacionados ao ciclo da vida e à prosperidade da comunidade.

L

- **Logos:** palavra grega que significa "palavra", "razão" ou "plano", usada em contextos filosóficos e espirituais. Na filosofia grega antiga, Logos desempenha um papel central, particularmente em obras de Heráclito, Platão e Aristóteles. Heráclito, um dos primeiros filósofos a discutir o conceito, usou Logos para descrever os princípios de ordem e conhecimento universais. No cristianismo primitivo, o Logos foi reimaginado através dos escritos de autores como o evangelista João e filósofos-teólogos como Agostinho. No Evangelho de João, Logos refere-se ao Verbo Divino, que estava "no princípio" e "com Deus", sendo o intermediário da criação e da redenção. Isso apresentou o conceito de que Jesus Cristo era o Logos encarnado, integrando a natureza divina e humana com o propósito de salvar a humanidade. Na psicologia analítica, Carl Gustav Jung visualizava Logos como o princípio masculino da razão e objetividade, enquanto Eros representava o feminino, o cuidado e a conexão.

M

◈ **Maheo:** na espiritualidade cheyenne, Maheo é o "Grande Espírito", "Grande Uno", "Criador" ou "Deus", a força suprema que criou e sustenta todo o universo, personificando a bondade e a sabedoria. É uma força onipotente e onisciente que permeia tudo o que existe.

◈ **Mainó-í:** nome dado ao colibri na língua tupi-guarani. Simboliza a conexão entre o mundo físico e o espiritual, a leveza, a agilidade e a capacidade de encontrar a beleza e a alegria em cada momento. O colibri é visto como mensageiro dos deuses e símbolo de boa sorte. Em uma das histórias da mitologia guarani, Nhanderu precisava de ajuda para se hidratar durante a criação da Terra. E foi Mainó-í que voou até as flores para colher néctar e hidratar o criador. E mais, a cultura guarani diz que "cada ser humano tem sua alma-colibri, que faz morada no coração, território de Tupã".

◈ **Mbojoja:** do tupi-guarani, equilíbrio, ajuste constante. Conceito que se refere à busca constante de harmonia entre diferentes aspectos da vida, como o material e o espiritual, o individual e o coletivo, o passado e o futuro. Implica reconhecer a importância de cada aspecto e buscar um ponto de equilíbrio entre eles.

◈ **Mitakuye Oyasin:** expressão de saudação na língua lakota, falada pelo povo sioux, que se traduz como "Por todas as minhas relações!" ou, de forma mais abrangente, "Somos todos parentes!" Frequentemente é utilizada em cerimônias sagradas, rituais e orações para selar a intenção. Ao declarar *Mitakuye Oyasin*, os indivíduos reconhecem que suas ações têm consequências que se estendem muito além de si mesmos, afetando o equilíbrio e a harmonia do mundo ao seu redor. Expressa a interconexão e a unidade de todos os seres vivos e elementos da natureza.

- **Mombe'u:** do tupi-guarani, narrativa oral, história ancestral. Tradição oral de contar histórias que transmitem conhecimentos ancestrais, ensinamentos importantes, valores culturais e a história do povo tupi-guarani. Os mombe'us são narrados por anciãos e líderes espirituais, e são uma forma de manter viva a memória e a identidade cultural.

- **Mônada:** do grego *monas,* significa "unidade". Na filosofia e na espiritualidade, refere-se à essência espiritual indivisível, uma unidade fundamental da consciência. Gottfried Wilhelm Leibniz, filósofo e matemático do século XVII, famoso por sua teoria das mônadas, a descreve em sua obra seminal *Monadologia*. Na filosofia de Leibniz, as mônadas são as unidades fundamentais da realidade, substâncias simples e indivisíveis que compõem tudo no universo. Na teosofia, a mônada é considerada a centelha divina ou a essência espiritual de cada ser, uma parte da consciência universal que está em uma jornada de evolução espiritual. É vista como permanente e indestrutível, reencarnando através de várias formas de vida até alcançar a perfeição espiritual.

- **Mongarai:** do tupi-guarani, cura holística, processo de cura integral. Refere-se tanto à cura física quanto à espiritual, emocional e mental, frequentemente realizada através de rituais, ervas medicinais, cantos, orações e práticas tradicionais. O mongarai busca restaurar o equilíbrio do indivíduo com a natureza e com o seu próprio ser.

N

◈ **Nagual:** termo usado na tradição xamânica tolteca do México para se referir a um xamã ou praticante espiritual avançado. O nagual é visto como alguém capaz de transcender a realidade ordinária, acessar estados alterados de consciência e manifestar diferentes formas de energia ou poder espiritual. Outro aspecto na cosmologia tolteca é a dualidade entre nagual e tonal. O tonal representa o mundo conhecido, a ordem, a racionalidade e tudo aquilo que pode ser visto, tocado e explicado — o lado organizado da vida, que compreende o dia a dia e a personalidade. Já o nagual simboliza o desconhecido, o caos, o potencial criativo e o espaço de possibilidades infinitas — é tudo que está além do controle e da lógica. Essa dualidade não é vista como uma oposição, mas como complemento necessário à totalidade da experiência humana.

◈ **Ñamandú:** do tupi-guarani, o Ser Supremo, o Criador do universo na cosmologia tupi-guarani. É a força primordial que deu origem a todas as coisas e que está presente em tudo o que existe. Ñamandú é visto como um ser benevolente, justo e sábio, que guia e protege o seu povo.

◈ **Ñanderu (masculino) ou Ñandesy (feminino):** termos guarani que significam “Nosso Pai” e “Nossa Mãe”, respectivamente. Esse conceito representa não apenas uma divindade distante, mas uma presença constante na vida cotidiana, guiando e influenciando decisões e caminhos do povo.

- **Ñanderuvuçu:** do tupi-guarani, nossa essência divina, a alma imortal. A centelha do Criador que reside em cada indivíduo, a parte mais profunda e sagrada do nosso ser. É a conexão direta com o divino e a fonte de nossa força interior, sabedoria e amor.
- **Ñanderykeÿ:** do tupi-guarani, nossa natureza terrena, o corpo físico e a personalidade individual. As características individuais, os talentos, as habilidades, as emoções e os pensamentos que nos tornam únicos. É a parte de nós que interage com o mundo material e que experimenta as alegrias e os desafios da vida. Ñanderykeÿ é a manifestação individual da essência divina, a forma como cada um de nós se expressa no mundo.
- **Nganga:** termo usado em algumas culturas africanas, incluindo a dagara, para se referir ao xamã ou curandeiro tradicional. O nganga é visto como um mediador entre o mundo físico e espiritual, com habilidades para curar doenças, resolver conflitos e manter o equilíbrio na comunidade através de rituais e conhecimentos ancestrais.
- **Nhandereko:** do tupi-guarani, remete a nosso jeito de ser, nossa cultura e identidade. Conjunto de princípios, valores, costumes, tradições e práticas que definem o modo de vida tupi-guarani. Inclui a língua, a culinária, a arte, a música, a dança, a religião e a forma de se relacionar com a natureza e com os outros.

O

◈ **Ondina:** espírito elemental da água nas tradições ocultistas e no folclore europeu, cujo nome deriva do latim *unda*, significando "onda", o que enfatiza sua íntima conexão com o movimento perpétuo e a fluidez inerente à água. No imaginário popular, as Ondinas são frequentemente retratadas como figuras femininas de beleza singular, muitas vezes comparadas às sereias, embora destituídas da característica cauda de peixe, cativando com sua aparência etérea e serena. Durante o Renascimento, na alquimia e na filosofia oculta, notadamente nos escritos de Paracelso no século XVI, as Ondinas são elevadas ao *status* de personificação do elemento água, simbolizando adaptabilidade, poder curativo e capacidade de refletir as emoções humanas. Reconhecidas por sua natureza transformadora e purificadora, acredita-se que as Ondinas tenham poderes mágicos intrinsecamente ligados à água, como as habilidades de controlar as correntes aquáticas, influenciar o clima e promover a cura através das propriedades terapêuticas da água. Elas exercem influência sobre as marés e correntes marítimas, com o dom de criar ilusões aquáticas e modular humores. Por exemplo, uma Ondina poderia acalmar uma tempestade ou evocar névoas para esconder ou revelar paisagens.

P

- **Pacha Mama (ou Pachamama):** termo de origem quéchua que significa "Mãe Terra", ocupando uma posição de destaque na cosmologia dos povos andinos, particularmente entre os quéchuas e aymaras. Reverenciada como a deidade máxima que representa o solo fértil e a fonte primordial de toda a vida e fertilidade, Pachamama é percebida como a provedora generosa de alimentos, abrigo e proteção. Seu culto é uma prática ancestral que permanece vigorosa na cultura popular e espiritual de países como Peru, Bolívia, partes do Equador e da Argentina. Nas montanhas andinas, Pachamama é vista não apenas como uma personificação da terra, mas como um símbolo abrangente da natureza em sua totalidade, englobando montanhas (os Apus, considerados espíritos protetores), planícies, rios (fontes de vida e purificação) e ventos (mensageiros dos deuses). O conceito de Sumak Kawsay (bem viver), presente em várias culturas andinas, está intrinsecamente ligado à Pachamama, promovendo um modo de vida em harmonia com a natureza e a comunidade.

- **Pacha:** conceito central na cosmologia andina, termo de origem quéchua, que significa "mundo", "universo" ou "tempo". Pacha representa a totalidade da existência em suas múltiplas dimensões, englobando — além do espaço físico — o tempo, a energia e a consciência que permeiam tudo.

- **Pajé:** termo de origem tupi amplamente utilizado no Brasil para designar o xamã ou curandeiro nas comunidades originárias. É reverenciado como um mediador entre o mundo físico e o espiritual. O pajé é o elo entre os seres humanos e o sagrado, garantindo que a harmonia e o equilíbrio sejam mantidos tanto nos indivíduos quanto na comunidade como um todo. Em sua função de guardião do conhecimento ancestral, o pajé é responsável por preservar e transmitir saberes tradicionais, que incluem práticas de cura, histórias orais e mitos fundadores. Ele conhece profundamente o uso das plantas medicinais e seus poderes curativos, utilizando esse conhecimento para tratar doenças, aliviar dores e promover o bem-estar físico e espiritual. O pajé também é responsável por conduzir rituais e cerimônias que fortalecem a identidade cultural e a coesão social da comunidade, celebrando o ciclo da natureza, as mudanças de estação e outros eventos significativos. A atuação do pajé inclui a interpretação de sonhos e visões, considerados mensagens do mundo espiritual ou presságios sobre eventos futuros. Essa habilidade auxilia a comunidade em suas decisões sobre caça, plantio ou migrações.

- **Pancha Mahabhutas:** conceito fundamental na filosofia hindu e ayurvédica, referindo-se aos cinco grandes elementos que constituem toda a matéria, do macrocosmo (universo) ao microcosmo (corpo humano). Derivado do sânscrito, *pancha* significa "cinco"; e *Mahabhutas*, "grandes elementos". Esses elementos são: Prithvi (terra), Apas (água), Tejas (fogo), Vayu (ar) e Akasha (éter). Cada elemento apresenta qualidades distintas (gunas) e está intimamente ligado a aspectos da existência física e espiritual, influenciando saúde, temperamento e bem-estar geral.
- **Paqos:** termo de origem quéchua que designa os xamãs das tradições andinas, reconhecidos como guardiões do conhecimento ancestral e mediadores entre os mundos físico e espiritual. Os paqos não são apenas curandeiros: são também guias espirituais que ajudam a comunidade a navegar pelas complexidades da vida através da sabedoria tradicional. Suas práticas rituais são ricas e variadas,

incluindo cerimônias de cura que utilizam plantas medicinais e energia, oferendas à Pachamama (Mãe Terra) e a leitura de folhas de coca, que funciona como um meio de adivinhação e comunicação com o mundo dos espíritos. Os rituais de cura realizados pelos paqos visam, além do corpo físico, a mente e o espírito, refletindo uma visão holística de saúde. As oferendas à Pachamama, conhecidas como "despachos", são cerimônias sagradas que envolvem a preparação meticulosa de vários elementos simbólicos, cada um representando aspectos específicos do mundo natural e espiritual. Um despacho, por exemplo, pode incluir grãos de milho de diferentes cores, representando as diversas colheitas e a abundância da terra; lã de lhama para simbolizar a conexão com os animais sagrados; e pétalas de flores para adornar a oferenda com beleza e fragrância. A escolha cuidadosa de cada elemento reflete a intenção do ritual e a relação entre os paqos e Pachamama. A formação de um paqo envolve profundo compromisso ao longo de muitos anos, o que pode incluir retiros espirituais em montanhas sagradas e o aprendizado direto com mestres experientes. Esse caminho não é apenas uma escolha pessoal, mas um chamado que reflete um forte vínculo com as terras ancestrais e as tradições que as sustêm.

◈ **Pejuta Wichasha:** expressão da língua lakota que se traduz como "homem medicina" ou "curandeiro". A função do Pejuta Wichasha abrange mais do que a cura de doenças físicas: envolve também a restauração do equilíbrio emocional e espiritual tanto em indivíduos quanto na comunidade como um todo. Isso é feito através de rituais sagrados como cerimônias de purificação, danças sagradas e sessões de jornada xamânica. Uma prática comum é a Inipi ou cerimônia da tenda do suor, em que a comunidade se reúne para purificar corpo e espírito, facilitando a conexão com o espiritual em busca de orientação e renovação. Durante a Inipi, pedras aquecidas são colocadas no centro da tenda, e água é derramada sobre elas, criando um vapor intenso que promove a desintoxicação física e espiritual. Cânticos e orações são entoados, criando um ambiente de introspecção e conexão com os ancestrais. Através de sua dedicação, os Pejuta Winan e Pejuta Wichasha asseguram que a harmonia entre os seres humanos e o mundo natural seja mantida, celebrando a interconexão de toda a vida e a importância das lições transmitidas por cada ser da criação.

◈ **Pejuta Winan:** termo em lakota para "mulher medicina" ou "curandeira". Similar ao Pejuta Wichasha, mas referindo-se a uma mulher que domina conhecimentos de cura e práticas espirituais tradicionais.

◈ **Peta Uha:** expressão da língua lakota que assume significados distintos. Por um lado, refere-se ao "fogo sagrado" ou à "chama sagrada", um elemento central em cerimônias e rituais dentro da tradição. Paralelamente, Peta Uha é também entendido como "guardião", simbolizando uma figura ou espírito encarregado de proteger e preservar aquilo que é considerado sagrado ou crucial à comunidade. Um guardião Peta Uha pode ser uma pessoa — como um ancião (Wičháša Wak⍰áŋ) ou um líder espiritual encarregado de proteger tradições e segredos espirituais transmitidos oralmente — ou elementos naturais importantes — como locais sagrados, plantas medicinais ou reservas de água. Além disso, esse guardião pode também ser um espírito protetor invocado em cerimônias para garantir a segurança e a harmonia do grupo durante atividades espirituais.

◈ **Prithvi:** elemento terra na tradição hindu, um dos Pancha Mahabhutas (os cinco grandes elementos: terra, água, fogo, ar e éter). Representa solidez, estabilidade, nutrição e a base material da existência. A palavra *Prithvi* deriva do sânscrito e pode ser traduzida como "o vasto" ou "o amplo", refletindo a natureza abrangente e fundamental deste elemento que sustenta e nutre toda a vida. Na cosmologia hindu, Prithvi é personificada como a Deusa Mãe Terra (Bhumi Devi), fonte de toda vida e fertilidade, provedora de alimento e abrigo, símbolo de paciência e tolerância.

- **Punarjanma:** termo sânscrito que significa "renascimento" ou "nascer de novo". No hinduísmo, refere-se ao processo de reencarnação, em que a alma (*atman*) assume um novo corpo após a morte do anterior. A qualidade do renascimento é determinada pelo karma acumulado em vidas passadas e pela natureza das ações realizadas na vida mais recente. O objetivo é eventualmente transcender o ciclo de *punarjanma* através da realização de *moksha*.
- **Purahéi:** do tupi-guarani, canto sagrado, canção ritual. Prática vocal que eleva o espírito, estabelece conexão com o divino e expressa alegria, tristeza, gratidão e esperança. Os purahéi são cantados em rituais, cerimônias e celebrações, e são acompanhados por instrumentos musicais tradicionais.
- **Pytyvõ:** do tupi-guarani, ajuda mútua, auxílio fraterno e equilíbrio. Também pode significar cura em alguns contextos. Refere-se ao ato de ajudar o próximo, de oferecer apoio e solidariedade, de compartilhar recursos e conhecimentos. É um valor fundamental na cultura tupi-guarani, que preza pela comunidade e pelo bem-estar coletivo.

R

◈ **Registros akáshicos:** na teosofia e em várias tradições esotéricas, os registros akáshicos referem-se a um registro etérico abrangente de todos os pensamentos, ações, emoções e eventos que já ocorreram ou ocorrerão no universo. Imagine uma vasta biblioteca cósmica, em que cada experiência, cada vida e cada possibilidade estão armazenadas em forma de energia vibracional. Acredita-se que esses registros estejam impressos no plano akáshico, uma dimensão sutil que permeia toda a realidade. Indivíduos com habilidades psíquicas avançadas, como médiuns, clarividentes e yogues, podem acessar os registros akáshicos para obter *insights* sobre o passado, o presente e o futuro, bem como para compreender a natureza da alma e o propósito da vida.

S

◈ **Salamandra:** no âmbito da alquimia, do esoterismo e das tradições ocultistas, a salamandra é concebida como o espírito elemental do fogo. Não são criaturas de carne e osso, mas seres feitos de chamas vivas. São associadas a transformação, purificação, inspiração criativa e transmutação, refletindo o poder do renascimento das cinzas — um conceito-chave na simbologia alquímica. O renomado alquimista Paracelso descreveu as salamandras como seres espirituais que vivem no elemento fogo.

- **Sila:** na cosmologia inuit, refere-se à força vital universal que permeia o cosmos, o ar que respiramos e a essência de todas as coisas. Sila é vista como uma força poderosa e misteriosa que conecta todos os seres vivos e os elementos da natureza.
- **Silfo:** espírito elemental do ar nas tradições ocultistas e esotéricas ocidentais, com destaque na alquimia e na tradição rosacrucianista. Originado de mitos europeus antigos, o termo "silfo" descreve seres etéreos, translúcidos e de natureza andrógina, frequentemente retratados com asas delicadas que capturam a essência dos ventos, brisas e outros fenômenos atmosféricos. Os silfos simbolizam a leveza, a liberdade, a agilidade mental, e são vistos como mensageiros entre os reinos terrestre e celestial, facilitando a transmissão e comunicação de ideias e inspirações. Sua presença é frequentemente sentida em momentos de profunda conexão espiritual e inspiração, como durante a meditação ou em momentos de introspecção. A invocação de silfos é vista como uma forma de acessar um estado de consciência superior, facilitando a compreensão de conceitos abstratos e a resolução de problemas complexos.

T

- **Tejas (Fogo):** elemento fundamental na tradição hinduísta, parte integrante dos Pancha Mahabhutas (cinco grandes elementos) que formam a base de toda a existência material — Akasha (espaço), Vayu (ar), Tejas (fogo), Apas (Água) e Prithvi (terra). Tejas é associado a calor, luz, transformação e energia, representando a força motriz por trás da mudança, do crescimento pessoal e da manifestação da vitalidade. No campo da saúde, um desequilíbrio de Tejas pode levar a uma variedade de problemas, como dificuldades digestivas (indigestão, azia), inflamações (artrite, dermatite), irritabilidade e impaciência. Um excesso de Tejas pode resultar em *burnout*, inflamações crônicas e sobrecarga emocional, enquanto uma deficiência pode causar lentidão metabólica, sensação de frio constante e falta de motivação. Na prática espiritual, Tejas é cultivado para aumentar o brilho interior (aura), a clareza mental e a força de vontade, promovendo o autoconhecimento e a disciplina interior. Exercícios como a prática de Trataka (meditação focada na chama de uma vela) são essenciais para desenvolver a concentração, purificar a mente e eliminar pensamentos negativos, criando um estado de paz interior e foco.

- **Teko porã:** do tupi-guarani, bem-viver, vida plena e harmoniosa. Filosofia de vida que busca harmonia com a natureza, a comunidade, o cosmos e consigo mesmo. Implica viver de forma sustentável, respeitar os direitos dos outros, cultivar a paz interior e buscar a felicidade e o bem-estar de todos.
- **Tesape:** do tupi-guarani, iluminação espiritual, clareza de visão. Estado de compreensão profunda, sabedoria e conexão com o divino. É o despertar da consciência, a percepção da verdade e a capacidade de ver o mundo com clareza e compaixão.
- **Tonantzin:** deusa-mãe na mitologia asteca, cujo nome em náuatle significa "Nossa Mãe Venerável". Associada a terra, fertilidade, maternidade e nutrição, Tonantzin era vista como a provedora da vida e a protetora de seu povo. É frequentemente identificada com várias deusas astecas, incluindo Coatlicue (deusa da terra e da criação), Cihuacoatl (deusa do parto) e Teteo Innan (mãe dos deuses), refletindo

sua natureza multifacetada e abrangente. Após a colonização espanhola, Tonantzin foi sincretizada com a Virgem de Guadalupe, mantendo seu papel como figura materna protetora e unindo as crenças dos povos originários e dos católicos. O principal local de culto à Tonantzin era o monte Tepeyac, um local sagrado para os astecas onde hoje se encontra a Basílica de Nossa Senhora de Guadalupe, um dos santuários marianos mais visitados do mundo.

- **Tupã Tenondé:** nome completo e mais reverenciado do ser supremo na cosmologia tupi-guarani. A expressão significa "Tupã, o Primeiro" ou "Tupã, o Primordial". O termo "Tenondé" enfatiza a primazia e a importância fundamental de Tupã como a primeira causa de todas as coisas, o princípio original do universo.

- **Tupã**: do tupi-guarani, a palavra "Tupã" pode ser traduzida como "trovão" ou "espírito do trovão". Tupã é reverenciado como o criador do universo, muitas vezes equiparado ao conceito cristão de Deus pelos missionários durante o período colonial no Brasil. É considerado um poderoso e temido espírito da natureza, cujas manifestações no mundo físico são vistas como expressões diretas de seu poder e influência. O trovão, particularmente, simboliza sua voz e sua presença nas tempestades, enquanto o raio é visto como seu olhar penetrante que ilumina e energiza o mundo, representando tanto a destruição quanto a renovação. Em algumas lendas, Tupã é auxiliado por outros deuses e heróis culturais na tarefa de moldar e organizar o mundo, como Guaraci (o Sol) e Jaci (a Lua), que juntos trabalham para equilibrar o dia e a noite, a luz e a escuridão. Além de ser conhecido como o criador da luz, responsável por gerar vida, Tupã simboliza mais do que um deus pessoal: ele é a personificação da força criadora natural que impulsiona o universo e todas as suas transformações. É o guardião da ordem natural, e seu poder é invocado para restaurar o equilíbrio quando perturbado, seja por desastres naturais ou ações humanas.

U

◈ **Uhane (Lono):** termo do xamanismo kahuna que se refere ao eu consciente ou à mente racional. No contexto das práticas espirituais havaianas, o Uhane é trabalhado para alcançar maior clareza mental e tomada consciente de decisões.

◈ **Unihipili (Ku):** no xamanismo kahuna havaiano, representa o eu subconsciente ou a criança interior. É associado a emoções, memórias e instintos, sendo fundamental ao trabalho de cura e ao desenvolvimento pessoal nas práticas xamânicas havaianas.

V

◈ **Varuna:** deus védico das águas e do oceano cósmico, guardião da ordem cósmica (Rita) e da justiça. Varuna é considerado um dos deuses mais importantes do panteão védico, responsável por manter o equilíbrio do universo.

◈ **Vayu (Ar):** representa o movimento, a comunicação e a sutileza na filosofia hindu. É um dos Pancha Mahabhutas, os cinco grandes elementos que constituem a base do universo físico. Derivado do sânscrito, Vayu significa "ar" ou "vento", e é caracterizado por qualidades de leveza, mobilidade, secura e sutileza. O equilíbrio de Vayu é fundamental ao bem-estar e à saúde. Um desequilíbrio pode manifestar-se em sintomas como ansiedade, insônia, problemas respiratórios ou circulação deficiente, afetando a qualidade de vida e a capacidade de realizar atividades diárias. Vayu é invocado por meio de exercícios de respiração, *pranayama*, para purificar tanto o corpo quanto a mente, equilibrando as energias internas e aumentando a vitalidade. Um exemplo mítico notável é a figura de Hanuman, herói do épico *Ramayana* e filho de Vayu. Hanuman é dotado da capacidade de voar e realizar feitos sobre-humanos, personificando força, agilidade e liberdade associadas a Vayu.

W

- **Wicasa Wakan:** expressão em lakota que significa "homem sagrado" ou "homem santo". Refere-se a um líder espiritual respeitado, muitas vezes um xamã ou ancião, que nutre profunda conexão com o mundo espiritual e guia a comunidade em questões espirituais e cerimoniais.

Y

◈ **Yaksha:** espíritos da natureza na mitologia hindu e budista, reverenciados como guardiões de tesouros naturais e riquezas ocultas, tanto materiais quanto espirituais. O nome deriva do sânscrito, possivelmente significando "os vivos" ou "os animados", refletindo sua conexão com a vitalidade da natureza. Descritos como seres semidivinos, são frequentemente associados a árvores sagradas (como a árvore Ashoka), florestas densas e riquezas subterrâneas, como minerais preciosos e nascentes de água. Sua aparência varia amplamente, desde belos seres humanoides com adornos elaborados até criaturas grotescas e assustadoras com presas e garras. Na arte budista, são frequentemente retratados como guardiões de templos, adornando as entradas e protegendo os ensinamentos. Um exemplo famoso é Kubera, o rei dos Yakshas, que é também o deus da riqueza, representando a prosperidade material e espiritual, frequentemente invocado para bênçãos financeiras e sucesso nos negócios. Sua iconografia inclui um corpo rechonchudo, adornos de ouro e a companhia de seus Yakshinis, consortes femininas que personificam a fertilidade e a abundância.

◈ **Yvága:** do tupi-guarani, céu, o mundo superior na cosmologia tupi-guarani. É o reino dos deuses, dos espíritos ancestrais e das energias celestiais. O Yvága é visto como um lugar de paz, harmonia e sabedoria, é aonde as almas dos justos vão após a morte.

◈ **Yvy Marae'ỹ:** do tupi-guarani, terra sem males, o paraíso mítico buscado pelos tupis-guaranis. Também se refere à Mãe Terra em seu estado puro e sagrado, antes da chegada da destruição e da ganância. É um lugar de abundância, paz, harmonia e felicidade, onde não há doenças, sofrimento ou morte. A busca pela Yvy Marae'ỹ é um símbolo da esperança e da busca por um mundo melhor.

- **Yvy:** do tupi-guarani, Terra, o planeta em que vivemos, o mundo do meio na cosmologia tupi-guarani. É a fonte de vida, o lar de todos os seres vivos e o palco das experiências humanas. A Yvy é sagrada e deve ser cuidada e protegida para as futuras gerações.
- **Yvyguy:** do tupi-guarani, mundo subterrâneo, o mundo inferior na cosmologia tupi-guarani. É o reino dos espíritos da natureza, das forças primordiais e dos mistérios da vida e da morte. O Yvyguy é visto como um lugar de transformação, renovação e aprendizado, acessado através de rituais e sonhos.

SOBRE OS AUTORES

WAGNER BORGES

Wagner Borges é professor e pesquisador espiritualista, projetor extrafísico, conferencista internacional.

Autor de quinze livros dentro da temática projetiva e espiritual. É também colunista do Portal Somos Todos Um (www.somostodosum.com.br), do site do IPPB – Instituto de Pesquisas Projeciológicas e Bioenergéticas (www.ippb.org.br), dentre outros.

É radialista e apresentador do programa Viagem Espiritual, na Rádio Vibe Mundial de São Paulo – 95.7 FM (www.vibemundialfm.com.br).

Também é apresentador do programa Falando de Espiritualidade, na TV Consciência Próspera (www.youtube.com/@ConscienciaProspera).

Instagram: @wagnerdeloiborges

Canal no YouTube: www.youtube.com/@WagnerBorges

Livros publicados:

- *Viagem Espiritual I – Mensagens transmitidas por Yogananda, Rama, Ramatís e Aïvanhov*. São Paulo: Editora Zennex.
- *Viagem Espiritual: a projeção da consciência*. Nova Petrópolis: Luz da Serra.
- *Viagem Espiritual III: projeção da consciência e espiritualismo*. Londrina: Universalista.
- *Uma Lição Extraterrestre*. São Paulo: Madras.
- *Falando de Espiritualidade*. São Paulo: Editora Pensamento.
- *Companhia do Amor: a turma dos poetas em flor*. São Paulo: Edição do autor.
- *Companhia do Amor: a turma dos poetas em flor – II*. São Paulo: Edição do autor.

- *Ensinamentos Extrafísicos e Projetivos: orientações espirituais de Sanat Khum Maat*. São Paulo: Madras.
- *Flama Espiritual*. São Paulo: Edição do autor.
- *Há algo mais... um amor, uma luz.* Nova Petrópolis: Luz da Serra. (e-book)
- *Falando de vida após a morte*. Nova Petrópolis: Luz da Serra.
- *Florilégio Consciencial*. São Paulo: Edição do autor. (e-book)
- *Sakuras Espirituais*. São Paulo: Edição do autor. (e-book)
- *Na Luz de Krishna: o senhor dos olhos de lótus*. Curitiba: Koi Editora.
- *Na Luz dos Preto-Velhos*. São Paulo: Lunae Editora.

Livros on-line (disponível para download):

https://www.ippb.org.br/multimidia/livros-online

SAMUEL SOUZA DE PAULA

Samuel Souza de Paula é professor, espiritualista, pesquisador de técnicas ancestrais e modernas direcionadas ao crescimento pessoal. Coordena a Roda de Cura Xamânica Espírito de Gaia e o Curso Livre de Terapias Bioxamânicas (Etnoterapias Integradas).

Idealizador e apresentador do programa de entrevistas Consciência Próspera e coapresentador do programa xamânico Sinais de Fumaça, ambos programas de TV atualmente transmitidos via YouTube (www.youtube.com/@ConscienciaProspera).

Parceiro da UMAPAZ – Universidade Livre do Meio Ambiente e Cultura de Paz, ministra diversos cursos sobre sabedorias ancestrais, danças circulares e cultura de paz. Professor convidado do curso de pós-graduação em Arteterapia Aplicada e Mitologia na UNIP – Universidade Paulista.

Diretor da EAD Consciência Próspera – Cursos Online. Desenvolveu o Método T.X.T. (Treinamento Xamânico Transformacional) e Totem Bioxamânico (Animais de Poder, Clã, Proteção, Mensageiros e Correlatos). Lançou o CD Cantos Xamânicos – Por todas as nossas relações!

Instagram: @samuel.souzadepaula

Site: www.conscienciaprospera.com.br

Livros publicados:

- *Pepitas de Amor: mensagens para o despertar da consciência próspera*. São Paulo: Editora JOB.
- *Avatar: jornada do herói, arquétipos e símbolos*. São Paulo: Editora JOB.
- *Práticas Bioxamânicas: despertar das capacidades interiores*. São Paulo: Editora Alfabeto.

BIBLIOGRAFIA

RESUMIDA E DIRECIONADA PARA
OS TEMAS DESTE LIVRO

ACHTERBERG, Jeanne. *A imaginação na cura: xamanismo e medicina moderna*. São Paulo: Summus Editorial, 1985.

ANDRÉ LUIZ, médium Chico Xavier. *Nosso lar*. São Paulo: FEB, 1944.

ARRIEN, Angeles. *O caminho quádruplo: trilhando os caminhos do guerreiro, do mestre, do curador e do visionário*. São Paulo: Ágora, 1997.

ARTESE, Léo. *O espírito animal: descubra seu animal guardião*. São Paulo: Ajna Editora, 2025.

ARTESE, Léo. *O voo da águia: uma iniciação aos mistérios e à magia do xamanismo*. São Paulo: Ajna Editora, 2023.

BLAVATSKY, Helena P. *A voz do silêncio*. São Paulo: Ajna Editora, 2021.

CAMPBELL, Joseph. *As máscaras de deus: mitologia oriental*. São Paulo: Palas Athenas, 1992.

CAMPBELL, Joseph. *As máscaras de deus: mitologia primitiva*. São Paulo: Palas Athenas, 1992.

CASTAÑEDA, Carlos. *A erva do diabo*. São Paulo: Record, 1968.

COLLINS, Mabel. *Luz sobre o caminho*. São Paulo: Ajna Editora, 2024.

CREMA, Roberto; WERÁ, Kaká. *A águia e o colibri – Carlos Castañeda e ancestralidade tupi-guarani: trilhas com coração*. São Paulo: Tumiak Edições, 2019.

CZAPLICKA, Marie Antoinette. *Xamanismo: origens e mistérios*. São Paulo: Tahyu, 2005.

DROUOT, Patrick. *O físico, o xamã e o místico: os caminhos espirituais percorridos no Brasil e no exterior*. Rio de Janeiro: Nova Era, 1999.

ELIADE, Mircea. *O xamanismo e as técnicas arcaicas do êxtase*. São Paulo: Martins Fontes, 1998.

FAUR, Mirella. *Círculos sagrados para mulheres contemporâneas*. São Paulo: Pensamento, 2010.

FROTA, Wagner. *Xamanismo nos Andes: cosmologia, mitos e ritos*. São Paulo: Alfabeto, 2017.

FROTA, Wagner. *Xamanismo: o caminho do coração*. São Paulo: Alfabeto, 2021.

HARNER, Michael. *O caminho do xamã: um guia de poder e cura*. São Paulo: Cultrix, 1980.

HODSON, Geoffrey. *O reino dos deuses*. São Paulo: Pensamento, 1995.

INGERMAN, Sandra. *O resgate da alma: reencontre os pedaços da alma que você perdeu*. São Paulo: Vida e Consciência, 2013.

KARDEC, Allan. *O livro dos espíritos*. São Paulo: IDE Editora, 1974.

KRENAK, Ailton. *Futuro ancestral*. São Paulo: Companhia das Letras, 2022.

LEVI, Carminha. *Xamanismo matricial: as cartas sagradas da madona negra e espírito santo*. São Paulo: Outras Palavras, 2002.

MATTHEWS, John. *Xamanismo celta*. São Paulo: Hi-Brasil, 2002.

RAEL, Joseph. *Cerimônias do Espírito Vivo*. São Paulo: Polar, 2017.

RAMACHARACA, Iogue. *Ciência hindu-yogue da respiração*. São Paulo: Pensamento, 1973.

RAMACHARACA, Iogue. *14 lições de filosofia yogue*. São Paulo: Pensamento, 1989.

RAMATÍS, médium Hercílio Maes. *O sublime peregrino*. Rio de Janeiro: Freitas Bastos, 1965.

SAMS, Jamie. *As cartas do caminho sagrado*. Rio de Janeiro: Rocco, 1993.

SAMS, Jamie. *Dançando o sonho: os sete caminhos sagrados da transformação humana*. Rio de Janeiro: Rocco, 2003.

STEVENS, Jose; STEVENS, Lena. *Os segredos do xamanismo*. Rio de Janeiro: Objetiva, 1992.

WALSH, Roger. *O espírito do xamanismo*. São Paulo: Saraiva, 1993.

WERÁ, Kaká. *A Terra de Mil Povos: história indígena brasileira contada por um índio*. São Paulo: Peirópolis, 1998.

WERÁ, Kaká. *O trovão e o vento: um caminho de evolução pelo xamanismo tupi-guarani*. São Paulo: Polar; Instituto Arapoty, 2016.

WERÁ, Kaká. *Tupã Tenondé: a criação do universo, da terra e do homem segundo a tradição oral guarani*. São Paulo: Peirópolis, 2001.

CONHEÇA TAMBÉM

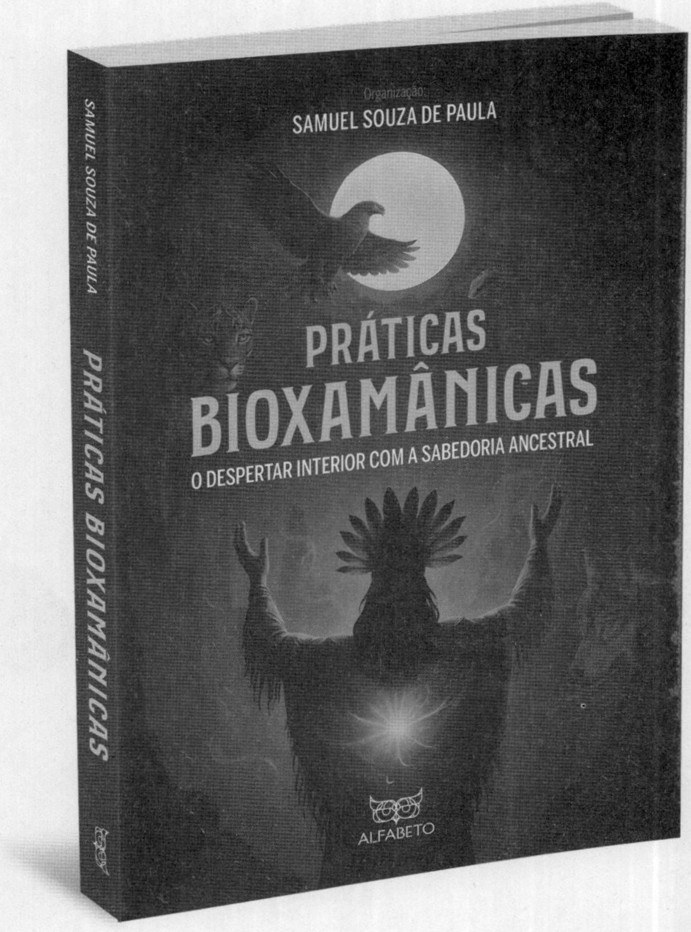

CONHEÇA TAMBÉM

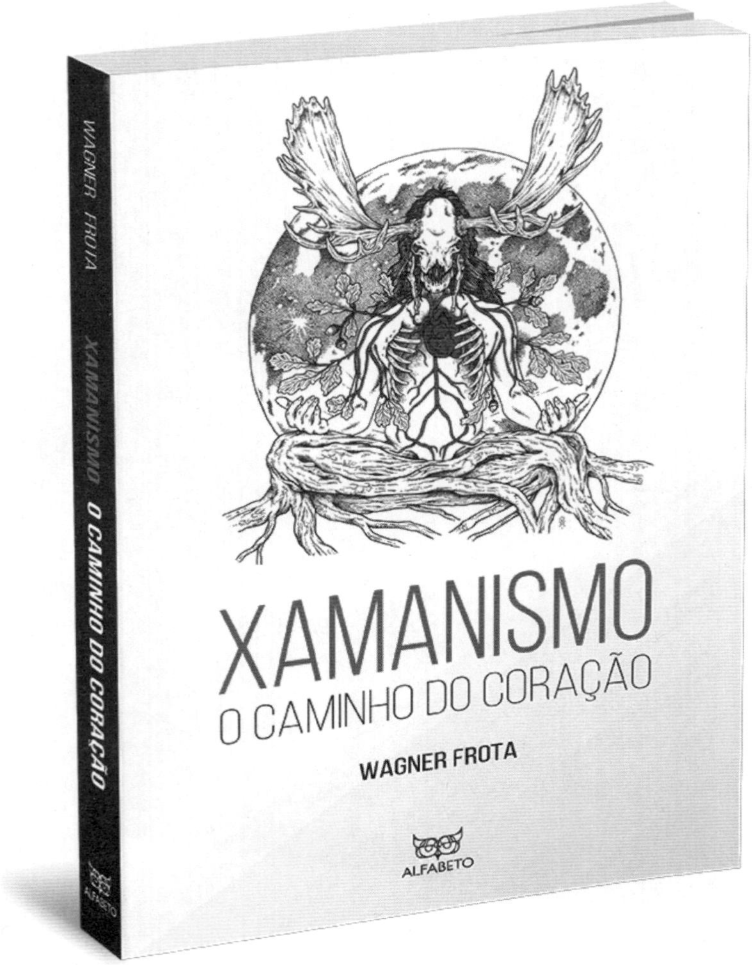